财经应用文写作

Caijing Yingyongwen Xiezuo

刘 婷 杨明翠 龚宏颖 主 编
李 兰 李宁奇 樊 琼 常青妤 编 委

中国商业出版社

图书在版编目（CIP）数据

财经应用文写作 / 刘婷，杨明翠，龚宏颖主编 . -- 北京：中国商业出版社，2024.3

ISBN 978-7-5208-2877-2

Ⅰ . ①财… Ⅱ . ①刘… ②杨… ③龚… Ⅲ . ①经济 - 应用文 - 写作 - 高等学校 - 教材 Ⅳ . ① F

中国国家版本馆 CIP 数据核字（2024）第 056861 号

责任编辑：聂立芳
策划编辑：张　盈
封面设计：王志强

中国商业出版社出版发行
（www.zgsycb.com　100053　北京广安门内报国寺 1 号）
总编室：010-63180647　　编辑室：010-63033100
发行部：010-83120835/8286
新华书店经销
三河市悦鑫印务有限公司印刷
*
787 毫米 ×1092 毫米　16 开　17 印张　439 千字
2024 年 3 月第 1 版　2024 年 3 月第 1 次印刷
定价：49.80 元
* * * *

前言 PREFACE

“财经应用文写作”是应用型高校经济管理类专业的一门公共基础课，也是财经工作者常用的写作文体。为适应新时代下我国经济高质量发展的需要，紧跟信息技术和财经商贸活动的变化，本书编写过程中体现以下三个方面的特色：

第一，课程思政特色。课程思政是践行立德树人根本任务的主要途径，本书在理论内容阐述、典型案例及评析中融入课程思政内容，在国家政策措施、求真务实写作态度、从业者职业素养等多个方面着墨，力求如盐入水、润物无声。

第二，项目实训特色。针对不同类型的财经应用文，结合相关基本理论内容，对应案例评析、项目实训的形式，强化学生中心，围绕不同项目任务，通过案例及其评析指导学生开展相关实训，提高学习者的实践能力，力求符合经管类专业学生的应用实际需求。

第三，案例时效性特色。案例对于财经应用文写作至关重要，利于具体展示各种财经应用文的样式、体例、规范和内容。本书使用来源于管理部门、媒体以及各类财经实践活动中的新案例，确保学习者通过具有时效性案例的阅读和模仿，提高写作实践水平。

本书依法行文的文书均依据最新颁布的法律法规文件，通用文书吸收了最新的研究成果，并收录了信息化时代的新文体。

本书为“产教融合、校企合作”系列教材，由刘婷、杨明翠（微微玛科技有限公司顾问）、龚宏颍（湖南典阅教育科技有限公司顾问）任主编，李兰、李宁奇、樊琼、常青好任编委。其中，刘婷负责编写的组织和统稿工作，杨明翠、龚宏颍负责部分案例的提供和参与组织工作。具体分工为：刘婷编写项目一、项目二、项目七和项目十一；李兰编写项目三、项目四、项目五、项目六和项目九；李宁奇编写项目八、项目十、项目十二、项目十九、项目二十和项目二十一；樊琼编写项目十三、项目十四、项目十五、项目十六、项目十七和项目十八；常青妤编写二十二、项目二十三、项目二十四、项目二十五、项目二十六和项目二十七。

感谢湖南涉外经济学院为本书编写提供的支持，感谢中国商业出版社对本书顺利出版的大力帮助。

在编写过程中，参阅了大量的教材、著作以及网络资料，并参考了其中部分成果及例文，在此特别说明并深表感谢！

由于本书编写者财经应用文写作课程教学经验尚显不足，书中错漏之处在所难免。恳请各位专家、老师以及读者指正。

编　者

2024 年 1 月

目录 CONTENTS

第三篇　财经调研类文书

第四篇　财经宣传类文书

第六篇　财经交际类文书

第一篇

财经应用文写作概述

项目一

Chapter One

财经应用文基本知识

学习要求

掌握财经应用文的含义、特点和分类，理解财经应用文写作的重要作用，掌握财经应用文的基本框架构建并应用于写作实践。

通过学习，具备写作的知识素养和文字素养，养成严谨务实的写作态度，能自觉地运用辩证唯物主义和历史唯物主义的观点和方法来分析具体的社会经济现象，树立正确的价值观和培养良好的职业道德。

任务导入

请回顾曾经写作或阅读过的各种体裁文章，应用文与其他文章有何不同？对写作主体的要求体现在哪些方面？

第一节　财经应用文的含义和特点

应用文是党政机关、企事业单位、社会团体以及人民群众，在日常生活和生产活动中用来处理事务、沟通信息、表述意愿时使用的惯有格式的实用文书的统称。

财经应用文是应用文中的一个重要组成，常在各种财经商贸领域中使用，是社会经济活动中各经济组织之间以及个人与经济组织之间开展经济活动的交流媒介。

一、财经应用文的含义

狭义的财经应用文，专指各类只在财经工作中使用的财经专业文书，是专门用于经济活动的财经应用文种的统称。广义的财经应用文，是人们在财经工作中所使用的各类反映经济活动内容的文书的统称，既包括财经专业文书，也包括一些同时在其他社会领域或部门广泛应用的文书。从具体内容来看，财经应用文是为解决某个特定的经济问题或处理某项具体的经济工作而撰写的文种，其内容与经济活动相关；从表现形式上来看，财经应用文大多具有固定的体式，体现出其程式化的形式。

财经应用文有其基本的写作理论，是各类财经应用文写作实践经验的总结，体现了各类财经应用文文体格式、特点、规律、规范、要求、方法和技巧由感性认识到理性认识的升华，科学概括财经应用文写作的内在规律；同时，财经应用文写作实践是写作理论的本源和基础，又是写作理论的进一步应用实践。可见，财经应用文写作理论和财经应用文写作实践相互促进，写作实践为写作理论的提升提供基础资料；写作理论指导财经应用文写作实践，为写作实践提供科学化、系统化服务。

二、财经应用文的特点

财经应用文写作要求撰写者既要遵循写作学的基本理论，具备一般文章的基本特点，观点明确、结构严谨、条理清晰、重点突出等，又应符合经济社会和财经商贸工作的需要。因此，财经应用文写作不同于一般的文学创作和其他类型应用文写作，深入了解财经应用文的主要特点，对于认识财经应用文的性质、功能和内容，掌握财经应用文写作的规律、规范、要领、要求、方法和技巧，具有重要意义。

（一）政策性

党和国家的方针政策是一切财经工作的生命线。作为反映财经活动、传递财经信息的财经应用文写作也必须以党和国家的路线、方针、任务以及颁布的经济政策、法律、法规、条例、章程为准则及依据，其写作内容体现出鲜明的政策性。如财经公务文书，其本身就是党和国家的经济方针、政策和法律、法规的载体；其他类的文书大多也直接或间接在不同程度上反映出政策的指引方向，比如可行性报告、招投标书、经济合同等，必须符合国家的有关政策和法令。

（二）真实性

财经应用文写作是从实际应用中产生和发展起来的，反映在写作内容和文风上，必须具有求真务实的特点，体现在写作材料的真实性和写作的实用性方面。写作材料的真实性要求在写作时取材真实，提供的信息客观准确，即财经应用文反映的内容应实事求是、真实准确，容不得半点虚假，而且所引用的数据确保无误。财经应用文写作反映财经活动中的客观事物不能只局限在表面的真实，还反映财经实践活动的客观规律，应是一种本质上的真实。否则，即使确有其事、其人、其数，但因这些人、事、数据只是客观规律的外在表现，而未能反映事物的本质，同样会造成财经应用文写作内容的失真。写作的实用性是指所提出的办法、措施要切实可行。财经应用文写作是服务于经济生活、经济活动和财经工作的需要，回答和解决财经领域中发现和提出的各种问题，从而推动国民经济持续、稳定、健康地发展。因此，财经应用文必须遵循真实性原则，解决实际问题。

（三）专业性

财经应用文写作的最终成果就是各种财经应用文。财经应用文主要运用于财经商贸领域的各个管理部门，反映的内容主要是具体的经济活动，传递各项财经信息，具有显著的专业性。这要求财经应用文的撰写者必须熟悉并掌握财经领域的运行规律，了解各项财经工作的特点，判断不同财经信息的价值，发现财经活动中的新事物或新问题，提出解决问题的办法，预测经济活动的走向。在写作内容上，财经应用文反映的是财经领域中的各种现象、各种活动和各项工作，要解决的是财经领域的实际问题。写作语言表述上，财经应用文结合了许多经济学与管理学方面的原理和方法，运用大量的统计数据、图表来说明问题。例如，经济活动分析的全过程需要运用大量数据进行说明，在生产、分配、交换、消费的各个环节，小至一个企业的资金、成本、利润、产值、消耗等，大至一个国家的国民经济计划安排和社会发展的预算、产业比例设置等，都要运用数据来监测、鉴定和衡量，运用统计、财务、会计、财政、税收、金融、投资等相关专业知识进行分析和预测。写作内容和写作语言表述的专业性也对撰写者的专业性提出了进一步的要求。

（四）简约性

财经应用文写作的专业性，决定了其语言的简约性。语言的简约主要表现在概念清楚、详略得当、轻重分明、说理明确、表意简明上。简约性是现代社会财经应用文写作的要求，篇幅短小、简洁明了才能适应当代经济社会快节奏、高效率的需要。语言的简约性要求作者写作逻辑清晰、选用内涵丰富的词语、少花笔墨、多用直笔、通俗易懂。

（五）规范性

财经应用文的文体繁多、形式多样，同时又有一定的规范性。具体而言，一是文章体裁的规范性。市场调查报告、可行性研究报告是叙述体，商品说明书、广告文案是说明体。二是文章格式的规范性。如公文的基本格式在《党政机关公文格式》（GB/T 9704—2012）中都作了明确的规定。部分财经应用文的格式虽然没有国家标准，但在长期使用过程中也形成了约定俗成的格式，如经济合同、招标书和投标书等。三是语言的规范性。用规范的语言写作是对一切文章的基本要求，财经应用文写作要运用规范的经济语言，特别是应用规范的专业术语、图式、符号、缩写、计量单位等。

（六）时效性

财经应用文服务于经济社会需要的属性决定了其时效性。财经应用文一般用来在特定时间处理特定问题，如常见的通知、批复，完成该项工作后就失去效用，转化为档案材料，存档备查。如市场调研报告、可行性研究报告、市场预测报告、招标书、投标书等，也是针对不同时期、不同项目所做的工作，一旦错过时机，可能错过重大商机导致大量沉没成本。当前互联网信息技术快速发展，财经应用文的时效性要求必然进一步突出。

第二节　财经应用文的分类和作用

一、财经应用文的分类

由于当代经济社会财经活动范围广、门类杂、环节多，且随着社会经济的发展，财经活动的内容和项目也越来越多，新的文体不断出现，交叉性的文体不断产生，因此财经应用文的分类向来是个复杂且难以统一的问题。实务中不同的撰写者因其写作目的不同、使用对象不同，所采用的分类标准也不尽相同。本书将实务中文书作用作为分类标准，将财经应用文大致分为财经基础类、财经调研类、财经宣传类、财经商务类、财经交际类五类文书。

（一）财经基础类文书

财经基础类文书是指常用的基础文书，包括的范围较广。根据撰写者日常使用场景及使用频次，主要包括公文、计划、总结、规章制度等。

（二）财经调研类文书

财经调研类文书是指在经济活动开展的不同阶段、经济项目实施的不同环节所开展的调研相关的文书，主要包括市场调查报告、可行性研究报告、财务分析报告、市场预测报告、经济活动分析报告以及商业策划书等。

（三）财经宣传类文书

财经宣传类文书是指面向公众传播财政信息、宣传商品和服务等方面的文书。本书中主要介绍的包括商品说明书、广告文案、社媒软文、会展策划方案等。

（四）财经商务类文书

财经商业类文书是指商务活动实施过程中使用的专业性强的文书，主要包括招标书、投标书、商务函电、商务协议书和经济合同等。

（五）财经交际类文书

财经交际类文书是指人们在日常社会交往活动中处理财经商贸相关事务常用的、有惯用格式的一类文书，主要包括邀请函、介绍信、证明、感谢信、慰问信、贺信等。

二、财经应用文的作用

财经应用文是社会经济活动中普遍使用的文体，既是国家机关、企事业单位、社会团体进行行政管理、处理日常事务、传递信息、交流情况、总结经验、记载财经活动的重要工具，又是人民群众表达意愿、交流沟通、办理事务的重要工具。其作用主要体现在以下四个方面。

（一）规范管理

在财经应用文中，有相当一部分属于政策性和法规性文件，是国家机关、企事业单位、社会团体在某一方面的行为规范，这类文书一经制定和发布生效，具有较强的约束力和规范作用，有时采取强制性的规定确保实施。如经国务院制定发布的有关经济方面的法规，上级机关发布的决定等，都对涉及的管理对象具有约束力和规范作用。

（二）调查研究

调查研究是做好经济工作、开展经济活动的重要保证。通过调查研究，撰写各种经济报告和研究文章，如市场调查报告、可行性研究报告、经济预测报告、商业策划书等，可为经济政策的制定、商业决策的作出提供可靠的参考和依据，从而保证其合理性、可行性和正确性。

（三）沟通协调

随着商业经济的不断发展，各组织、各团体、各部门之间的沟通、协调、联系更加频繁和广泛，相互协作不断加强。财经应用文在沟通情况、交流信息、联系情感、协商事宜、协调行动等方面起到了桥梁纽带作用，成为各方面沟通协调的有效工具。如双方合作，需签订合同、协议，商洽业务，需要互发信函等。

（四）凭证依据

财经应用文既有上级指示、会议决定等文书，又有规章制度相关文书，是执行公务、办文办事、解决经济工作实际问题的依据。众多经济文书都是公务和商务活动的真实记录，其中，部分文书即便现实效用消失以后，仍具有历史效用，成为档案资料，以备今后参考、借鉴、查阅。

第三节　典型案例及评析

案　例

“数字 +”赋能文旅产业全链条

当前各旅游大省出台相关举措，广泛应用数字技术，因地制宜推动文旅产业提质增效。有机融合数字技术，成为当前和今后一段时期推动文旅产业高质量发展的重要方向。随着文化产业和旅游业数字化转型步伐不断加快，大数据、元宇宙、人工智能等新技术应用成为常态化技术手段。行业从业者纷纷开展云展览、网络直播、云演播等服务，推动线上线下融合创新发展，激活文旅新业态。数据显示，2023 年前三季度，国内旅游总人次 36.74 亿，同比增长 75.5%。数字化方式随时随地的特性，有助于提升文化与旅游产品品质，创新产品供给，加强供需对接，激发消费潜力，从而不断满足人民群众多样化、品质化的文旅需求。

“数字化 + 文旅”应用，是多维度、多层次的。比如，平台经济同旅游业相结合，以短视频为中介，实现了良好效益。云旅游和远程购票逐渐成为消费者的新选择，超过 90% 的 5A 级景区已实现网络售票、分时预约等便利服务；一些社交平台成为“做攻略”首选，景区 AI 导游应用日益普遍；数字文博、直播等服务广泛开展，线上线下融合创新进一步深化，等等。数字化的深度介入，对于深刻影响文化信息获取、旅游供应商选择、文化消费场景营造、旅游景区便利支付以及社交分享等文旅产业全链条，发挥了重要作用。

一系列政策加速了数字技术融合文旅产业的进程。《“十四五”文化和旅游发展规划》指出，加快推进以数字化、网络化、智能化为特征的智慧旅游发展。文化和旅游部等 10 部门此前印发的《关于深化“互联网 + 旅游”推动旅游业高质量发展的意见》提出，深入推进旅游领域数字化、网络化、智能化转型升级。2023 年 9 月，《关于释放旅游消费潜力推动旅游业高质量发展的若干措施》指出，推动利用数字技术改造提升传统旅游消费场所，打造智慧旅游、沉浸式体验新空间。这些表述，都为数字技术赋能文旅产业发展提供了支撑。

不过，在数字技术融入文旅产业过程中，还存在一些亟待解决的问题，比如产业结构与市场导向不太匹配，服务内容与游客需求还存在一定距离，建设规划与应用结果有些脱节，智能应用泛化等。因此，应有针对性地找到解决办法，精准促进数字技术赋能文旅产业。

有关部门要充分认识到数字技术对文旅产业的推动作用，合理部署文旅产业数字化发展方案。可引导旅游景区开发数字化体验产品并普及景区电子地图、线路推荐、语音导览等智慧化服务。建设一批世界级旅游景区和度假区，树立智慧旅游景区样板。推进乡村旅游资源和产品数字化建设，打造全国智慧旅游示范村镇。支持旅游景区运用数字技术展示特色文化内涵，建设数字博物馆、数字展览馆等，提升旅游体验。

企业应通过全面的市场调研，充分了解消费者需求，有针对性地提供数字技术赋能渠道，建立以消费者评价为核心标准的差异化评定机制。进一步扩大数字技术在文旅产业中的应用范围和节点，促进数字技术赋能文旅宣传，在及时反馈消费者需求导向的基础上，通过行业法规的完善化和行业协会的规范化优化行业生态，建立常态性公示制度和纠纷处理机制，进一步形成较稳定的“消费者—企业—政府部门”反馈链和信息群。

例评析

这是一篇关于文旅产业发展的经济活动分析报告，属于财经调研类文书，具备典型的财经应用文写作特点。该文围绕“数字+”赋能文旅产业全链条进行了简要介绍，并就其赋能形式、赋能进程加快的原因、存在的问题进行剖析，并针对存在的问题从政府部门和企业角度提出建议。全文逻辑清晰，层层递进，针对主题进行了全面的分析。

思考与练习

1. 什么是财经应用文写作？相比文学作品有哪些特点？
2. 你认为如何才能完成一篇优秀的财经应用文？
3. 不同类型的财经应用文各有何特点？在写作过程中应注意哪些区别？

项目二

Chapter Two

财经应用文写作的基本要求

学习要求

掌握财经应用文的写作规范，掌握财经应用文主旨、材料、结构、语言等要素并应用于写作实践。

通过学习，具备财经应用文写作基本素养，踏实严谨的写作态度，树立正确的价值观和培养良好的职业道德。

任务导入

请回顾曾经撰写的任意类型的一篇财经应用文，在写作上与其他文体有哪些不同？

第一节　财经应用文的写作规范

财经应用文作为应用文的一种，应遵循一定的写作规范，内容符合要求。一般而言，财经应用文写作规范需注意以下要求。

一、观点正确

党和国家的路线、方针和经济政策、法规等是一切经济部门、单位工作的依据，财经应用文中表述的经济现象和财经工作成果也与国家、社会、人民的发展息息相关，直接关系到国计民生。因此，财经应用文的写作必须要有鲜明的政治性和政策性，无论是起草公文还是拟写财经专业文书，都要以法规政策为依据。财经应用文的撰写者必须认真学习经济理论和相关的方针、政策，树立正确的立场、观点，提高政策水平、理论水平和法治观念。

二、专业准确

财经应用文由于其内容、特点，要求撰写者具备丰富的专业知识、经济基础理论知识，加之财经工作涉及市场经济中诸多行业企业，政府职能部门，财经应用文撰写者只有熟悉自身所在系统的业务，熟悉行业知识和专业术语，才能准确写出符合客观实际的文章内容，表述得当，从而发挥财经应用文的作用。

三、调查求真

调查研究在财经应用文写作的过程中有着特殊的地位和作用。只有善于调查研究，才能收集大量的财经信息，掌握第一手材料，确保资料和内容的准确性。在此基础上，进行分析整理，找出各部分的本质、属性及彼此间的联系，归纳出经济活动的内在规律，能真实反映客观变化，并根据经济现象及其发展趋势，提出有针对性的方案和建议。

四、格式规范

财经应用文写作的各种文书中，不仅有财经调研类、财经宣传类文书，还包括公文、规章制度等。财经应用文在应用过程中大多形成了一定的惯用格式，内容构成要素、前后顺序、行文格式、书写位置以及习惯用语等，都有一定的规范和要求。同时，公文、规章制度等文书是人们在一定范围内的行动准则与规范，具有明显的规范和约束作用。因此，财经应用文撰写者必须遵循规范的格式，才能达到撰写目的。

五、语言精练平实

财经应用文写作涉及的范围广、内容多，但大多侧重于传达交流信息、揭示经济规律。因此，撰写财经应用文务必做到用词准确、规范，并且用简练畅达、平实质朴的语言表述内容，条理清晰、逻辑严密，无须使用华丽辞藻、夸张修辞、抒情手法等。

第二节　财经应用文主旨

财经应用文的主旨又称主题、立意等，是文章通过具体材料所表达的中心思想、基本观点或要说明的主要问题，是撰写者对客观事物的评价和态度。

一、财经应用文主旨的确定

财经应用文的主旨决定了材料的取舍，统领结构的安排，制约语言的运用，因此，主旨的确定要求如下：

（一）立意正确

财经应用文的主旨应立足于国、立足于法、立足于行、立足于新。主旨首先必须遵守国家的法律法规，符合党和国家的路线、方针、政策，符合客观实际情况，准确反映客观事实，研究新形势，归纳新经验，总结新方法。

（二）表达鲜明集中

财经应用文的主旨必须清楚、明确、鲜明、单一集中，直截了当地在文章的显要位置表达出来，或篇首亮旨，或篇中明旨，或篇末显旨。围绕一个问题、一项工作集中力量阐述，集中力量把要主旨说得鞭辟入里，不能四面出击，面面俱到，从而最大限度提高财经应用文的效用。

二、财经应用文主旨的特点

主旨是文章的中心，对内容的选取、铺陈具有决定性作用。总体而言，财经应用文的主题特点体现在以下方面：

（一）与时俱进

财经应用文内容能体现当代社会发展、经济形势变化以及企事业单位的发展，是特定历史时期经济现象和财经活动的反映。因此，财经应用文的主旨必定与国民经济发展、社会现状相适应，具有鲜明的时代特征。财经应用文的主旨中包含的认识和实践势必顺应时代的发展，在写作中所表现出来的思维方式和主要内容也要创新，提出新思路、新方法。

（二）制约性

财经应用文写作会受到主客观因素的影响，作为一种被动式写作，其主旨的提炼、确定并不完全取决于撰写者，还受到上级部门、决策部门、具体事项的制约。同时，财经应用文写作也受到国家法律法规、方针政策以及具体实际情况和行文规则的制约。

（三）客观性

财经应用文的撰写必须站在客观立场，撰写者必须在符合国家法律法规、符合党的路线、方针、政策以及企事业单位规定等前提下完成写作。因此财经应用文主旨具有公正性、社会性和客观性。

第三节　财经应用文材料

材料是财经应用文确立主旨、形成观点的依据，也是支撑主旨的基石。

一、财经应用文材料的作用

一般说来，财经应用文材料的作用具体体现在突显主旨、支撑结构、构成正文上。

第一，突显主旨。主旨需要强有力的材料作为例证和依据去证明，佐证文章的观点，达到观点与材料的有机统一，确保文章逻辑严密、思路清晰。

第二，支撑结构。结构是文章的框架，需要获得材料的支撑，所以材料对于结构框架的形成有重大意义。

第三，构成正文。材料是构成文章的基础，缺少材料或没有材料，难以形成对文章观点的支撑，导致文章空洞、言之无物。只有材料丰富，支撑观点的数据、资料等事实与理论依据充分，正文才会充实，文章才具有说服力。

二、财经应用文材料的搜集

财经应用文的写作不仅需要第一手具体、现实的材料，还需要间接的、概括的、历史的材料。通过观察积累、调查研究可以获得第一手材料，而通过查阅检索文献资料可以获得更广范围的信息。

（一）观察积累

现代社会中的经济活动、商务往来、日常生活和实际工作中都能直接接触大量的经济现象、事物和实例，这些都可以成为丰富可靠的一手材料。善于观察、有意识地搜集和整理，日积月累，就可以形成具有普遍性、客观性、真实性且说服力强、可信度高的写作材料。

（二）调查研究

调查是获取第一手材料重要且有效的方法。通过调查访问，可以获得大量有价值的材料，并且将研究问题引向深入，寻找规律和解决问题的方法，进而分析典型意义。在撰写财经应用文时，撰写者应该注重调查研究，确保所叙之事真实可靠。

（三）查阅检索文献资料

不同于观察积累、调查研究，查阅检索文献资料是从互联网、文件、书籍、报纸、杂志和有关历史资料中获取材料，同样也是财经应用文写作获取材料的重要途径。这类材料、信息虽然是间接的第二手材料，但却是他人直接来源于社会生活的经验的归纳总结。通过查阅资料获取材料不仅可以超越时空界限，弥补时间、精力的不足，还可以对历史和现状做纵向与横向的考察比较，深化认识，为问题的研究和具体的应用文写作提供借鉴与参考。当前，互联网为知识、信息的传递提供了极大的方便，为进一步获取材料提供了一个便捷的途径。在利用互联网查阅资料、检索文献的过程中，应该对获取的材料进行仔细甄别，尽可能使用专业的、相关部门的网站进行文献资料的检索。这将有利于提高检索出的文献资料的质量。如果要准确地了解国家的方针、政策、法律、法规等，就要通过党和政府主导的主流媒体、各级政府部门的网站、国家司法体系的网站等获取相关资料。

三、财经应用文材料的选取

材料是阐述主旨的基础，收集丰富的材料有利于文章的写作，但不能把所有收集的材料都写进文章中去，必须对材料进行取舍。通过对搜集的材料进行整理、归类、筛选，去粗取精，去伪存真。

（一）选择精准阐述主旨的材料

材料的选取基本依据就是文章主旨。围绕主旨这一核心，对材料进行推敲、筛选，选取最能体现主旨、最能说明主要问题、最能支撑文章观点的材料，其他支撑度不高、关联性不大的材料，无论如何丰富、新颖都应舍弃，避免材料堆砌导致无效表达。

（二）选择真实准确的材料

财经应用文的材料以事实性材料为基础，包括财经活动中真实发生或存在的事物，也包括问题、数据、政策、法令等。真实是财经应用文的核心要点，材料必须符合客观事实。材料的准确强调的是引用国家大政方针、法律、法规以及相关学术观点必须准确无误。只有选择真实准确的材料，才能得出准确结论，发挥财经应用文应有的作用。

（三）选择典型的材料

典型材料强调的是最具代表性、最准确揭示事件本质的材料，能反映事物的共性和特征，从而总结一般规律，充分体现文章主旨。需要注意的是，财经应用文材料的典型性是相对的，要因时、因地、因人、因文的不同而有所区别。也许有的材料在这篇文章中是典型的，但到了另一篇文章中则不够典型。因此，财经应用文材料的典型性还必须充分考虑到对象、内容的针对性，要做到主旨和材料的统一。

（四）选择新颖的材料

新颖的材料是指新发生的事物、新发现的事例、反映最新情况的经济数据、最新的政策法规、新出现的观点等富有吸引力、预示新趋势的材料。现实经济社会中的新问题、新情况、新经验、新矛盾出现，只有使用了新颖的材料，才能引起共鸣，展现个性和突出特点。

四、财经应用文材料的使用

财经应用文撰写者在材料使用中应该合理安排，确保材料在文章中发挥有效作用，增强文章的说服力。

（一）合理有序安排材料

将按需要已经完成选取的材料，需进行分类排列、有序安排。按照文章的写作思路、表现方式和行文需要分辨材料的使用顺序，使文章逻辑结构更为合理，上下文联系更为紧密。要注意材料来源的不同，优先使用更具权威性的材料，确保文章的可信性。

（二）确定材料的详略

使用材料的详略将直接影响文章的整体观感和篇幅。撰写者应该根据文种的不同和目的的不同确定材料的详略程度，根据实际情况，做到详略得当。该详细的地方详尽周密，该简略的地方简洁明了。表现主旨的资料应详，偏离主题的材料应略；重要材料应详，次要材料应略；典型性材料应详，耳熟能详材料应略。

（三）善用比较性材料

财经应用文在说明情况、叙述事实时多使用比较性或对比性较强的材料，可以突出撰写者要表达的观点，使财经应用文主旨更突出、说服力更强。如在调查报告、分析报告、策划书中可能出现的新旧比较、正反比较、前后比较、目标与实际比较等，有助于揭示事物发展规律，提高文章可信度。

第四节　财经应用文结构

财经应用文结构是指财经应用文的内部组织形式和构造，即文章的谋篇布局，反映撰写者的思路。财经应用文的基本结构，与一般文章安排基本一致，正文的篇章结构，包括开头、结尾、段落、层次、过渡、照应等部分；内部的逻辑结构，要求内容条理分明，层次清晰。部分文体的财经应用文，还包括外在组成部分，如份号、紧急程度等。

一、财经应用文结构的要求

财经应用文结构的基本要求，具体体现在以下方面：

第一，逻辑性。财经应用文写作是对客观事物的真实反映。因此，文章内容的结构形式必须符合客观事物的发展规律，各层次之间前后上下的连接有其必然性，与主旨有内在的逻辑联系，不能相互矛盾，准确反映文章的主旨。否则，结构杂乱无章，言之无序，就难以达到行文的目的。

第二，完整性。财经应用文各类文种虽有不同，但都具有相对稳定的结构体式和规范，因此须适应各自的体式规范，确保结构的完整性。比如公文的写作，要有标题、主送机关、正文、落款等。正文的结构中要有开头、主体、结尾、结束语等部分。任何一个部分都不能缺失，否则造成结构的不完整，影响内容的表达。

第三，严密性。严密性是指文章中内容严谨，比例恰当、层次分明、条理清晰、前后连贯、首尾圆合。这样才能顺理成章，浑然一体。

二、财经应用文结构的常见体式

财经应用文的结构是撰写者根据主旨需要，同时更好地表现主旨，对文中各个部分的先后次序作合理的安排。根据主旨确定完整严谨的结构体式，通过构思使用合适的结构对材料进行妥善处理，即层次、段落安排，过渡、照应等。此处主要对结构常见体式进行介绍，其他内容在具体文种中各有阐述。

（一）总分式

总分式是一篇文章由两个或三个部分内容组成的逻辑结构关系，或先总述再分述，或先分述再总述，或先总述再分述最后总述。

1. 先总后分式

开头先点出主旨，统领全文，然后分头表述。其表现形式多是“导言（前言）加条文”。总述部分使用导言或前言的形式表述，分述部分一般采用数字表项的形式。比如，在布置安排某项工作的带有指示性的行政性通知中，往往先总说某项工作开展的意义和目的，后分条分项标示如何做的具体内容。

2. 先分后总式

先讲情况、根据、缘由等，然后总述主旨。这种结构，多见于请示、公函、通报、经济活动分析报告、审计报告、述职报告等。

3. 总分总式

先总述再分述，最后予以总结或强调。这种结构形态常见于揭露问题的调查报告、工作总结、经济活动分析报告等。

（二）并列式

几个层次之间的关系是平行和并列的，这样的结构方式为并列式，也称横式结构。通常将重大复杂的内容，按性质分成若干条项表述，每一条项冠以数目字，如一、二、三等。

（三）递进式

递进式是指以事物或某种经济现象为脉络，或由现象至本质，或以因果等逻辑关系为顺序，逐层深入展开的结构形式。其顺序不能颠倒。如按照提出问题、分析问题、解决问题，即由因到果，按照“递进”关系安排层次。

以上三种结构体式的区别不是绝对的，在实际使用中，常常互相交叉，互相结合。并列式结构方式从全篇看没有总论，但每个分论也可能有总结或小结；递进式结构中分论的部分也可能包括几点并列的内容；递进式也可附列一些表格来说明问题。总之，各种结构都是根据写作目的和内容的需要来确定的，不能只顾形式而不顾内容，但形式选择不当，也会影响内容表达的效果。

第五节　财经应用文的语言

一、财经应用文语言基本要求

财经应用文类型多、内容不同，共同点是处理事务、解决实际问题、讲究实效，由此决定语言必须实用，注重表达效率。因此，财经应用文语言一般具备以下要求。

（一）准确与模糊相统一

财经应用文语言的准确性是由应用文文体的本质决定的。为了最大限度地达到行文的效果，便于读者的理解和有效运用，财经应用文在表述上应清楚、准确。例如，在利用数字、图表表述某些客观事实时，要注意数据的准确性，实事求是地反映财经工作的真实情况。注意用词的准确性，要区别其具体的使用语境，做到意思的准确传达。财经应用文语言存在模糊性是因为应用文在实际传播的过程中，可能会面临一定的变化。上级单位在文中提出的建议和要求不可能全部符合当时、当地的实际情况，在写作过程中，撰写者常会在措辞上留有余地，以此保证文章的思想、理论的可行性得到进一步提高，从而帮助下级机构解决实际过程中的具体问题。因此，这种语言的模糊性也是必需的。常见的模糊性用语包括“基本上”“诸多因素”“近段时间”等。要求财经应用文语言做到准确与模糊的统一是为了使文章的表述更真实可靠、符合实际。

（二）表述得体

撰写者要根据行文目的、内容和对象恰当地使用语言，做到语言规范、条理清晰、通俗易懂。一方面，因为财经应用文属于应用文，在格式、语体等方面都有一定的表述要求，且主要是用来处理事务，解决财经方面的问题，所以事务性语体风格浓烈，基本是使用书面语进行叙述，因此要求使用单义语的稳定义、本义。另一方面，财经应用文语言的得体性还表现为财经应用文文种的不同，把握好各类文书语体风格之间细微的差异。例如，规章制度类文书要求严谨、具体、利落；计划类文书要求实在、周密、可行；通报等文书要体现感情色彩，如惩戒坏人坏事的通报，语言应言之凿凿等。不同文种的语言应有与文体风格相协调的基调。此外，在上行文、下行文、礼仪文书的写作过程中要注意语言的分寸感，上级机关行文要体现领导机构的权威和指示性，不能模棱两可、摇摆不定；下级机关行文要既恭敬恳切又不卑不亢；商洽性的文书则要摆出诚恳商谈、协商共事、互相尊重、礼貌负责的态度。

（三）常用固定语言

财经应用文专用语、行业术语繁多，长期以来，文书中沿用一些使用频率高、专用的或固定模式的词语，如称谓语、经办语、引叙语、祈请语、表态语、结尾语等，一般为约定俗成，使文章语言精练、文约意丰。此外，财经应用文常使用陈述句、祈使句，并多使用图表、符号等特定形式的语言和数字语言，有助于在表现经济活动变化与发展方面增强说服力。

二、财经应用文语言表达方式

受限于财经应用文的写作特点和要求，财经应用文语言的表达方式主要有叙述、说明和议论。

（一）叙述

叙述是财经应用文中最基本、最常用的语言表达方式，是有次序地将人物经历、言行或事物发展变化的过程叙说出来的表达方式。多用来介绍情况，表明原委。完整的叙述通常包括时间、地点、人物、事件、原因和结果六个要素。在写作时，通常采用顺叙方式，按照时间先后顺序叙述，倒叙、插叙、分叙使用较少。叙述可分为总叙和分叙、直叙和间叙、详叙和略叙，使用直叙情况较多，详叙在请示、报告等方面使用较为频繁。

（二）说明

说明是指用简明扼要的文字，对客观事物或事理的状态、性质、特点、功能、成因、关系、功用等加以客观的解释和介绍，达到使读者详细了解或明白的目的。说明在财经应用文中使用广泛，如商品说明书、介绍信、经济合同等。常见的用法包括引用说明、举例说明等。通常在表达时应做到条理清晰、客观公正、直白质朴。

（三）议论

议论是运用事实材料和理论材料进行逻辑推理、阐明观点的一种表达方式。其特点是证明性，通过摆事实、讲道理，或证明自己观点正确，或驳斥对方的观点错误。财经应用文中经常使用议论方式，调查报告、总结等文种，经常在叙述事实、说明情况的基础上，表明对人物、事件、问题的评价。议论强调一文一事、就事论事，重证据、逻辑和说理。

由于财经应用文类型多样，语言表达应根据具体文体特征、文章目的和主要内容，恰当合理精准地表述，有效提高财经应用文写作的作用，实现写作目的。

第六节　典型案例及评析

案　例

2024年全球新能源汽车市场前瞻

从2018年到2022年，全球新能源汽车销量从211万辆增长到1039万辆，5年里增长了5倍，市场渗透率也从2%提升至13%。

新能源汽车的浪潮席卷全球，中国正在勇立潮头。2022年，中国市场在全球新能源汽车市场的销量份额超六成，欧洲和美国的销量份额分别为22%和9%（区域新能源汽车销量占比=区域新能源汽车销量÷全球新能源汽车销量×100%），销量总和不及中国新能源汽车销量的一半。

这并不是中国市场的独舞，欧、美、日、韩正在加速追赶。随着世界头部车企纷纷入局，新能源汽车市场已是千帆竞发。这篇报告将依据2023年之前的全球新能源汽车相关市场数据，通过大模型分析，对2024年全球新能源汽车市场的增长情况作出预测。

第一，2024年，全球新能源汽车销量有望接近2000万辆，市场份额将达到24.2%。

目前，新能源汽车成为各国经济的重点发力方向，政府的政策支持、技术进步和消费者对可持续交通的需求都将有助于促进新能源汽车销售。2023 年，新能源汽车销量有望超过 1500 万辆；预计未来新能源汽车销量将持续增长并占据更大的市场份额；到 2024 年，全球新能源汽车销量将接近 2000 万辆，市场份额将达到 24.2%（见图 2-1）。

图 2-1　2010—2024 年全球新能源汽车销量（万辆）及市场份额

第二，地区市场规模：2024 年，中国将继续领跑汽车工业低碳转型，占全球市场规模的 65.4%。

从各区域市场来看，中国、欧洲和美洲三个地区市场引领新能源汽车转型已成定局。目前，中国已成为全球最大的新能源汽车市场，美洲地区新能源汽车销量份额有望在近两年内快速增长。预计到 2024 年，中国新能源汽车销量占比为 65.4%，欧洲为 15.6%，美洲为 13.5%。从政策支持和产业发展角度来看，预计到 2024 年，中国、欧洲和美洲三个地区新能源汽车销量总和占全球市场的份额将继续上升（见图 2-2）。

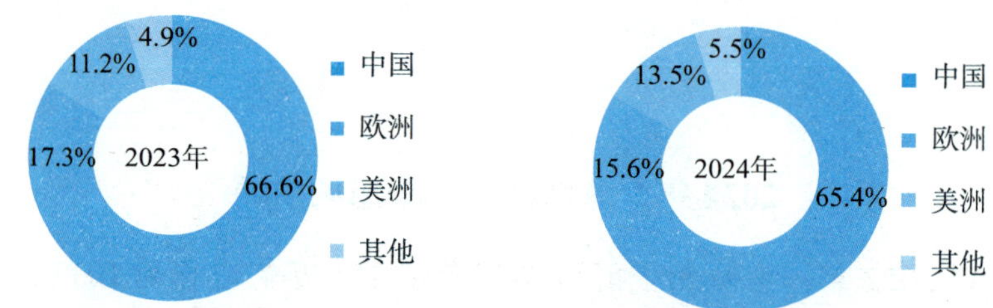

图 2-2　2023 年各区域新能源汽车销量占比预测及 2024 年各区域新能源汽车销量占比预测

第三，中国市场：2024 年，新能源汽车市场份额有望达到 47.1%。

在中国市场，由于中国政府长期以来的鼎力支持以及智能化、电动化技术的快速迭代，电动汽车的价格与性能对消费者的吸引力日益增强。消费者开始享受到好产品带来的技术红利，产业将进入稳步增长阶段。

2022 年，中国新能源汽车销量占据中国汽车市场份额的 25.6%；到 2023 年年底，中国新能源汽车销量预计将达到 998.4 万辆，市场份额有望达到 36.3%；到 2024 年，中国新能源汽车销量有望突破 1300 万辆，市场份额将达到 47.1%；同时，出口市场的规模和份额有望逐渐扩大，推动中国车市持续良好发展（见图 2-3）。

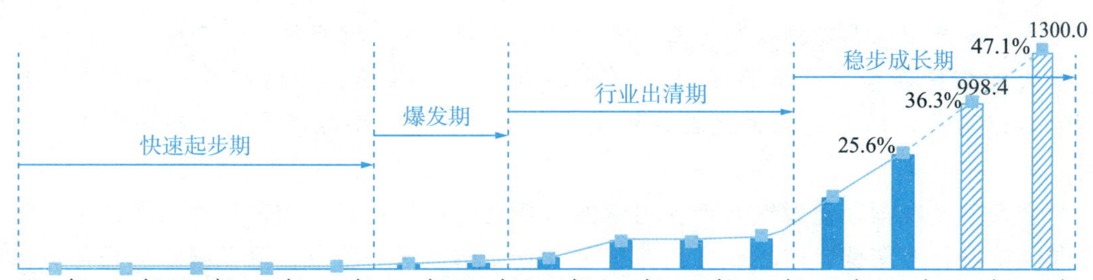

图 2-3　2010—2024 年中国新能源汽车销量及市场份额

第四，欧洲市场：政策推动叠加基础设施逐步完善，发展潜力巨大。

欧洲市场新能源汽车销量增长表现相较于中国市场，较为平缓。近年来，欧洲消费者的环保意识增强。同时，欧洲各国加速向清洁能源转型，欧洲新能源汽车市场发展潜力较大。碳排放法规、新能源汽车购车补贴、减免税收、加大基础设施建设等多项激励政策将带动欧洲新能源汽车销量进入快速增长轨道。预计到 2024 年底，欧洲新能源汽车的市场份额将提升至 28.1%（见图 2-4）。

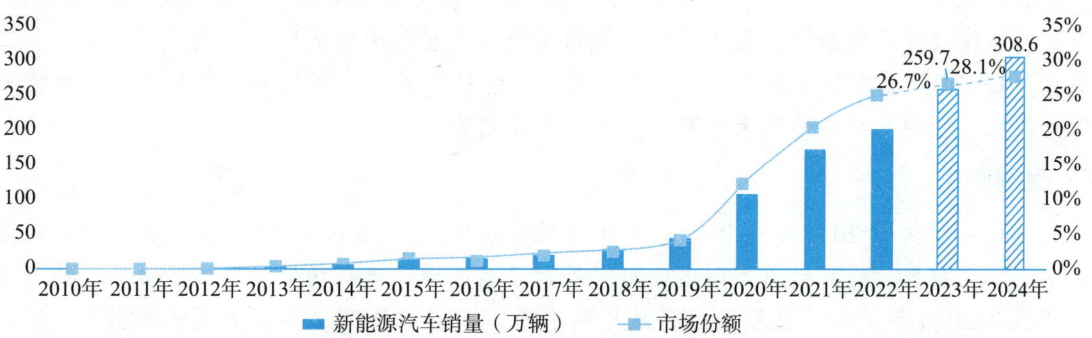

图 2-4　2010—2024 年欧洲主要地区新能源汽车销量（万辆）及市场份额

第五，美洲市场：新技术、新产品引导消费，增长势头不容小觑。

在美洲地区，尽管传统燃油车仍占据主导地位，但新能源汽车销量增长势头迅猛，2024 年有望再创新高。政府的支持政策、技术进步和消费者需求的提高将推动新能源汽车的发展。预计到 2024 年底，电池技术的改进和整车技术的成熟将使新能源汽车对美洲消费者更具有吸引力和可行性，新能源汽车在美洲汽车市场份额将提升至 14.6%（见图 2-5）。

图 2-5　2010—2024 年美洲主要地区新能源汽车销量（万辆）及市场份额

第六，未来中国新能源汽车出海必须更注重品牌、融资与售后。

强大的中国新能源汽车产业已展现出较强的溢出效应，出海前景可期。除了自主品牌整车出海，以动力电池为代表的新能源汽车“三电”供应链产业也在高歌进军海外市场。

树立品牌是我国新能源汽车产业出海的当务之急。目前，我国新能源汽车产业出海仍处于起步阶段，开拓国际市场、巩固品牌是重点方向。这一阶段，除了强悍的产品力，中国车企还应注重“攻心为上”，针对海外市场树立起自身的品牌理念。预计2025年后，中国新能源汽车出口将迈入稳步增长阶段，随着国产技术及品牌的崛起，中国有望在产业内多个领域拥有国际话语权。

在投融资方面，新能源汽车及产业链企业出海会产生巨量的资本需求，但国内资本市场对产业链的投融资金额有限，资金不足可能会制约产业链发展。对国内新能源车企与产业链企业而言，依靠海外资本投资、海外上市融资等方式，将有助于巩固技术“护城河”和加码全球化发展的必由之路。

此外，随着新能源汽车海外销量增长，后续的长尾工作也需要跟进。服务渠道零散、售后服务流程有待完善，这些都是车企立足海外市场必须面对的问题。同时，全球各国、各地区法律法规的复杂性，也将导致企业需要投入大量时间来适应。因此，利用数字化工具打通OEM与地方服务型企业（如物流平台、经销服务商、保险公司等）之间的数据孤岛，实现信息的互联互通是未来渠道发展的关键趋势。

案例评析

这是一篇关于2024年全球新能源市场预测分析，于2023年10月8日发表。标题即展示了该文主旨，通过数据、图表等形式展示了新能源汽车市场销量及市场份额，结合历史数据对2024年进行了预测分析。从思路上看，按照对全球总体市场销售预测、分区域销售预测以及对未来中国新能源汽车出海提出建议。全文思路清晰，有丰富数据支撑，紧扣2024年全球新能源汽车市场开展了预测，语言精练得体，整体分析完整。

思考与练习

1. 如何确定财经应用文的主旨？请结合实例阐述。
2. 财经应用文材料在搜集、选取和使用上需注意哪些要点？
3. 财经应用文的结构拟定应满足什么要求？
4. 在互联网时代，财经应用文写作的语言需注意哪些新的问题？

第二篇

财经基础类文书

项目三 公 文

Chapter Three

学习要求

理解公文的概念、特点、分类及其适用条件，掌握各种文书的基本结构、正文的写法和要求，掌握不同公文间的联系和区别，在分析范例的基础上，能够熟练而准确地写作各种公文。

通过公文写作培养学生自学研究、比较分析的学习能力；提高阅读和理解能力；养成庄重、严谨、准确、精练的文字表达能力。锻炼人际沟通和社会活动能力。通过认识公文树立正确的价值观和培养良好的职业道德，坚持实事求是的原则，培养工作责任意识。

任务导入

请从学校教务系统上查阅一篇通知并讨论有何特点。你认为通知的写作应该具备哪些基本要素？

第一节 公文基本概述

一、公文的概念

公文是公务文书的简称。广义的公务文书即所有的反映公务活动内容、在公务活动中发挥作用的书面材料。它包括所有的通用公文和专用公文。狭义的公务文书专指党政机关公文（以下简称“公文”），是党政机关实施领导、履行职能、处理公务的具有特定效力和规范体式的文书，指在2012年4月16日中共中央办公厅、国务院办公厅颁布的《党政机关公文处理工作条例》（以下简称《条例》）中所列出的15种文种，即决议、决定、命令（令）、公报、公告、通告、意见、通知、通报、报告、请示、批复、议案、函、纪要。它是传达贯彻党和国家方针政策，颁布法律、法规、规章，请示和答复问题，汇报情况，交流经验，以及记载政务活动相关内容的重要工具。本部分所称公文为狭义公文。

二、公文的作用

公文是党和国家具体领导和管理政务、机关单位之间相互进行联系和机关单位内部处理工作事务的一种工具。认识公文的作用是使用好公文这一工具的重要前提。其主要作用主要表现在以下几个方面。

（一）规范和约束作用

党政机关公文是依法行政、依法管理的体现形式。法律、行政法规、规章制度主要是以命令、决定、通告、通知等形式来发布的，这些法律、行政法规、规章制度一经盖章发布就具有法定效力，对社会组织、成员的各项工作和活动具有规范和约束作用。任何单位和个人在其有效的时间和规定的范围内必须遵守，不得违反。

（二）领导和指导作用

公文是行政机关传达贯彻党和国家的方针、政策，施行行政措施，传达工作决策的重要工具。为使各行各业的工作有组织、有领导、有条不紊地进行，大量的下行文都发挥着领导与指导的作用。一般来讲，有行政隶属关系的上级公文对下级起具体领导作用，上级业务指导机关的公文则对下级职能机关起业务指导作用。例如，国务院对财政部的发文，就对财政部起领导作用；财政部对各省财政厅（局）的发文，就对各省财政厅（局）的业务起指导作用。

（三）联系和沟通作用

公文在加强党政机关之间的联系和沟通信息方面起着重要的纽带作用。下情上知，上情下达，横向沟通，互通信息，协助共事，公文的这些功用可提高工作效率，推进各项工作顺利开展。例如，上级机关向下级机关传达党和国家的方针政策、指导工作、答复问题；平级机关或不相隶属机关之间商洽工作、互通情况；下级机关向上级机关请示和汇报工作等，都是通过公文实现的。

（四）宣传和教育作用

很多公文不但规定了人们怎么做，而且阐明了指导思想、工作性质和意义，使干部群众提高思想认识和工作积极性，保证党和国家方针政策的贯彻执行。一些批评性通报或惩处性决定，虽然公布行政处罚措施，但也因其包含的期望意愿而起到教育和鉴戒作用。

（五）依据和凭证作用

公文是各级机关意图的最忠实的凭证。公文既是发文机关意图的凭证，也是受文机关贯彻执行、开展工作的依据。受文机关可以根据公文安排工作、制订措施，还可以根据已存档的公文了解以往的公务活动情况。此外，公文还是重要的凭证史料，有的甚至能为研究历史提供第一手资料。

三、公文的特点

公文与其他文体相比，具有鲜明的特点，主要表现在以下几个方面。

（一）法定性

党政机关公文作为国家行政机关行使其行政管理职能的重要工具，由法定机关制发，代表法定机关的立场、观点和决策意图，一旦发布生效，必须遵守贯彻执行，其内容在法定机关的权限范围内具有法定的权威和约束力。因此法定性是其最显著的特点，具体表现在以下几个方面。①法定的作者。公文的作者只限于依法成立并能以自己的名义行使权力和承担义务的组织及其法定的负责人。公文的草拟者不能视为公文的作者。②法定的办理程序。公文的形成和处理必须符合法定的职权范围和规定程序。③法定的权威性。公文作者和办理程序的法定性，赋予了公文法定的权威和效力。公文一经正式发布，有关单位和个人必须遵守或执行。

（二）规范性

党政机关公文是应用文中规范性很强的文体。公文遵循一定的格式和结构。《党政机关公文格式》以及《条例》对公文的种类、格式、行文规则、办理方法等作了严格的统一规定，任何制文机关不得乱造滥用。这种体式上的规范性，有助于迅速高效地制作公文，准确地传达发文机关意图，为公文处理科学化、规范化和现代化提供了基本条件。

（三）时效性

党政机关公文是为完成某项工作或针对公务活动中某个具体问题而制定的，工作完成其作用也即告毕。提出问题、意见，表明立场、态度，回答咨询、质疑，记载情况、精神等，都要及时、迅速、明确，以保证其内容的实时性和有效性。它在现行工作中形成、使用，在特定的时间期限内具有效力。

四、公文的类型

根据公文的来源、性质、适用范围和处理时限等因素，可将公文划分为不同的类型。常见的分类方法有如下几种。

（一）根据内容和适用范围划分

根据2012年4月16日中共中央办公厅、国务院办公厅印发的《党政机关公文处理工作条例》的规定，我国现行的党政机关公文有15个文种，分别为决议、决定、命令（令）、公报、公告、通告、意见、通知、通报、报告、请示、批复、议案、函、纪要，如表3-1所示。

表3-1　党政机关公文种类及适用范围

文种	适用范围
决议	适用于会议讨论通过的重大决策事项
决定	适用于对重要事项做出决策和部署、奖惩有关单位和人员、变更或者撤销下级机关不适当的决定等事项
命令（令）	适用于公布行政法规和规章，宣布施行重大强制性措施，批准授予和晋升衔级，嘉奖有关单位和人员
公报	适用于公布重要决定或者重大事项
公告	适用于向国内外宣布重要事项或者法定事项
通告	适用于在一定范围内公布应当遵守或者周知的事项
意见	适用于对重要问题提出见解和处理办法
通知	适用于发布、传达要求下级机关执行和有关单位周知或者执行的事项，批转、转发公文
通报	适用于表彰先进、批评错误、传达重要精神和告知重要情况
报告	适用于向上级机关汇报工作、反映情况，回复上级机关的询问
请示	适用于向上级机关请求指示、批准

续表

文种	适用范围
批复	适用于答复下级机关请示事项
议案	适用于各级人民政府按照法律程序向同级人民代表大会或者人民代表大会常务委员会提请审议事项
函	适用于不相隶属机关之间商洽工作、询问和答复问题、请求批准和答复审批事项
纪要	适用于记载会议主要情况和议定事项

（二）按行文方向划分

按行文方向的不同，公文可划分为上行公文、下行公文、平行公文和泛行文。

1. 上行公文

即下级机关向上级机关发送的公文，如请示、报告等。

2. 下行公文

即上级机关向下级机关发送的公文，如命令（令）、决定、批复等。

3. 平行公文

即平行机关或不相隶属机关之间为协商或通知有关事项而制发的公文，如函等。

公文的上行、下行和平行有时有交叉现象。例如，函主要用于平行机关或不相隶属机关之间，但有时也用于上级机关与下级机关的联系，但这种交叉并不影响公文的基本分类。

4. 泛行文

泛行文是既向发文机关的上级单位、下级单位、平行单位行文，也向不相隶属的单位行文，行文面广，方向不定，如公告等。

（三）按承担职能划分

根据承担职能的不同，公文可分为决策性公文、知照性公文、报请性公文、规范性公文等。

1. 决策性公文

即表明上级机关决定意图，指挥下属机关和有关人员行动的公文，如命令（令）、决议、决定、批复等。

2. 知照性公文

即向有关对象通知、知照某些事项、情况、规定和要求的公文，如公报、通知、通报、公告、通告等。

3. 报请性公文

即向上级机关汇报情况或请示问题的公文，如请示、报告。

4. 规范性公文

即对有关问题做出明确规定，以规范人们行动的公文，如决定、通告。

5. 提议性公文

即向有关机关提出问题或建议的公文，如议案。

6. 联系性公文

即有关机关之间联系工作时使用的公文，如函。

7．记录性公文

即以对实际情况的记录为基础形成的公文，如纪要。

（四）按机密程度划分

按机密程度的不同，公文可分为绝密公文、机密公文、秘密公文和普通公文。

1．绝密公文

绝密公文的内容涉及党和国家最高级核心机密，一旦泄露，会使国家安全和利益遭受特别严重的损害。绝密公文的阅读对象在一定时间内必须绝对限制在一定范围内，它的保密程度最高，知密范围最小。

2．机密公文

机密公文的内容关系到重要的国家秘密，一旦泄露，会使国家的安全和利益遭受严重损害。

3．秘密公文

秘密公文的内容关系到国家的一般秘密，一旦泄露，会使国家的安全和利益遭受损害。

4．普通公文

普通公文是在本机关、本组织内传阅的没有密级的公文。

（五）按处理时限划分

根据处理时限的不同，公文可分为特急公文、急办公文及常规公文。

1．特急公文

即内容事关重大而紧急，必须以最快的速度制发和处理的公文。这类公文需在文面上注明“特急件”。

2．急办公文

即涉及重要工作和需急速形成和处理的公文。此类公文较特急件的处理时限稍缓，文面上需注明“急件”。

3．常规公文

即按常规时间和程序办理的公文，文面上不须注明。

此外，还有一些其他分类方法，如从法规角度分为法定公文和非法定公文以及按撰写者性质分类、按载体分类、按来源分类，按传阅对象和范围分类等。

第二节　公文的基本结构及写作要求

一、公文的基本结构

公文的基本格式是指公文的外在表现形式，包括公文的各构成要素以及这些项目在文中的编排。2012 年 4 月，国家技术监督局正式批准发布了《党政机关公文格式》（GB/T9704—2012），将我国的党政机关公文格式纳入国家标准体系。

公文的各要素划分为眉首（或叫文头）、主体、版记（或叫文尾）三部分。置于公文首页红色分隔线以上的各要素统称眉首（文头）；置于公文首页红色分隔线（不含）以下至末页首条分隔线（不含）以上为主体；置于末页首条分隔线以下的各要素统称版记（文尾）。

《党政机关公文处理工作条例》规定“公文一般由份号、密级和保密期限、紧急程度、发文机关标志、发文字号、签发人、标题、主送机关、正文、附件说明、发文机关署名、成文日期、印章、附注、附件、抄送机关、印发机关和印发日期、页码等组成”。其每一部分内容不同，要求也不同。其中有些是公文的必备项目，有些是可选项目。需要哪些，应视公文的性质而定。

（一）眉首部分

眉首，又称文头、版头，位于文件首页上方，约占首页版面的三分之一。由发文机关标识、发文字号、文件份数序号、秘密等级和保密期限、紧急程度、签发人等六个要素组成。

1. 发文机关标识

发文机关标识由发文机关名称或规范化简称后加“文件”组成，一般都用套红大字居中印在公文首页上部，推荐使用小标宋体字，以醒目、庄重为原则，如“中华人民共和国财政部公告”。联合行文时应将主办机关名称排前，其他机关依次在后面或下方整齐对应排列，如《财政部、国家档案局关于印发〈会计档案管理办法〉的通知》。“文件”二字置于发文机关名称右侧，上下居中排布。对一些特定的公文（如函）可只标识发文机关全称或规范化简称。

2. 发文字号

发文字号又称发文号，由发文机关代字、年份、发文顺序号三部分组成，即发文机关的代号和文件的登记编号。年份、发文顺序号用阿拉伯数字标注，年份应标全称，用六角括号括入，发文顺序号不加“第”字，不编虚位（即 1 不编为 01），在阿拉伯数字后加“号”字。字体为 3 号仿宋体。如“国办发〔2024〕1 号”，其中“国办”即国务院办公厅的代称；“〔2024〕”是发文年份，指该文 2024 年发出，“1”是发文顺序号，指该文是国务院办公厅 2024 年发出的第 1 个文件。

发文字号一般在发文机关标识下居中排布。一份公文只有一个发文字号。几个机关联合发文，只标注主办机关的发文字号。有些公文不标明发文字号，只标明序号。序号置于公文名称之下正中位置（汇编成册的公文，其发文字号则通常位于标题的正下方或右下方）。

3. 公文份数序号

公文份数序号指将同一文稿印制若干份时每份公文的顺序编号。序号一般用阿拉伯数码标识于公文版心的左上角第 1 行，用 6 位 3 号阿拉伯数字，其写法一般如：“000001”。“绝密”“机密”公文应当标明份数序号。标识份数序号有利于公文的登记、分发和核查，便于更好地管理密级较高的公文。

4. 秘密等级和保密期限

秘密等级又称“密级”。涉及国家秘密的公文应当标明密级和保密期限。密级分“绝密”“机密”“秘密”三级。标注于文头右上角第一行，两个字之间应空一字，如秘密等级与保密期限需同时标注，则顶格标注在右上角第一行，一般用 3 号黑体字，秘密等级与保密期限之间用“★”隔开。

5. 紧急程度

紧急程度是对公文送达和办理的时间要求。根据公文送达和办理的紧急程度，公文可分为“特急”“加急”两种，紧急电报有“特提”“特急”“加急”“平急”等四种。标注于文件右上角，密级的正下方。

6. 签发人

签发人是指上行文中发文机关的负责人签署。上报的公文需标识签发人或会签人的姓名，标注在发文字号同一行右侧。如果有多个签发人，主办单位签发人姓名置于第一行，其他签发人姓名从第二行起在主办单位签发人姓名之下按发文机关顺序依次排列，一般每行排两个姓名，回行时与上一行第一个签发人姓名对齐，应使发文字号与最后一个签发人姓名处在同一行。“签发人”三字用3号仿宋字体，签发人姓名用3号楷体字。

版头中的红色分隔线将公文版头与主体部分分开。分隔线位于发文字号之下4毫米处居中，长度为156毫米，与版心等宽。党内文件，用红色分隔线正中点缀1个红五星“★”作标志。

（二）主体部分

公文主体是公文首页红色分隔线以下至末页首条分隔线以上的部分，通常由公文标题、主送机关、公文正文、附件、成文时间、印章和附注等要素构成。

1. 公文标题

公文标题是对公文主要内容的概括及文种的标示，一般由发文机关名称、发文事由和公文种类三个基本要素组成。事由一般由介词“关于”引出，并应当准确、简洁地概括公文的内容。根据文种特点和具体情况，少数令、公告、通告等也可省略事由。标题一般用2号小标宋体字，编排于红色分隔线下空两行位置，一行或多行居中排布，回行时，要做到词意完整，排列对称，长短适宜，间距恰当，标题排列应当使用梯形或菱形。此外，标题中除法规、规章名称加书名号以及并列的几个机关名称之间可加顿号外，一般不用标点符号。

2. 主送机关

主送机关又称受文机关，是指公文的主要受理机关，负责办理或答复公文中的事项，应当使用机关全称或者规范化简称或同类型机关统称。置于标题之下正文之上，顶格书写，后标全角冒号。当主送机关有数个并易于列举时，应并列写出；当主送机关有很多，无法一一列举时，可以统称。

上行文和非普发性的下行文一般只写一个主送机关。命令及一些公布性的公文，如公告、通告等，一般不注明主送机关。

3. 正文

正文是公文的主体部分和核心内容，用来表述公文的内容。一般由开头、主体和结尾三部分组成。正文的行文要求简练、逻辑严密、文字准确。正文字体不能太小，一般用3号仿宋字体，编排于主送机关名称下一行，字距、行距要清晰。正文是公文的核心部分。

4. 附件

附件是附属于公文正文之后的文字材料，是整个公文的重要组成部分。为使受文者正确理解和准确执行或办理公文，可以添加附件。附件有两种，一种是用于补充说明或证实正文的文件材料；另一种是随命令、通知等发布、批转或转发、印发的文件材料。

公文若有附件，则应在正文之后、成文日期之前注明附件的顺序和名称，或者在正文相关处用括号注明“见附件”等字样。公文只有一个附件，只需标注其名称，不标序号。

附件如有多个可标注序号（如“附件：1. ×××”）；附件名称后不加标点符号。如正文标题中已标明所批转、转发、印发、发布的文件，则在正文之下不加附件说明，文中也不用标注“见附件”等字样。

5. 成文时间

成文时间，一般来说也是公文的生效时间，原则上应以签发人签发的日期为准，联合行文以最后签发人的签发日期为准，电报以发出日期为准，会议通过的文件以会议通过的日期为准。决定、通告、纪要等公文则写在公文标题之下，用括号标注。成文时间大多数写在公文正文右下角，右空四字编排，用阿拉伯数字将年、月、日标全，月、日不编虚位（即 1 不编为 01）。

6. 印章

公文上的印章是公文生效的一种标志。公文上的印章有两种，一种是发文机关的印章，亦称公章；另一种是机关负责人的印章，亦称签名章。公文中除简报式会议纪要外，都要加盖印章，否则视为无效。机关印章应与署名机关相符。有特定发文机关标志的普发性公文和电报可以不加盖印章。

单一机关制发的公文在落款处不署发文机关名称，只标识成文时间，并在成文时间右空 4 字居中，端正地加盖发文机关印章。联合行文需加盖 3 个以上印章时，应将各发文机关名称（可用简称）排在发文时间和正文之间。以机关领导个人名义落款，要在姓名前冠以职务，并加盖领导人印章。

7. 附注

附注是指对正文中出现的名词术语、使用方法和注意事项等情况的简要说明和解释。如有的公文需注明发至哪一级，有的公文需注明可否张贴或登报。附注居左空 2 字加圆括号标识在成文时间的下一行。附注有多条时应用序号排列。

（三）版记部分

版记又称文尾，属于文件的附加部分，主要是对文件印发情况加以说明，包括抄送机关、印发机关、印发日期、印发份数等。

1. 抄送机关

抄送机关是指用于标注除主送机关外需要执行或知晓正文内容的其他机关，应当使用全称或者规范化简称。抄送机关一般只需了解公文的内容而不负责答复和办理。抄送要从实际需要出发，不能乱抄乱送。抄送机关在印发机关和印发日期之上一行、左右各空 1 字编排。

2. 印发机关

印发机关是指具体主办、制发公文的部门，一般是发文机关的办公厅（室），标注于抄送机关之下，在末条分隔线之上，左空一字署公文印发机关全称。

3. 印发日期

印发日期是指办公厅（室）接稿后送往印刷的时间，以公文付印的日期为准，用阿拉伯数码标注，与印发机关同居一行位置，右空 1 字。

4. 印发份数

印发份数是指该文件的总印数。印刷份数置于印发机关及印发日期栏底线下方，如“共印 ×× 份”。

以上是按眉首、主体、版记顺序排列的行政机关公文的主要构成要素。具体还应结合公文的种类了解不同公文的构成。此外，公文的用纸格式应按照《党政机关公文处理工作条例》的规定，公文用纸一般采用国际标准A4型（210mm×297mm），左侧装订。张贴的公文用纸大小可根据实际需要确定。公文中各组成部分的标识规则参照《党政机关公文格式》（GB/T 9704—2012）执行。

二、公文的写作基本要求

公文是各级党政机关和企事业单位用以贯彻执行党和国家各项方针、政策的有力工具。因此，公文的撰写首先必须符合党和国家的有关法律、法规、政策。其次，公文的语言要庄重、严密、准确、精练。此外，撰写公文时还必须严格遵循公文体式的各项规定，充分理解和领会领导的意图，用准确规范的语言写成条理清晰、一目了然的综合材料。但不同的公文种类，具体表达的基本观点和中心思想并不相同，具体的写作要求也存在差异，下面就具体的公文种类来说明不同公文的写作要求。

（一）决议

决议是党政机关对重要事项经会议讨论通过决策，并要求贯彻执行的重要指导性公文。决议一般具有权威性和指导性的特点。

决议可以分为公布性决议、批准性决议和阐述性决议三类。公布性决议是为公布某种法规提案的文件；批准性决议是为肯定或否定某种议案的文件；阐述性决议是对某些重大结论的具体内容加以展开阐述的文件。

决议一般由标题、成文日期和正文三部分构成。

1．标题

标题一般有两种形式：一种是由发文机关（或会议名称）、事由和文种三部分构成；另一种是由事由和文种两部分构成。

2．成文日期

成文日期即决议正式通过的日期，一般放在标题下面，在小括号内注明会议名称及通过时间，也可只写年月日。

3．正文

正文一般包括决议缘由、决议事项和结语三部分。

（1）决议缘由。一般简要说明有关会议审议决议涉及事项的情况，陈述作出决议的原因、根据、背景、目的或意义。

（2）决议事项。写明会议通过的决议事项，或会议对有关文件、事项作出的评价、决定，或对有关工作作出的部署、要求和措施。

（3）结语。结语一般紧扣决议事项，有针对性地提出希望、号召和执行要求，该部分可以不单独列示。

正文因类型差异略有不同。公布性决议首先说明通过决议的那次会议及作出公布议案的简单理由，再写明决议内容，最后写注意事项及处理办法。批准性决议首先说明某次会议审议了某个议案及其依据的理由，再写对被审议案的具体评价，最后以“指出”“认为”之语引出号召。阐述性决议则先概述某一事实，然后加以理论分析，最后是评断。

（二）决定

决定属于下行文，是党政机关对某些重要事项或重大行动作出决断、安排时所使用的一种指挥性公文。决定是一种重要的规范性公文，使用范围很广。从文体上看，国家各级党政机关、社会团体、企事业单位等都可以适用；从内容上看，是对经济和社会发展中的重大问题作出决策，对某些重要工作进行部署，对某一重要的具体事项作出安排，还可以对有重要贡献的先进集体和个人或对发生重大违纪行为的人员进行奖惩。一般来说，只有事关全局、政策性强、任务艰巨、执行时间较长的重要工作，才适合使用决定行文。日常工作的布置或局部工作的处理，不宜采用决定这一文种。

决定具有领导性、制约性和稳定性的特点。常见的决定有法规性决定、指挥性决定、知照性决定、奖惩性决定、变更性决定等。

决定一般由标题、主送机关、正文、落款等构成。

1．标题

标题一般由发文机关、事由和文种三部分构成，或者由事由和文种两部分构成。标题中可在需要引用文件名时加书名号，但不得使用其他标点符号。

2．主送机关

决定的主送机关为应知照和执行的单位或群体。有明确具体的收文对象时，要写明主送机关，泛指时则可省略。

3．正文

正文一般由开头、主体和结尾三部分构成，有的还需带有附件。

（1）正文。正文的开头应说明作出决定的背景、根据、目的和意义，可以用相关的政策、法规依据或实际的工作情况作为开头。用“特作出如下决定”等话语过渡到事项部分。写完后，一般以“现决定如下”进行承接。

（2）主体。主体部分说明决定事项。行文要求事项具体明确、层次清楚，缘由要准确、合理，便于有关单位执行。根据具体内容结合实际情况撰写，内容可多可少。用于发布法规的决定，主体部分只写明发布的法规名称和执行日期，具体的法规内容可放在决定的附件中。用于指挥安排工作的决定，主体部分要提出工作任务、措施、方案、要求等，有的还要写明作出指挥决定的具体理由，内容复杂时要用小标题或条款显示出层次。用于指挥安排工作的决定，主体部分要提出工作任务、措施、方案、要求等，有的还要写明作出指挥决定的具体理由，内容复杂时要用小标题或条款显示出层次。用于批准事项的决定，主体部分要表达批准意见。如有必要，还可以对批准事项的根据和意义加以阐述。用于表彰或惩戒的决定，要写明奖惩对象的主要事实和组织决定。

（3）结尾。结尾主要写明执行要求或希望和号召。内容简单的决定，可不必写结尾部分。有附件的决定，应当于正文之后发文机关署名之前注明附件的名称或依据，并将附件附在主件之后。

4．落款

落款包括发文机关名称、发文时间和印章三部分，见报时印章可省略。如标题中已有发文单位名称，落款处一般不再写。属会议通过的决定，需要在标题下的小括号内写明这一决定是在什么时间、什么会议通过的。

决议和决定的区分。①从发文主体上区分。如果是政府机关发文，一般使用“决定”；而党委、人大常委会机关发文时，如果内容较为具体且可操作，也用“决定”，否则可能使用“决议”。②从制作程序上区分。决议必须产生于会议，是会议集体讨论通过的结果；而决定则可以产生于会议，也可以由领导机关直接作出。凡未经有关法定会议讨论通过这一程序，而是以领导机关的名义发布的决议性文件，就只能使用决定。③从适用范围上区分。决议通常适用于会议讨论通过的重大决策事项，而决定则适用于对重要事项作出决策和部署、奖惩有关单位和人员、变更或者撤销下级机关不适当的决定事项。④从写法上区分。阐述性决议除指出指令性意见外，还要对决议事项本身的有关问题作若干必要的论述或说明。其他决议往往写得比较简要、笼统、概括，原则性条文多。决定往往着重提出开展某项工作的步骤、措施、要求等。决定要求写得明确、具体，所提措施更翔实，行政约束力更强，可以直接成为下级机关行动的准则。

（三）命令（令）

命令（令）使用的级别比较高，根据《中华人民共和国宪法》，国家主席、人大常务委员会委员长、国务院总理、国家各部门、县以上各级人民政府有权发布命令，其他机关和人员（军事机关除外）不得发布命令。命令（令）适用于依照有关法律公布行政法规和规章（发布令）；宣布施行重大强制性行政措施（行政令）；嘉奖有关单位及人员（嘉奖令）。命令（令）具有权威性和强制性的特点。

命令（令）的结构一般由标题、编号、正文、落款等部分组成，行政令还带有附件。

1．标题

命令（令）标题一般由发令机关名称、事由和文种构成，如行政令、嘉奖令的标题；另一种是由发令机关名称（或领导人职务名称）和文种构成，如发布令、任免令的标题。

2．编号

命令（令）的发文字号不同于其他公文的发文字号，它不是由机关代字年份和发文顺序号组成，而是只标发文顺序号。按发令机关或发令人在该届任期内所发命令的流水编号标注。

3．正文

命令（令）的正文文字较少，通常很简练，只有一两句话。一般包括公布对象、公布依据和实施时间三项内容。命令正文的写作要求：一要注意“命令（令）”的适用范围。二要注意命令措辞要庄重，语句要果断，态度鲜明，表意明确。三要注意命令篇幅要简短，语言精要，便于执行。

4．落款

命令（令）的落款由发文机关名称、签署人姓名以及发文日期组成。在正文右下方标注发文机关领导人的职务、姓名，但是以机关名义发布的命令不签领导人的姓名。时间一般写在文尾署名的正下方。

命令与决定的区别：命令和决定都是权威性和强制性比较强的文种，但两者仍有区别：一是作者权限不同；二是权威性与强制性不同；三是篇幅长短不同。

（四）公报

公报是指政府、政党、团体等组织发布的公开声明或通知。公报通常用于宣布重要事件、政策变化、决定或立场以及传达相关信息给公众或特定群体。

公报可以采用多种形式，包括书面文件、新闻发布会、官方网站公告等。公报具有权威性、指导性和新闻性的特点。

公报可以分为会议公报、事项公报、联合公报和专题公报四类。会议公报是用以报道重要会议或会谈的决定和情报的公报，例如党中央召开的会议内容；事项公报是高级党政机关用以发布重大情况、重要事件的文件，它们可能涉及政策变动、社会问题或者其他需要公众知晓的重要信息；联合公报用以发布国家之间、政党之间、团体之间经会议达成的某种协议，是一种具有特殊用途的公报；专题公报包括外交部门发布的外事公报、国家统计机关发布的国民经济和社会发展的统计公报、气象部门的气象公报、水利防汛部门的汛情公报等。

公报一般由标题、成文时间、正文和尾部四部分构成。

1. 标题

公报的标题有三种常见形式。一种是直接写出文种，如《新闻公报》；第二种是由会议名称和文种构成，如《中央城镇化工作会议公报》；第三种是联合公报，由发表公报的双方或多方国家的简称和文种构成，如《中英联合新闻公报》。

2. 成文时间

在标题之下正中位置用括号注明公报发布的年、月、日。

3. 正文

正文是公报的核心部分，一般由开头和主体组成。开头即前言部分，对于事件性公报，要求用最鲜明、最精练的语言概述事件的核心内容，即何时、何地、发生了什么重大事件；会议性公报则要求概述会议的名称、时间、地点、参加人员等；联合公报则要求概述公报的来由，即在何时、何地、谁与谁举行了什么会谈或谁对谁进行了什么性质的访问等。主体部分要求把公报的内容完整、系统、有序地表达清楚。常见的有三种写作方式，分段式（每段说明一层意思或一项决定）、序号式（多用于内容复杂、问题较多的公报）、条款式（多用于联合公报）。

4. 尾部

尾部通常是公报的结束语，可能包括总结性的陈述或对未来行动的展望。并不是公报必需的构成部分，一般会议公报和事项公报都没有尾部，联合公报要在正文之后写明双方签署人的身份、姓名、日期以及签署地点。

（五）公告

公告是一种适用于向国内外宣布重要事项或者法定事项的晓谕性行政公文。“向国内外宣布重要事项”包括公布法律、法规，公布重大国事活动，公布重要决议事项等。公告的内容具有严肃性和规定性的特点，同时还具有文体的庄重性和告知范围的广泛性。公告包括重要事项的公告（如国家领导人出访、公布重大科技成果、财经方面的重要决定等）和法定事项的公告（如全国人民代表大会审议通过某项财经法规）。

公告一般由标题、正文、落款和日期四部分构成。

1. 标题

公告的标题常见写法一是由发文机关、事项、文种组成，如《国务院关于坚决制止冲击铁路确保铁路运输安全畅通的公告》。二是省略主要内容，由发文机关、文种组成，如《国家税务总局公告》。公告一般不用发文字号。如果是连续发布的公告，则要在标题下注明“第 × 号”。

2. 正文

（1）开头。开头主要写发布缘由，包括根据、目的、意义等，要简明扼要。公告内容非常简短时，也可省略发布缘由，开门见山，直接写出公告事项。

（2）主体。主体主要写公告事项，即向大众公布的重要事项或法定事项。因公告每篇内容不同，主体写法因文而异。公告事项要根据内容多寡来确定表达方式，有时用贯通式写法；如果内容较多，要分列条款。总之，这部分要写得条理清楚、用语准确、简明庄重。

（3）结语。一般用“特此公告”等习惯用语作结语。有些公告的结尾专用一个自然段来写执行要求，也有的公告既不写执行要求，也不用“特此公告”的结语，而是事完文止，自然收尾。

3. 落款和日期

公告在正文的右下方署发文机关的名称和日期。如标题已写发文机关的名称，常省略落款。也有的公告成文日期写在标题和编号之下。

公报和公告的区别。公报和公告是两种不同的官方文件，它们在内容和发布形式上有所区别。①内容差异。公报通常用于报道重大会议或谈判的情况、统计情况等，而公告则用于宣布重大事项或法定事项。公报的内容往往更为详细，包含了会议的讨论要点、达成的决议以及未来的行动计划。公告则相对简洁，主要是为了向公众宣布某项决定或事件。②发布形式差异。公报的发布通常与特定的会议或事件相关联，而公告则是对某一决定或事项的广泛宣布。

（六）通告

通告适用于在相关范围内公布社会有关方面应当遵守或者周知的事项。通告常用来颁布地方性的法规，这些法规一经颁布，特定范围内的单位和民众都必须遵守执行。通告具有制发单位广泛、内容相对专业和法定约束性等特点。

通告有法规性通告和知照性通告两大类型。法规性通告是国家政府职能部门根据有关法律、规定制定的强制性行政法规。知照性通告是政府机关或企事业单位告知公众某种事项或要求被通告者办理一些例行事项的通告。

通告一般由标题、正文、落款和日期四部分构成。

1. 标题

通告的标题，可由发文机关、事由、文种三部分构成，如《××省地方税务局关于认真落实〈事业单位、非企业单位企业所得税征收管理办法〉的通告》。有时还可使用省去发文机关或事由的省略式标题，如《××市房地产经营管理通告》。还有的通告标题只有文中“通告”两字。

2. 正文

通告正文一般由通告的缘由、通告事项和结尾构成。通告一般不须写出收文机关和读者对象。通告的缘由简单交代发布通告的缘由、根据和目的；通告事项写明内容要求和执行措施等，结尾通常用“特此通告”“此告”等习惯用语。

3. 落款和日期

正文右下方写明发文机关全称。若标题上已有发文机关，则此处可省略。

成文时间一般放在落款之后，也可放在标题之下。

通告和公告的区别主要在于发布机关、受文对象和内容重要程度。

（1）发布机关。公告通常由国家最高权力机关或管理机关发布，如全国人民代表大会及其常务委员会、国务院及其各部门等，而通告则可以由一般行政机关和企事业单位根据职权范围发布。

（2）受文对象。公告面向国内外公众，而通告则限于国内某一地区、系统或地段的群众和有关人员。

（3）内容重要程度。公告内容涉及重要事项或法定事项，因此十分重要；而通告涉及的是一般性事项，通常局限于特定行业、系统或部门，内容具有较强的专业性和业务性。

（七）意见

意见是对重要问题提出见解和处理办法的一种行政公文，主要是对带有普遍性和亟待解决的问题提供有指导性的办法、措施等。意见是种重要的领导性、指导性公文，具有知照性、主动性较强和可操作性等特点。意见按行文方向分为上行意见、平行意见和下行意见。上行意见应按请示性公文的程序和要求办理。平行意见提出的见解可供对方参考。下行意见，若文中有明确的贯彻执行的要求，下级机关应遵照执行。意见按其内容作用分为建设性意见、指导性意见、实施性意见和参考性意见。

意见一般由标题、正文、落款和日期四部分构成。

1. 标题

意见的标题由发文机关、事由和文种构成。

2. 正文

意见的正文通常包括发文缘由、见解办法、执行要求三部分内容。

（1）发文缘由交代实际工作情况以及存在的有关问题，或说明有关依据。一般用惯用语“为促进……健康发展，特提出如下意见”“为了全面贯彻落实……文件精神，进一步推动……工作的顺利开展，现提出如下意见”“特制定本处理和实施意见”等过渡到主体部分。

（2）见解办法是意见的主体部分，主要是对有关问题或某项工作提出本机关的见解、建议或解决办法。这部分要求有理有据，且操作性强。在语言上既要严肃决断，更要平和简明，少用指令性词语，多用指导性、期请性词语，以体现注重商榷、尊重对方的民主作风。常采用条项式展开，使之条理清晰、有逻辑性，让受文对象易于理解和方便执行。

（3）执行要求，一般写明发文的要求、希望即可。下行性意见，常用诸如“以上意见，望各单位结合本部门的实际情况，制定相应措施，认真贯彻执行”“请认真贯彻落实”等结束；上行性意见，常用“以上意见如无不妥，建议转发（或批转）有关地区、部门贯彻执行”作为结束语。也可自然收尾，不加结束语。

3. 落款和日期

在文末右下角标明发文机关和成文时间，也有的意见将发文机关和成文时间置于标题之下。

（八）通知

通知用于批转下级机关的公文，转发上级机关和不相隶属机关的公文，传达要求下级机关办理和需要有关单位周知或者执行的事项，任免人员时使用的公文。通知具有适用广、使用频率高的特点。

通知按照不同用途分为指示性通知、知照性通知和发布性通知三种类型。

指示性通知主要用于向下级机关布置工作，作出指示，但其内容又不适于用命令、指示发布时，用指示性通知，带有强制性、指挥性和决策性的特点。

知照性通知旨在传递信息、晓谕事项，包括会议通知、任免通知、事务通知。

发布性通知。发布性通知又可分为三种。①颁发性通知。颁布性通知用于颁布有关规定、规则、制度、条例、办法等规章制度。用“发布”“颁发”或“印发”通知的形式发给有关单位。②转发性通知。转发性通知用于上级机关、同级机关及不相隶属机关的公文中对本机关下属各单位的工作具有指导意义的，将其转发给相关单位。③批转性通知。批转性通知用于对下级机关的来文进行批示后再转发给有关单位遵照执行。

通知一般由标题、正文、落款和日期四部分构成。这里主要介绍标题和正文的写法。

1. 标题

通知的标题一般由发文机关、事由、文种构成，也可以由发文机关和文种构成。对于特殊情况或是具体需要，也可以在文种“通知”前加上程度副词，如“紧急通知”“重要通知”“联合通知”等。

2. 正文

正文一般包括开头、主体和结尾三部分。

（1）开头部分应简要交代发布通知的缘由和目的、依据或情况。

（2）主体，主体是说明通知的具体事项内容，是要求受文机关执行或应予知晓的事项。正文的行文要求语言准确、简明，通知事项具体明确、切实可行。

（3）结尾部分应说明执行要求。必要时可强调该法规的重要性，请受文单位予以重视。文字要简短，不要长篇大论。不同类型的通知在这一部分写作要求有所不同。

指示性通知写明工作原则（或指示性意见）、具体工作办法、措施、要求等。指示性通知的正文一般由缘由、通知事项和执行要求三部分构成。通知缘由说明制发的原因依据、目的或意义，然后用承起语“现通知如下”“特作如下通知”“现将有关问题通知如下”等引领下文，转入通知事项部分，通知事项写清主要部署的工作任务，阐述工作意见、措施、办法及需要注意的问题等，这部分要求简洁精练，条理清楚，执行要求即正文结尾，主要写明贯彻落实本通知的要求，如“以上通知望认真贯彻执行”等。

知照性通知要写明受文单位应知晓的具体内容，要求文字简练、明白、准确，涉及的时间、地点、名称和活动内容应清楚无误。会议通知的正文要具体全面，一般包括会议缘由、召开会议的机关、会议名称、会议起止时间、地点、会议内容和任务、参加会议的人员范围和人数、入场凭证、报到时间及地点、与会人员须携带的文件材料及其他事项等内容。任免通知的正文比较简单，包括任免缘由和任免事项两部分，任免缘由宜粗不宜细，宜简不宜繁，任免事项写明任免聘用人员的姓名和职务即可。事务性通知的正文写作比较具体，直陈其事，写清目的、依据、内容事项、对象，这类通知一般不写执行要求，将通知事项说清楚即可。

发文性通知写明被发布公文的全称，提出执行要求。必要时可强调该法规的重要性，请受文单位予以重视。批转、转发性通知可用“现转发给你们，请遵照执行”“请认真贯彻执行”“请研究执行”等词语对受文单位提出贯彻执行的具体要求，还可以根据具体情况作出补充性的规定。文字要简短，不要长篇大论。

（九）通报

通报是上级机关用于表彰先进、批评错误传达重要精神或告知重要情况，向下属机关发出的一种周知性文件。它通过具体的正、反两方面的典型事例和客观实际情况来教育工作人员和群众，有较强的时效性和宣传教育作用。

通报根据不同用途可分为表扬通报、批评通报和事项通报三种。

通报一般由标题、正文、落款和日期四部分构成。这里主要介绍标题和正文的写法。

1. 标题

通报的标题多数由发文机关、事由、文种三者组成，有的省略发文机关。在事由前应加上介词“关于”表彰通报，还应在“关于”后加上动词“表彰”或“表扬”。事由一般应点明单位并概括出通报的主要事实及其性质。

2. 正文

表彰通报的正文一般包括通报缘由、先进事迹、分析评价、表彰决定、希望和要求等内容。①通报缘由。一般写事件主要结果和对事件的总评价。较短的通报一般没有这个部分。②叙述先进事迹，包括时间、地点、人物、事迹、怎么做及其结果。要抓住主要内容，切忌铺写细枝末节。③对先进事迹进行分析、评议，指出其典型意义，或概括主要经验，分析评价要中肯，实事求是，观点突出，态度明确。④提出表彰决定。如果是转发式的表彰通报，正文部分先对下级机关所发的材料进行评价，加上批语，如表扬、记功、奖励等。⑤提出希望和学习号召。通常一方面希望受表彰者再接再厉，另一方面要求通报范围内的有关单位和人员学习先进人物或先进事迹。

批评通报包括事故通报、违纪违规通报和反面典型通报等。正文内容包括：①叙述事故或错误事实的经过、时间、地点、事故及其后果等。要求简明扼要、准确集中。②分析错误事实的性质、产生的原因及其危害和不良影响。要求观点和态度明确、一针见血，同时要措辞慎重，讲究分寸。③处理决定。④希望要求。希望通报范围内的单位或个人吸取教训，引以为戒，提出防范措施等。

情况通报的正文首先要提出问题，然后对所提出的问题进行多方面的分析，最后是解决问题的几点要求。具体内容包括：①概述情况，阐明发布通报的根据、目的、原因等。②分析情况。对事情的主要情节进行客观叙述，写清楚人物、时间、地点、事件、结果等，分析情况的客观意义、经验或教训。③针对情况提出希望和要求。较多地使用祈使句，如“必须”“不得”“严禁”等。

对受文单位提出一些期望和要求。

通知和通报的区别：两者在公文中都是下行文，它们的主要区别在于使用目的、内容性质、发送对象以及发布方式等方面略有不同。①使用目的：通知更偏向于布置任务和指示工作，而通报则更多用于表彰先进或批评错误，并以此影响和指导工作。②内容性质：通知的内容往往是具体的、操作性强的事项，要求收文单位按通知要求执行或办理。通报则侧重于通过典型事例进行指导，推动工作，具有表扬或批评的双重作用。③发送对象：通知通常是针对特定对象，即需要执行或知晓相关事项的下级单位或个人。而通报则一般是面向全体下属单位，其内容往往涉及对某些行为的普遍评价。④发布方式：通知是有事即发，针对性强；

而通报则可能定期或根据具体情况发布，且通常带有总结性和指导性的特点。

（十）报告

报告是下级机关向上级机关汇报工作、反映情况、答复上级机关询问时使用的一种行政公文。报告是单向上行文，不需要上级机关给予批复。汇报性是报告的一大特点。

报告按功能可分为工作报告、情况报告、建议报告、答复报告和报送报告等；按内容可分为综合报告和专题报告。

报告一般由标题、主送机关、正文、落款和日期五部分构成。这里主要介绍前三个部分。

1．标题

报告的标题通常只写发文事由和文种，有的标题由发文机关、事由和文种构成。如果报告内容紧急，则可在标题中“报告”前冠以“紧急”字样。在事由前一般应加上介词“关于”，主送机关一般是直属上级机关。

2．主送机关

主送机关顶格写在正文前第一行，只能主送一个上级机关。受双重领导的单位，依据分工和管理权限，可报送其中一个上级机关，抄送另一个机关。报告应报送自己的直接上级机关，一般不要越级。

3．正文

正文一般包括报告缘由、报告事项和结尾三部分。

（1）报告缘由应简明扼要地交代报告的根据、目的、背景或总体基本情况。

（2）正文行文应根据不同种类的报告合理安排陈述的结构。①工作报告：要写明前段工作的主要情况，取得的成绩和经验，存在的主要问题以及下一步的工作计划。②情况报告：以陈述反映情况为主，要把情况、问题、事件的原委、性质及自己的看法都写清楚。③建议报告：以提意见建议为主，有的陈述参考性意见，说明本机关对某些事情或工作的看法，有的提出某些规定和建议，需要经上级机关批准后转发，作为执行规范。④答复报告：是被动行文，针对性强，直接回答上级机关或领导的询问，简洁明了。⑤报送报告：简单说明报送的文件、物件名称即可，陈述的内容尽量使用准确的数据和概括性、有说服力的材料进行说明，做到言简意赅，重点突出。结尾部分通常用“特此报告”“以上报告请审阅”等惯用语结束全文。

（十一）请示

请示是用于向上级机关请求指示、批准的一种行政公文。请示是典型的上行文。在公务活动中，凡是下级机关无权解决、无力解决又必须经办的以及按规定应经上级决断的问题，必须正式行文向上级机关请示。请示具有明显的针对性、呈批性和时效性等特点。

请示根据不同用途可分为请求指示的请示、请求批准的请示和请求批转的请示三种。请示一般由标题、主送机关、正文、落款和日期五部分构成。

1．标题

请示的标题由发文事由和文种构成，也可以由发文机关、事由和文种构成。

2．主送机关

请示的主送机关就是负责受理和答复请示的机关。请示的主送机关只有一个，若需同时送达其他机关，则应采用抄送形式。受双重领导的机关向上级机关请示，应当写明主送机关和抄送机关，由主送机关负责答复。

3．正文

一般包括请示缘由、请示事项和结尾三部分。①请示原因，应简明扼要而又充分地陈述请示的原因、依据；②请示事项，是请求上级机关给予指示、批复、答复的具体事项；③请示结语，常用“妥否，请批复”“特此请示，请予批示”“请批准”“请指示”等惯用语。

4．落款和日期

落款包括发文机关和印章。在正文后右下方标明请示时间。用阿拉伯数字将年、月、日标全，月、日不编虚位。

请示和报告的区别：①目的要求不同。请示是向上级机关陈述理由，以请求批准和指示，要求一定答复；而报告是让上级机关了解、掌握情况（包括建议），并不要求给予答复。②行文时间不同。请示必须事前行文，不能“先斩后奏”；报告行文较为灵活，事前、事中和事后都可以。③内容含量不同。请示应当一文一事，便于上级机关快速审批；报告则可以包含多个事项，可以是专题性或综合性的。④主送机关不同。请示一般只主送一个上级机关，不得多头主送或越级主送；报告则可以主送几个相关的上级机关，其他上级机关也可以抄送。

（十二）批复

批复用于答复下级机关请示事项。请示是问，批复是答。批复具有被动性、针对性、权威性的特点。

批复一般由标题、主送机关、正文、落款和日期五部分构成。这里主要介绍前三部分。

1．标题

批复的标题比较复杂，有多种构成形式。常见的标题有以下几种写法。①由发文机关、批复事项、行文对象和文种构成。②由发文机关、事由和文种构成。③由上级机关态度、事由和文种构成。④由发文机关、请示标题和文种构成。⑤由事由和文种构成。

2．主送机关

批复不能越级行文，其受文单位只能是直接下一级机关。

3．正文

批复的正文一般包括批复引语、批复事项和结尾三部分。

（1）批复引语：一般先引用请示标题，明确指出批复的对象。

（2）批复事项：应表明对来文的态度，对不同意的事项，应说明理由。有的批复在表明态度之后还可以提出具体要求。

（3）结尾：常以惯用语“此复”“特此批复”等为结束语，结束语一般另起一行，也可省略不写。此外，批复要求针对请示中的事项逐一答复，且要及时，不能久拖不复。

（十三）议案

议案用于各级人民政府按照法定程序向同级人大或人大常委会提请审议事项。议案按其内容可分为立法性议案、决策性议案、建议性议案、任免性议案等。议案一般由标题、主送机关、正文、落款和日期五部分构成。

1．标题

议案的标题一般由发文机关、事由和文种构成。议案标题一般不采用发文机关+文种或者只有文种的写法。

2. 主送机关

主送机关只能是同级人民代表大会及其常务委员会，不能有其他并列机关。

3. 正文

正文一般包括提案依据、议案内容和解决办法、结语三部分。

（1）提案依据主要讲明议案提出的起因，也可以说明写作这份议案的目的和意义或法律依据等。

（2）议案内容和解决办法就是议案提请审议的事项，例如法律、规划和重大项目等。表述的主旨在于议案的可行性、必要性，或者其目的和意义等。

（3）结语就是议案的结尾语，有固定程式，通常使用“现提请审议”“请审议决定”或“现提请审议，并请作出批准的决定”等一类程式性用语。

4. 落款和日期

落款署上提议单位的名称或代表姓名。国务院提交全国人民代表大会的议案，要由总理签署；各地政府议案由其政府正职首长在其职务后签署姓名。落款的下方署上所提议案提交主送机关的日期。

（十四）函

函用于不相隶属机关之间商洽工作、询问和答复问题、请求批准和答复审批事项。函属于典型的平行文。不相隶属机关之间不论级别高低，都没有职权上的指挥与服从、领导与被领导关系，都是平等关系，相互行文多用函。函具有沟通性、灵活性、单一性等特点。

函的类别。①按性质分，可以分为公函和便函两种。②按发文目的分，可以分为发函和复函两种。③按内容和用途分，还可以分为商洽函、告知函、询答函、申请函等。

函一般由标题、主送机关、正文、落款和日期五部分构成。这里主要介绍标题和正文。

1. 标题

函的标题由发文机关、事由和文种（函或复函）构成，有的也可省去发文机关名称，由发文事由和文种（函或复函）构成。

2. 正文

函的正文一般包括发函原因、发函事项和结尾三部分。

（1）发函原因。交代写函的原因、目的、依据。一般来说，去函的开头或说明根据上级的有关指示精神，或简要叙述本地区、本单位的实际需要、疑惑和困难。复函的开头引用对方来函的标题及发文字号，有的复函还会简述来函的主题。这与批复的写法基本相同。

（2）发函事项。提出商洽、请求、询问或答复请批的具体事项。要写得具体明确，条理清楚，直陈其事。

（3）结尾。结尾部分一般是提出希望和要求，不同类型的函结语有别。如果行文只是告知对方事项而不必对方回复，则结语常用“特此函告”“特此函达”；若是要求对方复函的，则用“盼复”“望函复”“请即复函”等语；请批函多以“请批准”“请大力协助为盼”“望能同意”“望准予××是荷”等习惯用语收束；复函的结语常用“特此复函”“特此回复”“此复”等惯用语；有的函不写结语。

函的写作，要注意行文简洁明确，用语把握分寸。复函则要注意行文的针对性、答复的明确性。同时，函也需有时效性，特别是复函更应该迅速、及时。

（十五）纪要

会议纪要适用于记载、传达会议情况和议定事项。对大型或重要会议的基本情况、讨论的事项和决议加以综合概括和反映，以达到通报会议精神，统一认识，指导工作的目的。纪要既可上传，又可下达，是使用较为广泛的一种纪实性文件。纪要具有纪实性、提要性和指导性等特点。

纪要根据会议的不同性质可分为决议型纪要、情况交流型纪要、研讨型会议纪要三种。纪要一般由标题、正文和成文日期三部分构成。

1. 标题

纪要的标题一般由会议名称和文种构成，也可以由主办单位、会议名称和文种构成。也有由主办单位、年份、会议名称和文种构成，还有由正题、副题构成，正题阐述会议的主旨意义，副题交代会议名称、文种。

2. 正文

纪要的正文一般包括会议基本情况、会议主要精神和结尾三部分。

（1）会议基本情况。交代会议的时间、地点、议题、议程、与会人员、会议的主要收获。类似会议报道的新闻导语。这部分不宜写得过长，要简明扼要，让人们读后对会议有总体的了解。会议基本情况写完之后，一般用承启语“现纪要如下”“现将会议 ×× 纪要如下”导入主体内容。

（2）会议主要精神。它是纪要的主体，以说明性文字反映会议的主要精神、会议议定的事项、会议上达成的共识、会议对工作情况的分析以及与会者的观点及情况等。写这部分内容的时候不得掺杂撰写者个人的观点，叙述时常用“会议认为”“会议指出”“会议提出”“与会者认为”“会议决定”等词语引出会议讨论与决定的事项。

（3）结尾部分。一般是提出希望、号召，要求贯彻会议精神，或者提出较具体的措施与要求。

3. 成文日期

纪要的成文日期一般加括号标写于标题之下正中位置，以会议通过日期或领导人签发日期为准。也有出现在正文之后的。

三、公文写作的注意事项

（一）根据机关间的工作关系准确行文

行文关系主要有领导与被领导、指导与被指导、平行关系、不相隶属关系四种。行文关系决定行文方向，行文方向主要有上行、下行和平行三种。选择适宜的行文方式，一般不越级行文；正确选择主送、抄送机关；明确发文权限，不越权发文；联合发文时，制发者应为“同级”，并明确主办机关。

关于主送：下行文根据需要可以主送多个机关。上行文只能主送一个机关，不能多头主送。请示一般只写一个主送机关，需要同时送其他机关的，应用抄送形式；受双重领导的机关应根据公文内容写明主送机关和抄送机关；除上级机关负责人直接交办的事项外，不得以机关名义向上级机关负责人报送“请示”“意见”或“报告”。

关于抄送：向下级机关的重要行文，应同时抄送直接上级机关；上级机关向受双重领导的下级机关行文，必要时应抄送其另一上级机关；下级机关因特殊情况必须越级请示，应抄送被越过的上级机关；上级机关越级向下级机关行文时，可抄送受文机关的直接上级。不应抄送的情况为：请示不得抄送下级机关；与公文办理无关的单位不必抄送；接受抄送的机关不必向其他机关转抄、转送。

（二）公务文书的语言应准确、精练、平实、庄重

公文的行文用词要准确、规范，避免发生歧义；内容要扼要，文字要简练；词语间的搭配要遵循语言法则，不宜用华丽的文学辞藻，不宜使用描写、比喻、夸张等方法；合理运用不同种类公文各自的惯用语，适当运用文言词语和句法，避免口语化，做到语言朴实、精练严谨、得体有力。

（三）公文表达的内容要完整、客观、及时

公文内容应涵盖所有必要的信息和数据，确保信息的完整性和准确性。保持客观中立的态度，避免带有个人情感色彩的表述。同时注意公文的时效性，及时处理收文并按要求回复。

（四）公文的格式应符合规范

根据行文目的、内容和受文对象选择合适的公文种类。不同公文文种的结构要素必须齐全，要素缺少将失去法律效力。遵循内部审核流程，确保公文的质量和合规性。遵守公文的格式规定，包括标题、主送单位、正文、附件等部分。

第三节　典型案例及评析

案例一　决议

全国人民代表大会常务委员会关于批准国务院增发国债和2023年中央预算调整方案的决议

（2023年10月24日第十四届全国人民代表大会常务委员会第六次会议通过）

第十四届全国人民代表大会常务委员会第六次会议听取了财政部副部长朱忠明受国务院委托作的关于提请审议增发2023年国债支持灾后恢复重建和提升防灾减灾救灾能力以及调整2023年中央预算的议案的说明，审查了《国务院关于提请审议增发2023年国债支持灾后恢复重建和提升防灾减灾救灾能力以及调整2023年中央预算的议案》，同意全国人民代表大会财政经济委员会提出的审查结果报告。会议决定，批准增发国债和2023年中央预算调整方案。

案例评析

这是全国人民代表大会常务委员会的批准性决议，决议批准了国务院增发国债和2023年中央预算调整方案。标题由发文机关、事由和文种构成，正文第一句简要说明决

议缘由，随后提出决议事项，并作出同意、批准的相关决定。整篇文章语言简洁，措辞严谨，结论明确，体现了决议是经过相关程序才作出的。

案例二　决定

中共中央国务院关于表彰国家卓越工程师和国家卓越工程师团队的决定

（2024 年 1 月 19 日）

工程师是推动工程科技发展的创新主体，是国家战略人才力量的重要组成部分，为推进新型工业化、推进中国式现代化提供了基础性、战略性人才支撑。培养造就大批德才兼备的卓越工程师，是国家和民族长远发展大计。党的十八大以来，广大工程师深入学习贯彻习近平新时代中国特色社会主义思想，坚持“四个面向”，以与时俱进的精神、革故鼎新的勇气、坚韧不拔的定力，不断突破关键核心技术，铸造精品工程、“大国重器”，为加快实现高水平科技自立自强、建设世界科技强国作出了突出贡献。

为表彰先进、树立典型，打造新时代卓越工程师队伍，强化国家战略人才力量建设，激励动员广大工程师奋进新时代、建功新征程，党中央、国务院决定，授予丁文红等 81 名个人“国家卓越工程师”称号；授予 5G 标准与产业创新团队等 50 个团队“国家卓越工程师团队”称号。

这次受表彰的工程师个人和团队，是新时代工程师队伍的优秀代表。他们牢记初心使命、胸怀“国之大者”，在重大工程建设、重大装备制造、“卡脖子”关键核心技术攻关、重大发明创造等工作中，矢志爱国奋斗、锐意开拓创新，取得一批先进工程技术成果，不断提升国家自主创新能力，更好满足人民日益增长的美好生活需要，生动体现了工程师群体爱党报国、服务人民、敬业奉献、严谨笃实、精益求精、臻于卓越、团结协作、自立自强的崇高追求和宝贵精神。希望受表彰的工程师个人和团队，珍惜荣誉、再接再厉，充分发挥示范表率作用，在新时代新征程上为党和人民再立新功。

党中央号召，广大工程师要以受表彰的个人和团队为榜样，更加紧密地团结在以习近平同志为核心的党中央周围，深刻领悟“两个确立”的决定性意义，增强“四个意识”、坚定“四个自信”、做到“两个维护”，弘扬优良传统，勇攀科技高峰，坚决打赢关键核心技术攻坚战，为以中国式现代化全面推进强国建设、民族复兴伟业贡献智慧和力量！

附件：国家卓越工程师和国家卓越工程师团队名单

案例评析

这是一份联合行文的周知性决定。该决定的标题由发文机关（中共中央和国务院）、发文事由（表彰国家卓越工程师和国家卓越工程师团队）和文种（决定）构成。正文内容多采用三层式结构。第一层先交代决定的目的、意义和背景。第二层说明决定的具体内容：授予丁文红等 81 名个人国家卓越工程师称号；授予 5G 标准与产业创新团队等 50 个团队国家卓越工程师团队称号。第三层列出具体事迹和成果，提出了对获奖者和其他人员的希望和号召：受表彰的工程师发挥表率示范作用，广大工程师向获奖者学习。全文语言凝练，号召有力。

案例三 命令（令）

中华人民共和国国家发展和改革委员会令
第10号

《中央预算内投资项目监督管理办法》已经2023年12月26日第7次委务会议审议通过，现予公布，自2024年2月1日起施行。

主任：郑栅洁

2023年12月29日

附件：

中央预算内投资项目监督管理办法 .pdf

中央预算内投资项目监督管理办法 .pdf

资料来源：国家发展改革委网站 https：//www.gov.cn/yaowen/liebiao/202310/content_6911380.htm.

案例评析

这是一份典型的发布令。标题由“发文机关（中华人民共和国国家发展和改革委员会）＋文种（令）”组成。令号以签署命令的领导人在任期内发令顺序进行编号，位于标题的正下方。正文内容包括发布对象（《中央预算内投资项目监督管理办法》）、发布根据（已经2023年12月26日第7次委务会议审议通过）、发布决定（自2024年2月1日起施行）。落款署签署人职务、姓名。语言表述上严肃庄重、简短精要，强调了其依据的法定性，从而凸显命令的强制性和权威性。

案例四 公报

长沙市2022年国民经济和社会发展统计公报

发布机构：湖南省统计局　　发布时间：2023-04-06

2022年，面对复杂严峻的国际环境和疫情新发多发等因素挑战，全市上下奋力实施强省会战略，大力实施稳经济一揽子政策措施，高效统筹疫情防控和经济社会发展，全市经济运行持续恢复、稳中提质，结构调整积极推进，活力动力持续增强，民生保障扎实有力，高质量发展取得明显成效。

一、综合

初步核算，全年地区生产总值13966.11亿元，比上年增长4.5%。分产业看，第一产业增加值451.30亿元，比上年增长3.6%；第二产业增加值5589.58亿元，增长6.2%；第三产业增加值7925.24亿元，增长3.4%。第一、第二、第三产业对经济增长的贡献率分别为2.8%、53.6%和43.6%。第一、第二、第三产业增加值占地区生产总值的比重分别为3.2%、40.0%和56.8%。全年一般公共预算收入1788.46亿元，比上年增长0.8%，其中地方一般公共预算收入1202.00亿元，增长1.2 %。一般公共预算支出1566.26亿元，比上年增长1.7%。全年居民消费价格比上年上涨1.7%，涨幅增加0.6个百分点；商品零售价格上涨3.3%，涨幅增加 1.3 个百分点。全年新增城镇就业人员 15.11 万人，年末城镇登记失业率为 1.54%。

二、农业

全年实现农林牧渔业增加值 481.75 亿元，比上年增长 3.7 %。其中，农林牧渔专业及辅助性活动增加值 30.45 亿元，比上年增长 6.3 %。(略)

三、工业和建筑业（略）

四、固定资产投资（略）

五、国内贸易（略）

六、邮电（略）

七、对外经济和旅游（略）

八、金融（略）

九、教育和科学技术（略）

十、文化、卫生和体育（略）

十一、环境、节能和安全生产（略）

十二、人民生活和社会保障（略）

注释：

［1］本公报部分数据为初步统计数，部分数据因四舍五入，存在与分项合计不等的情况。

［2］地区生产总值、三次产业及相关行业增加值绝对值按现价计算，增长速度按不变价计算。

［3］进出口数据来自星沙海关。

编者注：部分内容有删减。

案例评析

这是一个专题性的财经统计公报，主要是将一个城市统计部门对全市国民经济和社会发展状况公开发布。内容比较翔实全面，分题分专项统计核算，各项指标比较详细，让读者看了一目了然。发布机构、发布时间完整，便于查阅。

案例五 公告

关于公布 2024—2026 年国债承销团成员名单的公告
国债业务公告 2024 年第 1 号

根据《国债承销团组建工作管理办法》（财库〔2023〕24 号）等规定，经专家评审、社会公示、签订国债承销主协议等环节，财政部会同中国人民银行、证监会确定中国工商银行股份有限公司等 56 家机构为 2024—2026 年记账式国债承销团成员，中国工商银行股份有限公司等 40 家机构为 2024—2026 年储蓄国债承销团成员（名单详见附件），现予以公布。

特此公告。

附件：1.2024—2026 年记账式国债承销团成员名单

2.2024—2026 年储蓄国债承销团成员名单

中华人民共和国财政部
2024 年 1 月 9 日

案例评析

这是财政部发布的公告，具有很强的权威性。财政部公布 2024-2026 年国债承销团成员名单。具体写作格式上，标题：发文事项＋文种；正文：发文缘由、强调名单是经过法定程序选出，发文事项说明最终结果；落款：发文部门和公告时间。附件：国债承销团名单。整篇短小精悍，内容完整。

案例六　通告

国家药监局关于发布《药物临床试验机构监督检查办法（试行）》的通告
2023 年第 56 号

为进一步加强对药物临床试验机构的管理，规范药物临床试验机构监督检查工作，国家药监局组织制定了《药物临床试验机构监督检查办法（试行）》，现予以发布。

本通告自 2024 年 3 月 1 日起实施。

特此通告。

附件：药物临床试验机构监督检查办法（试行）

国家药监局
2023 年 11 月 3 日

案例评析

这是一篇法规政策性的通告。标题采用了三要素齐全的形式，发文机关（国家药监局）+ 事由（关于发布《药物临床试验机构监督检查办法（试行）》）+ 文种（通告），事由概括准确明晰。正文言简意赅，点明制发通告的目的以及通告事项及实施时间。结尾使用通告常用语“特此通告”，落款署名单位和日期。语言庄重、简练、有力，干净利落。全文措辞精准、中心明确。

案例七　意见

关于进一步优化重污染天气应对机制的指导意见
环大气〔2024〕6 号

各省、自治区、直辖市生态环境厅（局），新疆生产建设兵团生态环境局：

为巩固空气质量改善成果，保障人民群众身体健康，推动经济和社会绿色高质量发展，贯彻落实党的二十大提出的基本消除重污染天气任务要求，聚焦重点污染物、重点时段、重点区域，坚持精准治污、科学治污、依法治污，现就进一步优化重污染天气应对机制提出指导意见。

一、优化重污染天气应急响应规则

统一以空气质量指数（AQI）为预警分级指标，大气污染防治重点区域（以下简称重点区域）省（自治区、直辖市）、地级城市、县（以下简称省市县）黄色预警以预测日AQI＞200或日AQI＞150持续48小时及以上、橙色预警以预测日AQI>200持续48小时或日AQI＞150持续72小时及以上、红色预警以预测日AQI>200持续72小时且日AQI>300持续24小时及以上为分级标准，其他近三年仍出现重污染日的省市县原则上参照执行。

对不同污染物造成的重污染天气，采取差异化应对措施。（略）

二、规范重污染天气应对工作

当预测到未来空气质量可能达到预警分级标准时，各地应及时确定预警等级，原则上提前48小时及以上发布预警信息，按既定时间启动应急响应；或按照所在区域应急联动统一要求，及时发布预警信息，启动应急响应。当预测发生前后两次重污染天气，且间隔时间未达到36小时时，应按一次重污染天气从高等级应对。（略）

三、强化区域应急联动

综合考虑气象、地形、污染传输特点等因素，合理划分大气污染联防联控区域。各区域应强化重污染天气区域应急联动，明确组织协调单位。（略）

四、加快重污染天气应急预案制修订

省（自治区、直辖市）生态环境主管部门应配合本级人民政府并指导市县人民政府做好重污染天气应急预案制的修订工作。（略）

五、加强重污染天气应对效果评估

省、市两级生态环境主管部门应研究建立针对重污染天气应对的事前研判、事中跟踪、事后评估技术体系。（略）

现行重污染天气应对政策文件有关要求，与本指导意见不一致的，以本指导意见为准。

生态环境部

2024年1月22日

编者注：部分内容有删减。

案例评析

这是一份下行的生态环境部门的指导性意见，意在进一步优化重污染天气应对机制。本文标题采用事由（进一步优化重污染天气应对机制）+文种（指导意见）结构。正文开头提出发文缘由，指出发文依据和目的。主体部分先提出总体目的和指导精神，然后从五个方面分条列出具体实施方案和措施，提出解决办法和执行要求，对下级机关的工作给予指导。作为下行文，这篇意见阐明了工作指导原则和基本要求，观点明确，内容具体，层次清晰，逻辑严谨，对下级工作具有现实的指导意义。

案例八　通知

商务部等 5 部门关于公布第三批中华老字号名单的通知

各省、自治区、直辖市及计划单列市、新疆生产建设兵团商务、文化和旅游、市场监管、知识产权、文物主管部门：

为贯彻党中央、国务院决策部署，落实中央经济工作会议精神，推动老字号守正创新发展，根据《中华老字号示范创建管理办法》，经企业申报、地方推荐、社会公示，商务部、文化和旅游部、市场监管总局、国家知识产权局、国家文物局决定将 382 个品牌认定为第三批中华老字号，现予以公布。

商务部
文化和旅游部
市场监管总局
国家知识产权局
国家文物局
2024 年 2 月 1 日

附件：第三批中华老字号名单

案例评析

这是一份知照性通知。标题由发文机关（商务部等 5 部门）+ 事由（公布第三批中华老字号名单）+ 文种（通知）构成。正文开头指出了制发该通知的背景、依据和重要意义，接着 5 部门决定的 382 个品牌认定为第三批中华老字号的内容公布，以附件形式附上名单。全文语言简练，内容简洁，事件清晰。

案例九　通报

湖南省人民政府办公厅关于对 2022 年度真抓实干成效明显地区予以表扬激励的通报
湘政办发〔2023〕1 号

各市州、县市区人民政府，省政府各厅委、各直属机构：

为认真贯彻落实党中央、国务院决策部署，全面落实“三高四新”战略定位和使命任务，促进高质量发展，大力推进 2022 年“三大支撑八项重点”工作，坚持“稳进高新”工作方针，推动形成创先争优的良好局面，根据《湖南省人民政府办公厅关于印发 2022 年真抓实干督查激励措施的通知》（湘政办发〔2022〕9 号）精神，结合省政府 2022 年综合大督查情况，省人民政府决定，对 2022 年度推动高质量发展、一件事一次办、打造科技创新高地、产业建设“万千百”工程等重点工作取得明显成效的市州、县市区、管理区和园区予以通报表扬，并给予激励支持。希望受到表扬激励的地区珍惜荣誉，再接再厉，争取新的更大成绩。

2023 年是贯彻落实党的二十大精神开局之年。各地各部门要坚持以习近平新时代中国特色社会主义思想为指导，全面贯彻党的二十大、中央经济工作会议精神，深入落实习近平总书记对湖南重要讲话重要指示批示精神，认真贯彻省委十二届三次全会、省委经济工作会议精神，全力落实省《政府工作报告》重点工作任务，坚持稳中求进工作总基调，贯彻落实“三新一高”要求，全面落实“三高四新”战略定位和使命任务，更好统筹疫情防控和经济社会发展，更好统筹发展和安全，不折不扣落实党中央、国务院决策部署和省委、省政府工作要求，永葆“闯”的精神、“创”的劲头、“干”的作风，打好2023年经济工作“发展六仗”，以经济社会高质量发展的实际成效为全面建设社会主义现代化新湖南作出新的贡献。

附件：2022年度真抓实干成效明显的地区名单及激励措施

湖南省人民政府办公厅

2023年1月13日

案例评析

这是一份典型的表扬性通报。标题由发文机关（湖南省人民政府办公厅）+事由（对2022年度真抓实干成效明显地区予以表扬激励）+文种（通知）构成。正文先概括发布通报的背景、目的和依据，对事件进行评议并通过附件形式列示被表扬的地区名单及激励措施，即做出的决定，同时对各地区提出了希望和要求。整篇措辞精准，语言简练，通过表扬先进典型，推动各项工作开展。

案例十　报告

2023年社会融资规模增量统计数据报告

初步统计，2023年全年社会融资规模增量累计为35.59万亿元，比上年多3.41万亿元。其中，对实体经济发放的人民币贷款增加22.22万亿元，同比多增1.18万亿元；对实体经济发放的外币贷款折合人民币减少2206亿元，同比少减3048亿元；委托贷款增加199亿元，同比少增3380亿元；信托贷款增加1576亿元，同比多增7579亿元；未贴现的银行承兑汇票减少1784亿元，同比少减1627亿元；企业债券净融资1.63万亿元，同比少4254亿元；政府债券净融资9.6万亿元，同比多2.48万亿元；非金融企业境内股票融资7931亿元，同比少3826亿元。12月，社会融资规模增量为1.94万亿元，比上年同期多6169亿元。

从结构看，全年对实体经济发放的人民币贷款占同期社会融资规模的62.4%，同比低3个百分点；对实体经济发放的外币贷款折合人民币占比 –0.6%，同比高1个百分点；委托贷款占比0.1%，同比低1个百分点；信托贷款占比0.4%，同比高2.3个百分点；未贴现的银行承兑汇票占比 –0.5%，同比高0.6个百分点；企业债券占比4.6%，同比低1.8个百分点；政府债券占比27%，同比高4.9个百分点；非金融企业境内股票融资占比2.2%，同比低1.5个百分点。

注：①社会融资规模增量是指一定时期内实体经济从金融体系获得的资金额。数据来源于中国人民银行、国家金融监督管理总局、中国证券监督管理委员会、中央国债登记结算有限责任公司、银行间市场交易商协会等部门。

②自2023年1月起，中国人民银行将消费金融公司、理财公司和金融资产投资公司

等三类银行业非存款类金融机构纳入金融统计范围。由此，对社会融资规模中“实体经济发放的人民币贷款”和“贷款核销”数据进行调整。2023年1月末，上述三类机构对实体经济发放的人民币贷款余额8410亿元，当月增加57亿元；贷款核销余额1706亿元，当月增加30亿元。文中数据均按可比口径计算。

案例评析

这是一份情况报告。该报告的标题是由事由（2023年社会融资规模增量统计数据）+文种（报告）构成。报告主要通过同期数据对比，阐述事实，数字清楚客观，从规模和结构分别列出，层次清晰，语言简练。

案例十一　请示

××省医药总公司文件×药财
〔20××〕×号

省医药总公司关于急需防疫救灾药品收购资金的请示

省政府：

在前段防汛救灾工作中，我们医药系统的全体职工积极迅速组织灾情疫情用药的生产和调拨，保证了当前责任市场的供应及灾情疫情用药的需要。但随着灾情发展，可能出现疫情的大面积蔓延。为保证下一步疫情用药的供应，必须储备防疫救灾药品，这些药品有的在省内收购，有的由省外调拨，急需储备资金。请省政府速批800万—1000万元的低息短期贷款，以便我们及时组织收购调入防疫救灾药品。

特此请示，请审批。

附件：救灾疫情主要用药明细表

××省医药总公司
20××年×月×日

案例评析

这是省医药总公司向主管部门省政府请求低息短期贷款的请示。题目由发文机关+事由+文种组成。正文说明急需资金的理由，以“特此请示，请审批”作为结尾并附上明细表，行文有理有据。该篇文字数不多，但很完整，符合请示的写作要求。

案例十二　批复

国务院关于《湖南省国土空间规划
（2021—2035年）》的批复国函〔2023〕136号

湖南省人民政府、自然资源部：

你们关于报请批准《湖南省国土空间规划（2021—2035年）》的请示收悉。现批复如下：

一、原则同意自然资源部审查通过的《湖南省国土空间规划（2021—2035 年）》（以下简称《规划》）。《规划》是湖南省空间发展的指南、可持续发展的空间蓝图，是各类开发保护建设活动的基本依据，请认真组织实施。湖南省是长江经济带发展、中部崛起等国家重大战略实施地区，是我国工业发展的重要省份。《规划》实施要坚持以习近平新时代中国特色社会主义思想为指导，全面贯彻落实党的二十大精神，完整、准确、全面贯彻新发展理念，坚持以人民为中心，统筹发展和安全，促进人与自然和谐共生，在推动高质量发展上闯出新路子，在构建新发展格局中展现新作为，在推动中部崛起和长江经济带发展中彰显新担当，奋力谱写新时代坚持和发展中国特色社会主义的湖南新篇章。

二、筑牢安全发展的空间基础。（略）

三、构建支撑新发展格局的国土空间体系。深入实施区域协调发展战略、区域重大战略、主体功能区战略、新型城镇化战略、乡村振兴战略，促进形成主体功能明显、优势互补、高质量发展的国土空间开发保护新格局。（略）

四、系统优化国土空间开发保护格局。发挥区域比较优势，优化主体功能定位，细化主体功能区划分，完善差别化支持政策。（略）

五、维护规划严肃性权威性。（略）

六、做好规划实施保障。（略）各有关部门要坚决贯彻党中央、国务院关于“多规合一”改革的决策部署，不在国土空间规划体系之外另设其他空间规划。《规划》实施中的重大事项要及时请示报告。

国务院
2023 年 11 月 30 日

编者注：部分内容有删减。

案例评析

这是一份国务院针对湖南省人民政府、自然资源部关于湖南省国土空间规划（2021—2035 年）请示做出具体明确的答复。标题由发文机关（国务院）+ 事由（《湖南省国土空间规划（2021—2035 年）》）+ 文种（批复）构成。正文首先明确同意态度，同时简要概括理由和依据，并提出希望和要求。接着通过分点具体阐述实施办法，层次清晰，内容具体，态度明确，针对性强。

案例十三　函

科技部关于支持长沙市建设国家新一代人工智能创新发展试验区的函
国科函规〔2021〕64 号

湖南省人民政府：

《关于申报建设长沙国家新一代人工智能创新发展试验区的函》（湘政函〔2020〕124 号）收悉。根据《国务院关于印发新一代人工智能发展规划的通知》（国发〔2017〕

35号）部署，按照《科技部关于印发国家新一代人工智能创新发展试验区建设工作指引（修订版）的通知》(国科发规〔2020〕254号）要求，经研究，现函复如下。

一、支持长沙市建设国家新一代人工智能创新发展试验区。建设国家新一代人工智能创新发展试验区（以下简称试验区）是深入贯彻习近平总书记关于人工智能系列重要讲话精神、落实新一代人工智能发展规划的重大举措。试验区建设要围绕国家重大战略和长沙市经济社会发展需求，探索新一代人工智能发展的新路径新机制，形成可复制、可推广的经验，发挥人工智能在促进长沙打造具有核心竞争力的科技创新高地中的重要作用，示范带动中部地区和长江经济带高质量发展。

二、依托科教资源和产业基础，加强人工智能技术研发和创新成果应用。充分发挥长沙在人工智能领域的科教资源优势，聚焦智能装备、智慧工厂、智能网联汽车等重点方向，大力推进人工智能原始创新和关键核心技术研发，加快完善智能化基础设施，深入挖掘算力、数据等优势资源，加强技术集成和应用示范，培育壮大智能产业集群。

三、加强制度创新，构建有利于人工智能健康发展的政策环境。开展人工智能政策试验，在行业标准、知识产权、人才队伍、产教融合、成果转化等方面探索支持人工智能创新发展的新机制，加强产学研用融合创新。落实新一代人工智能治理原则，建立健全人工智能伦理规范。开展人工智能社会实验，探索智能时代制造业转型和社会综合治理的新路径。

科技部将积极配合湖南省人民政府推进长沙试验区建设，协调研究解决相关政策问题，加强工作指导和资源对接，及时总结典型经验和政策措施并予以推广。建立监测评估机制，跟踪评估试验区建设进展情况，根据评估结果给予激励和支持。

专此函复。

科技部

2021年3月19日

案例评析

这是科技部《关于申报建设长沙国家新一代人工智能创新发展试验区的函》的批复函。标题采用发文机关（科技部）+事由（支持长沙市建设国家新一代人工智能创新发展试验区）+文种（函）三要素构成。函的正文先提出缘由依据，然后提出具体三点措施，最后明确态度，提出要求。全文语言朴实，表意清晰，态度明确，内容具体。

案例十四　纪要

湖南省交通运输厅关于进一步明确建设项目前期工作相关部门工作职责及工作程序的会议纪要

一、主要职责：1. 负责拟订规划及专题研究年度工作计划；负责组织专题研究；负责组织编制公路、水运建设发展规划；负责拟订省全额投资项目工可（预可）、初步设计年度工作计划；负责组织省全额投资项目工可（预可）、初步设计文件的编制和审查；负责组织省补助资金项目工程（预可）、初步设计文件的综合审查。2．负责组织国高网和省级重点交通招商项目的开发、投资人招标、协议及合同谈判、项目审批、签约、管理。3．全省交通基础设施项目利用国际金融组织贷款与外国政府贷款相关工作的具体实施与监督管理。4．承担厅领导交办的其他任务。

二、单位主要负责人：陈明

三、单位地址：长沙市雨花区万家丽南路一段 1 号

四、联系电话：0731-84749609

五、邮编：410116

六、网站地址：http：//www.hnjtgh.com

湖南省交通运输厅

2020 年 7 月 30 日

案例评析

这是一篇工作会议纪要。标题由主办单位（湖南省交通运输厅）+ 会议名称（关于进一步明确建设项目前期工作相关部门工作职责及工作程序的会议）+ 文种（纪要）构成。这篇纪要将会议主要内容进行分条归纳概括，内容简洁，事项完整，条理清晰。

项目实训

1. 2024 年是中华人民共和国成立 75 周年，×× 大学党委决定发文到各学院党总支，要求每院组织 3-4 个节目，于 2024 年 9 月 30 日举办全校文艺晚会以示庆祝。请根据材料拟写一份公文。

2. 请以一次主题班会的内容为材料写一篇会议纪要。

3. 某高校学生张 ×× 在期末考试期间违反考场纪律，携带电子产品进入考场进行舞弊，严重影响学校考风。学校决定对该考生记过处分并使全校周知。请代拟一份公文。

4. ×× 公司将召开一次业务工作会议，出席人员 50 人左右，会期两天。请按行政公文的要求写一份会议通知。

5. 某省第十届大学生运动会由 ×× 大学承办，但该校没有网球比赛场地，需借用 ×× 师范学院的网球场地。请你代该校向师范学院拟发公文，征询此事。

6. 近来，某校教学区不断有外来机动车辆驶入。学校因工作需要（如运送教学设备）也有车辆驶入教学区。驶入教学区的车辆，有的超速行驶，有的鸣喇叭，打破了教学区的宁静，干扰、妨碍了正常的教学。为解决这一问题，请以学校的名义拟写一份通告。标题自拟。

思考与练习

1. 简述通报、通告和通知三个文种的区别。
2. 决定和决议有何区别?
3. 请示和报告有哪些联系与区别?
4. 公文的行文规则主要有哪些?
5. 会议纪要和会议记录有何不同?
6. 公报的特点有哪些?

项目四 计 划

Chapter Four

学习要求

了解计划的特点与基本格式；掌握计划的写作要领；能够综合运用所学知识剖析真实的计划案例；能够规范地撰写符合工作需要的计划。

通过计划撰写，要求树立时间管理观念，明确学习目标、职业目标和人生目标。有效的计划可以明确方向、提高工作效率，提升思维能力和综合素养。

任务导入

如果需要制订一份个人学习计划，你认为需要写出哪些内容？

第一节 计划概述

一、计划的概念

《礼记·中庸》中说："凡事预则立，不预则废。"预，也就是事先打算、安排的意思。有了计划，工作就能有条不紊地进行，就能提高自觉性，减少盲目性，成功的可能性就大；相反，事先没做任何打算和安排，或者安排不周，工作就有可能遭受挫折，甚至归于失败。

所谓计划，即机关、团体、企事业单位以及个人对一定时限内需要实现的目标和为此而采取的具体行动，预先作出大致安排的一种应用文体。计划这个概念有不少同义词，如规划、要点、安排等。一般说，"规划""纲要"用于时间长的、侧重于奋斗目标的计划；"要点""重点"常常是领导机关用来部署工作的计划；"设想""打算"意在表示计划还欠成熟；"安排""意见"是侧重于实施办法的计划；"方案"常用于对某项工作全面、具体的设计。此外，还有一些用公文名称的材料，其主体或实质也是计划，如《××部关于组建中国××××总公司的报告》，实质是一份新机构的组织方案，又如《上海市石油化工通用机械公司关于下达××××年度工业生产计划及各项经济技术指标计划（草案）的通知》，其主体是计划。

计划的制订需要事先进行充分的调研，拟订时要实事求是，具有科学性和可行性。计划本身不是法定公务文书，没有行政约束力，但是经过合法程序，如单位的领导机关或领导人批准、通过公文转发、提交会议讨论通过等以后，它就能成为指导未来行动的，具有纲领性、约束性的公务文书，要求所属人员必须执行。如果违反或阻碍计划的实施，要承担相应的责任。

二、计划的作用

（一）增强预见性，减少盲目性

计划是对现实发展趋势的预见和规划。有了计划，领导和群众对本地区、本单位、本部门的未来发展目标就有了共识，就能明了该做什么、达到什么要求，以及怎么去做。否则，对未来发展前景心中无数，甚至感到茫然，工作就难免偏离方向，或者内部因各自为政而发生摩擦。

（二）增强主动性，减少被动性

工作中有些单位和部门不太注意制订计划，总是事到临头，手忙脚乱。有了计划，会使领导和群众知道该做什么与怎么做，从而充分利用时机，克服困难，绕过暗礁，为完成既定目标而积极努力，勇往直前。

（三）增强规定性，减少随意性

各种工作都是由量变到质变而逐渐发展变化的，工作计划就是这一规定性的正确反映。正因为这样，计划提供了工作标准，可以作为检查和总结工作的尺度。一般来说，计划执行得好，工作前进的幅度也就大。如果没有计划，工作如何进展，哪些做得对，哪些做得不对，都不得而知。如此工作就会随心所欲，瞎抓一气，最后功亏一篑。

三、计划的特点

（一）预见性

计划是对未来将要完成的工作的主观预测，在制订计划时，需要对未来的一段时间内的组织目标和实现这些目标的路径进行预测和规划，这要求计划具有一定的前瞻性。

（二）可行性

计划的目标、措施要针对具体情况而定，这意味着在制订计划时需要考虑资源的可用性、环境的限制以及其他可能影响计划实施的因素，目标、措施要明确，具有可行性，否则计划就成了一纸空文。

（三）目的性

计划的制订是为了达成一定的目的或目标，它是目标导向的，旨在通过有组织的活动来实现这些目标。良好的计划应该具体明确，包括目标、策略、步骤和时间表等，以便执行者和相关方能清晰地理解和遵循。目的性是计划的方向和灵魂。

（四）针对性

计划需要根据特定的方针、政策、法律法规来制订，它针对的是本系统或部门的实际情况，综合考虑各种主客观因素制订的，确保计划的目的明确且具有指导意义。

（五）约束性

计划一旦制订下来，在其针对的区域或部门内就有了权威性。相关单位或个人在一定时间内就必须遵照执行。它是保证决策付诸实践的行为准则，必须认真贯彻执行。所以计划对相关单位或个人具有普遍约束力。

四、计划的类型

计划可以按以下不同的角度或标准进行分类。

（1）按计划内容划分：有行政工作计划、企业经营计划、财务工作计划、劳动工作计划、学习计划等。

（2）按范围划分：有国家计划、地区计划、单位计划、个人计划等。

（3）按内容的繁简划分：有综合计划、单项工作计划。

（4）按时间的长短划分：有长期计划、中期计划、短期计划。

（5）按计划作用划分：有指令性计划和指导性计划。

（6）按计划的结构形式划分：有条文式计划和表格式计划、条文与表格兼用式计划。

第二节　计划的基本结构及写作要求

一、计划的基本结构

计划的写作没有固定格式，写法比较灵活，它一般由标题、正文、落款三个部分组成。

（一）标题

标题一般要写在第一行正中，由制订计划的单位、适用期限、工作计划的内容和文种四个部分组成。也可以省略单位名称或者期限（在标题下面标明），但必须有内容、文种。工作计划未经会议讨论正式通过，要在标题之后括号内标明“讨论稿”“初稿”“征求意见稿”，不成熟的计划用“草稿”“试行”的字样。计划的标题常见格式有三种：①单位名称 + 计划期限 + 计划种类，如《×××公司 2024 年工作计划》。②期限 + 内容概要 + 计划种类，如《贯彻实施质量发展纲要 2024 年行动计划》。③单位名称 + 期限 + 内容概要 + 计划种类，如《××省 2023—2026 年教育发展规划》。

（二）正文

计划的正文是计划书的核心部分，正文就是工作计划的内容，一般包括目标、工作安排和执行要求等。它回答为什么做，做什么、怎么做等问题，它是对计划的四要素（引言、任务目标、方法措施以及具体步骤）的详尽阐述。

1. 引言

引言主要是提纲挈领、简明扼要地说明有关方针政策、上级指示、指导思想等制订计划的依据，交代总目标和总任务，这是计划的出发点，也是计划的灵魂和生命。原因是客观情况，目的是主观愿望。导言为整个计划提供了背景信息和制订理由。有时为了提出充分的依据，也可以简要分析前一段工作，扼要总结它的经验教训，对完成计划的有关条件和问题进行分析，这是计划产生的基础。有的计划也可以不用前言，直接进入主体部分的写作。

2. 任务目标

明确计划的总任务和应达到的指标，以解决“做什么”的问题。

这些目标不仅要指出最终的目的，而且要列出为达到这个目标所需完成的具体工作，应当具体、可量化，以便于后续的实施和评估。这一部分是经济计划的主体，所以要写得明确具体，比如，做什么、什么时候完成、达到什么样的要求或标准等要交代清楚，如果工作内容较多，可分项拟写。

3．方法措施

这部分详细描述实现计划目标所需的方法、策略和步骤。包括采取什么措施、利用哪些优势、依靠哪些力量等。措施应写得周密详尽、具体明白。语言力求简洁通俗、条理清晰。

4．具体步骤

实施和完成计划需要一个过程，无论是计划目标的实现，还是工作项目的完成，都是分步进行的。必须对计划目标、工作项目进行分解，从而划分出若干阶段，对各个阶段的人、事和检查标准做出合理部署。

此外，计划的正文还可以根据需要采用不同的形式进行编写。常见的形式有文件式、条文式和表格式。文件式计划，分目标、要求、措施、步骤等环节，写作严谨具体，内容重大并有一定篇幅。条文式计划适用于时间较长、范围较大的计划，其特点是通过书面文字分条列项地将整个计划的内容反映出来，以列出任务为主，较少涉及措施、步骤等。表格式计划一般适用于时间较短、范围较小、问题较简单的计划，如财经工作中的成本计划、财务工作计划等，其特点是把计划内容数字化，并且通过必要的文字加以说明。

综上所述，计划的正文部分是整个计划书的主体，它详细地描述了计划的目的、目标、措施和步骤，为计划的实施提供了明确的指导。在编写时，应确保内容的具体性和可操作性，以便有效地指导实际工作。

（三）落款

落款主要写明制订计划的单位名称以及计划正式通过的年月日。如单位名称已在标题处出现，则落款处可以省去。如对外行文要在落款处加盖公章。另外，有的计划中，有些材料不便在正文中逐条表达，可作为附件在正文后分别说明，这也是计划的重要组成部分。

二、计划撰写基本要求

（一）要有科学依据

制订计划之前要充分准备，根据计划的基本内容，作总体构思，然后在收集了有关材料的基础上动笔起草。一定要经过调查、论证，确保所订计划的可行性。

（二）要从实际出发

从实际情况出发，是制订计划时应坚持的一个重要原则。制订计划是一种主观行为，但要充分考虑客观条件，从实际出发，要以有关的方针政策作为指导方针，紧密结合本部门本单位的实际情况，实事求是地制订任务指标及措施，不能单纯从主观愿望出发，按个人意志办事。不说假话、大话、空话，使计划既先进积极又切实可行，而且留有余地。

（三）要具体、全面、简明

制订计划要解决“做什么”“怎么做”“什么时间完成”等问题，因此，内容要具体，在重点突出的前提下，应尽可能周到、全面，简明扼要，层次分明，语言准确，文字恰当，以便人们参照执行，也便于人们对照检查工作情况。如果写得笼统含糊，就会使人不得要领。

（四）要留有余地

计划在执行过程中，主客观条件在不断变化，还会有一些偶发性事件的出现，因此在制订计划的时候，要充分考虑各方面因素，在任务的提出、时间的规定等方面，要留有余地，有一定的灵活性。在计划实施的过程中，要进行定期或者不定期的检查。如果发现计划中有些项目与客观情况不符，或者由于客观情况有了变化，那就要及时地修改计划。

三、计划撰写注意事项

撰写计划应处理好以下几种主要矛盾。

（一）既要全面规划又要重点突出

计划是对未来的全面设计，要面对全局，面对各单位、各部门、各方面工作，要通过计划的实现，使各方面工作都有所前进，出现新的面貌。因此，在撰写计划时，必须考虑到各方面的利益，作出全面的规划。同时还要看到，在实际工作过程中，总是有轻重缓急之分的，不能等量齐观地平均使用资源与力量。某一计划期限内，只能突出其中某些地位重要和亟待解决的事项，把它作为重点，并用来带动全盘。

（二）既要目标清晰又要措施得力

目标是计划的核心，计划的出发点和落脚点。撰写计划是从明确计划目标开始的。计划目标必须完整准确、表述清晰。只有这样，才能正确设计具体行动，确定保障目标实现的措施。措施要避免笼统和一般化，要找出推动全局工作、实现计划目标的关键环节、关键工程和关键事项。做什么，怎么做，有哪些要求，必须立足于计划目标的实现，写得具体而得力。

（三）既要有领先性又要有可行性

计划目标，计划措施要与时俱进，具有领先性。只有这样，才能在激烈的市场竞争中保持自身的优势。同时又要合乎自身的现实状况，脚踏实地，不能操之过急，提出过高的要求。因此，撰写计划时，计划目标的定位、计划措施的选择，既要视野开阔，看到地区、国内以及国际的先进水平，又要从实际出发，通过具体的部署与运作，逐渐地同先进水平接轨，并不断提升。

（四）既要充分酝酿又要善于决策

撰写计划不能只是由文秘人员关起门来冥思苦想，“妙笔生花”，而是要发动群众，充分酝酿。如何推动全局，计划指标以多高为宜，怎样保证计划目标的实现，这些问题群众看得最清楚，要让他们关心整体利益，献计献策。主意多了，办法多了，还要善于决策，择善从优。

第三节　典型案例及评析

案　例

2023年长沙市水生态环境保护行动计划

为深入贯彻习近平生态文明思想，全面贯彻落实党的二十大精神，统筹水资源、水环境、水生态治理，持续深入打好碧水保卫战，根据《关于印发〈深入打好长江保护修复攻坚战的实施方案〉的通知》（环水体〔2022〕55号）等文件要求，结合我市实际，制订本行动计划。

一、工作目标

（一）2023年全市32个国省控断面年均水质优良率保持100%，韩家港、星沙水厂、乌江入沩水口断面年均水质由Ⅲ类提升为Ⅱ类；46个市控断面年均水质达标。

（二）完成主要污染物化学需氧量、氨氮减排任务，“一江一湖六河”总磷浓度持续下降；湘江长沙段、浏阳河水生生物指数改善明显。

（三）县级及以上、千吨万人集中式饮用水水源地水质达标率100%。

（四）主城区、县级城市建成区黑臭水体保持长治久清。

二、重点任务

（一）巩固提升饮用水安全保障水平

1．持续开展集中式饮用水水源保护工作。（略）

2．持续落实水源水质监测要求。（略）

3．持续优化饮用水水源地布局。（略）

（二）深入推进重点流域水环境综合治理

4．切实加强监控断面水质保障。（略）

5．开展流域氮磷污染控制试点。（略）

6．加强汛期水环境管理。（略）

7．落实枯水期管控措施。（略）

8．健全蓝藻特护期工作机制。（略）

9．推进区域协同减污降碳。（略）

（三）深入推进城镇污水治理

10．推进污水处理能力提升项目建设。（略）

11．推进中央生态环境保护督察反馈问题整改。（略）

12．巩固黑臭水体治理成效。（略）

13．加强泵站管网精细化管理。（略）

14．加强入河排污口管理。（略）

（四）深入实施工业污染治理

15．严格项目准入。（略）

16．推进工业企业形成绿色发展方式。（略）

17．推进工业园区规范水环境管理。（略）

18．压实工业园区和企业水污染防治主体责任。（略）

（五）着力提升水资源保障程度

19．控制用水总量。（略）

20．推进中水回用。（略）

21．提高用水效率。（略）

22．切实保障生态流量。（略）

（六）加强水生态保护和修复

23. 加强河湖管理与保护。（略）

24. 强化水生态保护和修复。（略）

25. 加强“美丽河湖”建设优秀案例创建。（略）

26. 积极保护水生生物多样性。推动湘江水生生物洄游通道恢复，提高河流流通性，增强河湖连通性（市农业农村局、市水利局按照职能职责牵头，相关区县市人民政府实施）。进一步优化水生态，培育水生植被，提高河湖“森林覆盖率”，恢复生物多样性，在有鱼有草方面实现突破（市农业农村局、市生态环境局按照职能职责牵头，相关区县市人民政府实施）。

（七）全面开展农业污染源治理

27. 持续推进畜禽养殖污染治理。（略）

28. 全面推进化肥减量增效。（略）

29. 全面推进渔业环境污染治理。（略）

（八）持续强化交通污染防治

30. 强化船舶污染治理。（略）

31. 加强港口码头污染防治。（略）

（九）进一步提升监测监管能力

32. 完善水环境监测网络。（略）

33. 加强科技支撑手段。（略）

34. 加大综合执法监管力度。（略）

35. 提升水环境应急处置能力。（略）

36. 进一步落实生态补偿机制。（略）

三、保障措施

（一）加强组织领导、落实责任分工。（略）

（二）细化任务分解、强化调度考核。（略）

（三）注重科技支撑、推动公众参与。（略）

（四）强化督查力度、落实奖惩机制。（略）

附件：2023 年长沙市水生态环境保护重点项目表（表略）

编者注：部分内容有删减。

案例评析

本工作计划标题为“2023 年长沙市水生态环境保护行动计划”，标题言简意赅，主题明确。标题为完整式，由单位名称 + 期限 + 内容概要 + 计划种类构成。整篇计划采用文件式，正文分为引言、工作目标、重点任务、保障措施四部分，非常清晰列出具体的工作任务，还有附件资料补充说明。引言明确指导思想，提出制订计划的理由；工作目标明确具体，以精确的数字说明，清楚而不含糊；计划的 36 项重点任务是设计具体行动和实施步骤，具体的四项保障措施明确“应该做什么”和“应该怎么做”。整篇计划结构完整、层次清楚，计划切实可行；语言简练明了，内容先后有序、有条不紊。既宏观把握，又重点突出。计划中提出的工作任务，既包括了工作中的方方面面，又抓住了工作的关键部分。计划的四大要素齐备，结构完整。

项目实训

1. 俗话说："吃不穷，穿不穷，不会打算一世穷。"每个学生都要学会按计划用钱。请你将一个学期的开支（包括交费、购买学习生活用品、伙食及其他费用项目）先预计一下做一份表格式计划。必须说明的内容用文字作简要说明。

2. 学习国家"十四五"规划和所在地的《国民经济和社会发展统计公报》，简要列出其主要框架内容并进行评价。

思考与练习

1. 计划的主要作用是什么？
2. 如何确定一份计划的目标？
3. 请结合本学期学习任务，制订一份个人学习计划。

项目五 总 结

Chapter Five

学习要求

理解总结的概念和特点，掌握总结的基本结构、写作要求和注意事项；在分析范例的基础上，能熟练而准确地写作总结文书。

通过总结文书撰写，提高对客观规律认识的能力，提升理解能力；在总结过程中回顾和反思，实事求是，发现自己的优点和不足，提高思维能力，从而找到提高效率的方法，促进事物发展和社会进步。

任务导入

大家认为一份个人学习总结需要包括哪些内容，总结和计划有没有关系？

第一节 总结基本概述

一、总结的概念

总结，是对过去一定时期内的实践活动或某一方面的工作进行检查和研究，回顾和分析，从中找出经验和教训，归纳出事物的规律，通过文字使其条理化、系统化，以指导今后工作的一种应用文体。总结主要包括三方面内容：已经做了什么，如何做的，结果怎样。如果说计划是对未来的构思，那么总结就是对过去的回顾和思考。计划是任务执行前做的实施蓝图，总结是任务完成一部分或全部完成时对蓝图的重新审视。立足过去，着眼未来，通过已然实践活动的分析，作出判断以及肯定成绩和经验、发现缺点和问题，明确工作方向，更好地指导未然的实践活动。诚如毛泽东所言："人类总得不断地总结经验，有所发现，有所发明，有所创造，有所前进。"可以看出总结是伴着人类文明的诞生而诞生。人类文明的发展历史，就是人们不断总结经验的历史过程。人们通过计划—总结—再计划—再总结的过程逐步积累经验、补充知识、增长才干、促进社会发展。所以总结的过程就是人们发现、证实和发展真理的过程。总结作为人们认识客观事物、掌握客观事物规律的一种手段，对于人类社会的发展是必不可少的。

但要把总结写好，并不容易。尤其是要写出有价值的总结难度更大。总结主要难在两个方面。一是"总"，它要对已然的实践活动进行事实的汇总；二是"结"，它要对汇总的事实进行分析研究从而得出规律性的结论。只有事实，便成为材料的堆砌；只有结论，便成为干巴巴的几条筋，这都不叫总结。事实是结论的依据，结论是事实的总括；两者互相依存、相得益彰，才是总结。学会并善于总结也是发展和前进的重要方法和途径。

二、总结的作用

（一）深化对客观事物规律性的认识

任何单位和个人对自身实践活动进行回顾，写成总结都是一个由实践到认识，再由认识能动地去指导实践的过程。总结可以使我们把感性认识上升为理性认识把实践上升为理论，有利于实践主体透过现象，去发现客观活动中的规律，从而形成正确的认识。对于个人或集体来说，总结是不断提高业务水平、积累经验、总结教训的一件切实的事情。对于整体来说，总结还能为国家制定各项路线、方针、政策提供重要依据。

（二）加强工作指导的有效性

总结有两方面作用：一是有利于科学决策；二是有利于做好各项工作。总结促使领导者冷静地思索，对前一阶段工作有个全面的回顾，系统的分析，深刻的认识，看究竟哪些是成绩和经验，值得肯定和发扬；哪些是问题和教训，应该如何纠正和防止。这一切都只有在认真的总结中，才能领悟和发现。总结能够为今后的工作指明方向、产生新的力量和办法，真正做到“打一仗进一步，吃一堑长一智”，更有针对性地、有效地指导今后的工作。

（三）促进信息的交流与经验推广

总结能够及时地将新鲜经验系统化、条理化、公开化，互相交流经验、信息，达到“他山之石，可以攻玉”之功效。既可以将“点”上的经验推广到“面”上开花结果，又可以互通信息，借鉴他人的正反经验，取人之长，补己之短，共同提高，从而达到推广典型，表彰先进，带动后进，促进生产、工作和学习进步之目的。

三、总结的特点

（一）客观性

总结在回顾过去时要用事实说话，从本单位或本人自身的实践活动中选取材料，并从这些材料中提炼观点，得出结论。其内容必须真实、客观地反映实际情况，不得移花接木，张冠李戴，也不允许任意虚构，无中生有，主观臆造。

（二）理论性

总结工作不是记流水账，不能停留在事实的表层。总结是对已经完成的工作进行整理、归纳、概括、分析的过程，是以辩证唯物主义和历史唯物主义为指导，认真地评论得失，对大量的事实材料进行科学分析，就事论理，把感性认识上升到理性认识，揭示出客观事物规律性的结论，这也正是总结的价值所在。

（三）指导性

总结的根本目的就在于指导今后的实践。肯定成绩是为了增强信心，鼓足勇气，做好以后的工作；总结经验是作为后事之师，发扬光大，不断前进；找出不足是为了明白失利原因，以便吸取教训，使今后走上坦途，避免重蹈覆辙。

（四）实践性

总结是自身实践活动的产物。它以客观评价自身工作活动的经验教训为目的，以回顾自身工作情况为基本内容，以自身工作实践的事实为材料，所总结出来的理性认识也应该反映自身工作实践的规律。所以内容的实践性是总结的本质特点。

四、总结的分类

总结是一个统称。在日常工作、学习中还有“小结”“情况”“体会”“回顾”等名称。它的种类繁多，划分方法也各有所异。

（1）按内容划分，有工作总结、生产总结、经营总结、劳动总结、学习总结、思想总结等。

（2）按功能划分，有综合性总结、专题性总结。综合性总结又称全面总结，是单位、部门或个人对一定时期内各项工作的全面回顾，它涉及的面广、问题多、时间长。写这种总结时，既要顾及全面，又要注意突出重点，主次分明、中心突出，并要具有较高的分析问题和判断问题的能力。专题总结是对某一方面的工作或某一问题所进行的专门总结，侧重于经验，故又称经验总结。这种总结的内容比较集中、单纯，也更具体、细致、深刻，针对性较强。

（3）按范围划分，有全国性总结、地区性总结、部门总结、单位总结、个人总结等。

（4）按时间划分，有定期性（年度、季度、月份）总结和半周期性总结等。

区分以上总结的种类，目的在于明确重心、把握界限，为构思写作提供方便。但事实上，一篇总结的内容，往往涉及性质、范围、时间等几个方面，所以上述分类不是绝对的，相互之间可以相容、交叉。分类只是因为划分的角度不同而有不同的名称，在具体写作上，各类总结却有共同的规律。

第二节　总结的格式及写作要求

一、总结的结构类型

在长期的写作实践中，已基本形成了人们惯用的一些总结结构类型。结构类型主要有以下几种。

（一）传统式结构

按“情况—成绩—经验（体会）—问题—意见”的顺序来写。

（1）开头部分，主要概括介绍总结的对象、范围、目的、背景、工作进程、工作任务等。一般概述基本情况和主要成绩。

（2）主体部分，为总结事项部分。先介绍基本做法或成绩和主要经验（体会），并应相应地进行理论化、抽象化，概括出规律性的东西。这是总结写作的难点、重点所在。接着指出存在的问题和主要教训。这部分主要写工作中还存在哪些不足，或尚待解决的问题以及工作中的主要教训。

（3）结尾部分，总结全文或指出今后的工作努力方向和发展方向，并提出相应的合理性建议。有的没有结尾部分。

这是人们习惯使用的程式化写法，主要适用于大型的综合性总结。为了使眉目清楚，每部分还可以用小标题、序号等。这种结构的好处是容量较大，眉目清楚。写这种总结，既要全面，又要突出重点。只有全面总结，才能调动人们的积极性；只有突出重点，才能总结出规律性的东西。

（二）小标题式结构

按情况—经验（做法）—总结全文或今后打算的顺序来写。

（1）开头部分，一般概述基本情况和主要成绩。

（2）主体部分，采用分项式，将主要经验或做法分成若干条，每条冠以小标题或段首主旨句，它的顺序是将每条经验概括出来后，先写结果，由果导因，引起叙述，将有关情况过程、做法充当必要的论据。各条经验之间是一种并列关系。

（3）结尾部分，总结全文或指出今后的发展方向。有的没有结尾部分。

这种写作方式主要用于专题性经验总结。这种格式以若干小标题启领全篇的每一部分。形式多样，写法灵活。小标题往往是成功的原因，或者是工作的阶段性标志。写这种总结以谈经验、讲体会为主要目的，着眼于介绍典型经验，侧重于描述具体事实，手法是夹叙夹议。写作时要少用逻辑推理，多用事实说明，通过具体、生动、典型的事例来描述经验，反映规律。

（三）阶段式结构

按照工作的几个阶段来安排结构。这种写法除开头概述基本情况外，主体部分人为地把工作或经历的整个过程分成几个阶段，分别说明每个阶段的成绩经验和教训，并注意怎样从较低阶段推进到较高阶段，从而使读者对整个工作进程有一个全方位的了解，进而把握住某项工作的特点及规律。适用于写个人的思想总结、业务工作总结。

（四）比较式结构

这种写法有两种格式：一是先立标准后对照比较，发现不足，提出改进意见。这种写法多用于工作检查性总结。二是纵横比较，即历史性比较和先进性比较。通过历史性先后比较，看总结主体具体业务工作的进展性情况，水平是提高还是降低，业绩是前进还是落后；通过横向的先进性比较，看总结主体业务工作发展性情况，水平是领先还是落后，速度是快还是慢，规模是大还是小。

二、总结的结构内容

总结一般由标题、正文和落款三部分组成。

（一）标题

标题即总结的名称。一般可以将主要内容、性质作为标题。总结的标题不求生动形象，而求科学概括和简明准确。其大致有以下四种写法。

1. 公文式标题

公文式标题主要由单位名称、时间期限、内容范围、总结文种四部分构成。这种标题通常用于工作总结。如《×× 公司 ×× 年工作总结》《财政部 ×× 年财政工作总结》等。根据实际情况，标题中的单位名称或时间或内容有时可以省略，如《财政部关于会计干部技术职称评定工作的检查总结》。

2. 主旨式标题

主旨式标题又称经验性标题，是根据总结的内容，简洁地概括出总结的基本观点。这种标题多用于经验总结。标题直接点明总结的主旨，告诉读者具体的经验。如《做好财务预算提高经营效率》《树立效益观念降低储蓄成本》等。

3. 提问式标题

提问式标题就是采取提问的方式，引起读者注意某一块范围的具体事务和工作。如《如何理顺银行的内部控制工作》《我们是怎样开拓信用卡市场的》《我们是怎样试办工商联合企业的》。

4. 主副式标题

若标题不能表达出完整的意思则可在正标题下再拟副标题。这类标题写法上分主、副两行标题。主题概括总结的内容，副题表明文体特点。如《薄利多销、保证质量——××市便民饮食店先进经验介绍》《发挥整体功能，转换经营机制——×× 汽车服务有限公司2017 年工作总结》。

在实际运用中，采用什么样的标题形式，可根据具体情况而定，不可一概而论。

（二）正文

总结的正文一般包括前言、主体和结尾三个部分。

1. 前言

前言部分要简明扼要地概括基本情况，一般包括背景、条件、时间、任务、成绩和进程六个方面。目的是使读者有一个总体的印象，由此产生进一步了解的兴趣。所以，应根据总结内容的需要，有所侧重，并紧扣总结的中心，画龙点睛，以简约之笔给人明确而深刻的印象。具体来说，可以采用以下几种方式来进行简单的介绍。

（1）概述式。概括介绍基本情况（如工作时间、地点、背景等）。

（2）提示式。对工作的主要内容进行提示性的简要概括。

（3）结论式。对要总结的工作下一个结论，然后再展开详细的叙述。

（4）提问式。提出问题，引起读者的关注，同时明确总结的要点。

（5）对比式。对有关情况的过去和现在、后进和先进、准确与错误等做简略的背景介绍，在背景中表明所要总结的工作的基本情况。

2. 主体

主体部分是总结的核心，是对前言部分的具体展开。其主要包括成绩、经验、体会、问题、教训以及解决对策等内容。无论是综合性工作总结还是专题性工作总结，主体部分都要做到主旨鲜明、重点突出、反映特色，要做理论的概括，总结出规律性的东西，这样的总结才有价值，才有借鉴指导意义。因此，不同种类的总结，写作内容的侧重点及结构的安排有所不同。

在撰写总结的主体时，需要注意以下几点。

（1）突出重点。总结的主体应该突出重点内容，将最重要的观点、数据或信息放在前面，使读者能够快速了解总结的核心内容。

（2）逻辑清晰。主体部分应该逻辑清晰，按照一定的顺序或结构组织内容。可以使用标题、小节或段落来划分不同部分，使内容更有条理。

（3）详略得当。在撰写总结的主体时，要根据需要适当安排内容的详略程度。对于重要的内容，应该详细阐述；对于次要或补充性的内容，可以适当简略或省略。

（4）使用恰当的语言和表达方式。总结的主体应该使用简洁明了的语言和表达方式，避免过于复杂或冗长的句子和段落，使读者能够轻松理解内容。

总之，撰写总结的主体部分需要注重逻辑性、条理性和简洁性，使读者能够快速了解总结的核心内容，并能够从中获得有用的信息或建议。

3. 结尾

结尾部分主要是写今后的打算或努力方向，要对今后的工作进行良好的设想和安排，表明自己的态度。打算要切合实际，方向要具体明确，切忌空洞无物、讲大话、讲原则话、讲大道理。在撰写结论时，要注意与总结的主题和目的保持一致，避免偏离主题或给出不恰当的建议。与开头相照应，篇幅不宜过长。

（三）落款

包括署名和日期。单位总结的署名，一般写于标题中间和标题下。也有的随另文发送，总结上不署名。个人总结的署名，一般都写在正文的右下方。总结的日期，有的写年、月、日，有的只写年、月，位置一般落在正文的右下方。

三、总结撰写的基本要求

（一）明确目的和指导思想

总结的目的是将感性认识上升为理性认识，并以理性认识指导今后的工作。这个目的在每一次的总结中有不同的体现。作者应当把握领导的意图，弄清起草总结的具体目的。比如，总结的目的是对上还是对下，是对内还是对外，是侧重于检查工作，还是侧重于介绍经验。并根据这些具体目的选择适当的撰写方法。在明确目的的同时还必须认清当前的形势和任务，熟悉党和国家关于此项工作的路线、方针、政策，并以此作为指导思想，才可能写出好的总结。

（二）要反映特点和规律

写总结要从本单位的特点中找出带有规律性的经验来。抓特点就是要抓本单位的具体事例。事例具体则总结就有了不可替代性，也就具备了特点。拟提纲时要紧紧抓住本单位工作的特色，突出重点，将笔力集中于事物发展主导趋势并具有本身特点的经验教训。力戒笼统空泛，“千人一面”，没有独到之处。从效果上、做法上、感知上体现特色。

（三）要进行分析研究

这是总结写作的关键。要科学地分析整个工作进程，抓住最突出的、最能反映总结对象本质特点的事实，从中总结出规律性的东西。不能简单地堆砌材料，贪大求全，漫无边际地罗列一些表面现象。对占有的大量材料进行认真分析研究，综合提炼，提炼出恰如其分的、新颖的观点，然后选用有个性特征、有代表性、最能反映问题本质的典型材料，去支撑观点，并再次推敲观点，使观点恰到好处地统率材料，力求使观点和材料水乳交融，有机统一。

（四）成绩和不足都要实事求是客观地表示

谈论成绩时，要掌握尺度；谈论问题时，也要找准关键点，不能避实就虚。

要以实事求是、严肃认真的科学态度去总结实践经验，不能夸大，也不能缩小。写总结应当从本单位丰富的事实材料出发，引出固有的而不是臆造的规律性，切忌任意拔高，应当坚持“一分为二”，全面地分析问题，既肯定主流，又要看到支流；既看到成绩，又要看到缺点、错误；既要明确成功的经验，又要找到失误的教训，切忌片面性和绝对化。

（五）语言要准确、简明、生动

总结中的材料，一要准确，二要翔实，三要典型。要使用准确的词汇来表达自己的意思，避免使用模糊或含糊不清的词语。要通过具体的例子来说明抽象的概念，避免枯燥无味、华而无实。总结不宜冗长，应精练、充实。

第三节　典型案例及评析

案　例

湖南湘江新区2023年工作总结

过去一年，独具考验、殊为不易。面对外部环境复杂交错、经济运行压力加大等因素影响，我们全面贯彻落实党的二十大精神，深入开展学习贯彻习近平新时代中国特色社会主义思想主题教育，认真落实中央和省、市决策部署，在新区党工委（岳麓区委）的坚强领导下，锚定“三高四新”美好蓝图，锐意改革，迎难而上，交出了高质量发展的精彩答卷。地区生产总值增长5.5%（预计数，下同）；直属区财政收入完成507亿元，地方一般公共预算收入增长9.3%（剔除增值税留抵退税等因素影响。后同口径），税占比达82%；规模工业增加值增长8%，社会消费品零售总额增长4.4%，固定资产投资增长2%，主要经济指标走在全省前列。

——一年来，我们聚力高端产业新区建设，挺进国家级新区“一方阵”迈出坚实步伐。（略）

——一年来，我们聚力前沿创新新区建设，高“研”值成为岳麓山下的鲜明底色。（略）

——一年来，我们聚力开放活力新区建设，以更加自信包容的姿态拥抱世界。（略）

——一年来，我们聚力一流品质新区建设，绘就湘江西岸美好生活的幸福画卷。（略）

这一年，我们主要做了六个方面的工作：

一是强化链式思维，实体经济迈向高质量。狠抓产业链供应链建设，推行“四长联动”机制，提升产业综合竞争力。

先进制造业示范引领。（略）

数字经济成果丰硕。（略）

现代服务业提档升级。（略）

二是强化全球视野，科技创新锻造硬实力。推动科创产业和产业科创双向发力，打造全球研发中心城市核心引领区。

科创平台聚核扩能。（略）

科创研发蓄势释能。（略）

科创服务强基赋能。(略)

三是强化统筹理念，有效需求迸发源动能。施行“扩投资、促消费、强主体”专项举措，进一步激发市场经营主体活力。

项目投资提质增效。(略)

消费潜力持续激活。(略)

市场主体量质齐升。(略)

四是强化战略意识，改革开放展现新气象。用好改革“关键一招”，进一步优化营商环境，打造内陆地区改革开放高地。

重大改革亮点纷呈。(略)

营商环境日臻优化。(略)

开放水平显著提高。(略)

五是强化一体布局，城乡融合彰显品质美。完善区域协调发展体系，增强城乡综合承载能力，助推长株潭都市圈建设。

新兴片区拔节生长。(略)

魅力都市精彩蝶变。(略)

和美乡村焕发新颜。(略)

六是强化人本情怀，民生答卷写满幸福感。着力解决群众“急难愁盼”问题，用心用情把“民生清单”变成“幸福榜单”。

社会保障暖心惠民。(略)

公共服务贴心便民。(略)

社会治理安心护民。(略)

这一年，我们加强政府自身建设，深入开展主题教育“走找想促”活动，问策于校、问计于企、问需于民，形成调研报告133份，办理意见建议1606条。大力提升政府执行力，把新区党工委（岳麓区委）谋划的新蓝图实化为政府工作的“施工图”，自觉接受区人大及其常委会和政协监督，强化审计监督全覆盖，推进省委巡视反馈问题整改。全力建设法治政府，受理行政诉讼、行政复议案件818件，办理人大代表建议268件、政协提案135件，巩固人大专题询问和政协专题议政成果。落实党风廉政建设“一岗双责”，对个别部门“不作为、慢作为”行为严肃追责问责。

与此同时，我们大力推动各项事业发展。档案史志、外事侨务、港澳台事务、民族宗教等工作取得新进展，老龄、慈善、工会、青少年、妇女儿童、残疾人、红十字等事业取得新成果。退役军人服务保障持续加强，国防动员和后备力量建设成效明显。

各位代表，事非经过不知难，成如容易却艰辛。成绩的取得，是省委、省政府，市委、市政府和新区党工委（岳麓区委）坚强领导的结果，是全区人民团结奋斗的结果，是区人大、区政协以及社会各界监督支持的结果。在此，我代表区人民政府，向全区人民，向区人大代表和政协委员，向新区各民主党派、工商联、无党派人士、新的社会阶层人士、各人民团体和社会各界人士，表示衷心的感谢和崇高的敬意！

在看到成绩的同时，我们也清醒地认识到，前进道路上还有不少困难和问题。主要是：高质量发展的新动能还需进一步增强，挺进国家级新区“一方阵”还需进一步加力，政府服务效能对比市场经营主体预期还需进一步改善，干部能力建设还需进一步提高。面对这些问题，我们要以更加务实的举措加以解决。

编者注：部分内容有删减。

案例评析

本工作总结标题为“湖南湘江新区2023年工作总结”，标题是标准的公文式标题，由单位名称、时限、内容提要和文种几部分组成，结构完整，言简意赅，主题明确。该文是一篇综合性总结，是单位、部门或个人对一定时期内各项工作的全面回顾。写这类总结，往往要求作者掌握比较全面的情况，并具备相当的分析和判断能力。在写作过程中既要全面，又要注意重点突出。

在湖南湘江新区2023年的工作总结中，文章按照小标题式结构，开头先介绍过去一年的基本情况和主要业绩，采用总分结构，先总体概括再分别用同样的结构分四段阐述具体情况，然后主体部分采用分项式将主要做法分六点，每条冠以段首主旨句阐明主要做法及成效，先写结果，然后叙述有关情况过程、做法。结尾部分提出工作的不足以及指出今后的发展方向。本文内容充实，并运用数据对主题进行了有力的支持。主体部分采用条款式，点面结合，从体制机制到人员措施全面综合总结，细致全面，语言平实。整篇文章层次分明，重点突出，语言简洁流畅，论据充足。达到了总结过去，展望未来的目的。

项目实训

1. 根据写作格式和要求，写一篇题为《我是怎样学习 ××× 课的》。
2. 仔细阅读下面一篇个人总结，按要求完成练习。

要求：

（1）给文章加上题目。

（2）按文章层次分别加上小标题，要求能体现观点，概括出规律性的东西。

（3）分析文章的内容、段落、造词造句方面还有哪些需要充实、调整、修改的地方，并尽可能加以修改。

同学们在认真地写总结了，我抑制不住内心的感情，也拿起了钢笔。在这两年的时间里，我总觉得是平平淡淡地度过的，在语文学习上有什么成绩，有哪些经验呢？我对书法比较感兴趣，也可以说是入了迷，然而也没有什么经验，这里就谈一下我这两年学习书法的体会吧。我自幼喜欢书法，我也渴望自己能写出一手好字。见到写得漂亮的字，总是空临几次。从小学到高中毕业，学校抓紧的是语文、数学、物理、化学之类的学习，字写得好些差些是不关大局的小事，使我学习书法的积极性没有得到充分发挥。进入商专可好了，学校把书法教学作为语文教学的一项内容来抓。我们每周要交书法作业两张（毛笔字、钢笔字各一张），每周的书法4次作业我都认真完成，期望自己的书法能有所长进。“功夫不负有心人”，经过两年的学习，我的书法有了较大的进步。根据两年来的书法学习实践，我有下面一些粗浅的体会。

不迷不见效。我对书法从感兴趣发展到入迷。有时盯着一个写得好的字出神，有时接连不断地攻练某一个字。见到老师板书时写出来的好字，也总是模仿着书写或空临几次。下晚自习课后，没那么早睡觉，我总是拿出字帖来练字。一次写“寰”，总是写不像，上床了我还用手指对着蚊帐顶空临，寻找规律。关灯了，我还在思索怎样安排这个字才好看。当时，我一点睡意都没有，就又起床来练，直到把字写得差不多才睡觉。第二天，宿舍一位同学说我怪。我认为，要学有成就就得珍惜兴趣，就得有这种入迷的怪脾气。不迷不见效，古今中外凡成大事业者，无不潜心求知，以至如痴如醉。如没有这种入迷的精神，走马看花，心猿意马，不专心致志，绝不会有成效。总结经验，掌握规律，善于容纳百家之长。起初，我专练麦华三字帖，其特点是秀气而不够苍劲。而我却学到了他的弊的一面，一写字不够气力，于是就改变方法。以前专练麦华三字帖，不论好坏都模仿一番，以后有选择性地挑选些比较好的字来练，研究它为什么秀气，为什么无力，从中找出规律性的东西，扬长避短。我还找来王羲之、秦咢生字帖来练，互相取长补短。这样练下去，经过一段时间，我写字不够苍劲有力的缺点有所克服，写出来的字虽然秀气，但不像以前那样无力了。所以，学字既要认真模仿，也要总结规律，有所创新。只会模仿，不会创新，不懂得其规律性在哪，那还是停留在类人猿的程度。

俗话说，“他山之石，可以攻玉”，我从打篮球中“借来”的一些方法也是很有效的，譬如使用“暂停法”。一场球打到关键时刻，教练员往往喊一声“暂停”，利用这点滴时间来调整一下战术，稳定一下情绪，常常能打出更高的水平。我在学书法时也借用了这种方法，当成功地写关键性的一笔时，总是叫一声“暂停”，体会一下当时书写的动作过程，领会其所以写好的原因。字帖是不会说话的老师，我们要从其字里找到规律性的东西，就得有个领悟的过程，不能像看小说那样一目十行。而要循序渐进，有时要几次“暂停”。而这一停比坚持含糊的练效果要好。

我从对书法感兴趣，到入迷，总结经验，找出规律，使我的书法有长进，但在学书法上也存在不少缺点，比如缺乏虚心请教，不耻下问的精神；有时也想一步登天，楷书基础不过关，就急着练草书，这会事倍功半。在今后的学书法过程中，更应认真努力，发扬优点，尽量把字写得更好一些，提高工作质量，更好地完成工作任务。

思考与练习

1. 写好总结的难点在哪里？
2. 总结文体的写作中如何才能突出个性，反映特色？
3. 总结和计划有何异同？

项目六 规章制度

Chapter Six

学习要求

掌握规章制度的概念和特点，掌握规章制度类文书的写作规范，了解规章制度的适用范围，正确使用规章制度类文书。

通过学习规章制度撰写，提高思想认识，增强遵守规章制度的自觉性，树立起强烈的责任意识和进取精神，践行社会主义核心价值观。

任务导入

你认为大学生应该遵守哪些规章制度，你是否读过这些规章制度？

第一节　规章制度基本概述

一、规章制度的概念

规章制度是国家机关、社会团体、企事业单位为了建立正常的工作、学习、生活、劳动秩序在一定范围内制定的，具有规范性与约束力的文书，是各种条例、规定、办法、细则、章程、制度、守则、须知、公约等的总称。规章制度的适用范围是和规章制度制定者职权范围相对应，自上而下有层次的。《中华人民共和国宪法》《中华人民共和国立法法》和有关文件精神规定，我国规章制度自上而下制定规章制度的权限如下：

（1）全国人民代表大会及其常务委员会制定法规或法律；

（2）国务院制定行政法规；

（3）国务院各部委制定行政规章；

（4）省、直辖市的人民代表大会及其常务委员会可制定地方性法规；

（5）县以上的人民代表大会和人民政府可制定规章；

（6）人民团体、企事业单位可根据本部门的权限制定某些规定，一般称为规章制度。

二、规章制度的作用

经济越发达，越需要建立规章制度。随着市场经济的快速发展，没有一套科学、完整、严格的规章制度来约束，市场就会失去应有的秩序。经过深思熟虑产生的规章制度，代表了人民的意志和要求，体现了个人和集体、集体和国家的根本利益。规章制度也是组织内部管理的重要组成部分，对于提升管理效率、维护员工权益、促进企业文化建设等方面都发挥着关键作用。因此，制度一经制定，人们就必须遵守，不能按照个人的意志行事。

（一）保证党和国家方针、政策的实施

党和国家的方针政策是社会主义建设的行动纲领，而方针政策的贯彻执行往往要辅之以规章制度，加以明确和规范。

（二）提升现代化生产和管理效率

规章制度是有效管理的手段。明确的规章制度能够有效地指导员工或成员的行为，能保证现代化生产和管理职责分明，分工明确，工作协调，纪律严明，赏罚适当，从而充分调动生产和管理人员的工作积极性，确保他们在工作中遵循既定的规则和程序，维护组织的正常运作，提高经济效益和社会效益。

（三）保障权益和促进社会公平

规章制度有助于保护人民的合法权益，确保所有人员都按照相同的标准受到公平对待，防止歧视和不公正现象发生。在处理复杂问题或纠纷时，规章制度可以作为判断和决策的依据，提供明确的解决方案和处理流程。

三、规章制度的特点

（一）权威性

规章制度不论是党和国家制定的、职能部门制定的，还是群众议定的，一旦通过并正式实施，都具有权威性，都是权利意志和群体意志的表现，都要求人们必须遵守和执行。

（二）系统性

规章制度往往是一套完整的体系，包括各种规定、指导原则、操作程序等，以系统地覆盖组织运作的各个方面。任何规章制度必然要处在各个层次的规章制度系统之中。

（三）规范性

规章制度旨在规范成员的行为和工作流程，确保活动按照既定的标准进行。在写作上要有严格的规范程式要求，在写作内容上要符合国家有关政策、法令，不得与之相抵触或相背离。

（四）约束性

订立规章制度的目的就在于约束和规范成员行为。规章制度一经公布，对各级领导干部和员工都具有约束力，任何人不得随意违背或改变，必须遵照执行。违反规定可能会受到相应的纪律处分或其他惩罚措施。

四、规章制度的类型

按规章制度性质来分，主要分为以下几类。

（一）条例

条例是国家最高行政机关及省、自治区和直辖市的地方国家权力机关对某一方面的行政工作做比较全面、系统的规定的法规性文件。条例的制发机关必须是国家机关，它的法律地位较高，其法规性质是规章制度中最强的。

（二）章程

章程是政党、社会团体等组织制定的要求全体成员共同遵守的一种纲领性文件，是该组织及其成员活动的准则。章程对组织成员有着极强的约束力，是组织成员的行动准则。

章程具有相对的稳定性和严肃性。

（三）规定

规定是国家机关、人民团体、企事业单位制定的，针对某项具体工作或行动提出具体要求的规范性文件，是法律、政策、方针的具体化形式，是处理问题的法则。

（四）办法

办法是各级行政机关、企事业单位为实施某项法令或针对某项工作、问题做出具体安排或提出具体方法、标准的规范性文件。与条例相比，办法是重要的行政管理工具，它的适用范围更广，制定程序更宽泛，内容更为具体，但约束力没有条例、规定那样强。

（五）细则

细则是对某项法令、条例、规定或其中的部分条款进行补充说明的一种法规性文件，对贯彻方针、政策起具体说明和指导的作用。它是根据上级机关的有关条例、规定、办法，结合本地区、本单位或本部门的实际情况，作出的详细实施规则。它依附于原规章制度而存在，并与原规章制度配套使用。细则的内容更有针对性、更具体、更详细。

（六）规则

规则是国家机关、企事业单位、社会团体根据本单位、本部门的实际情况，制定的要求全体成员自觉遵守的道德规范和行为准则。规则具有明确的使用范围和鲜明的针对性，应根据本部门、本单位的实际情况，在广泛征求组织成员意见的基础上制定。

（七）公约

公约是一定范围内的人们为了共同的目的而协商制定的，共同遵守的行为准则和道德规范。公约多用于公共事业方面的道德和行为规范，是人民群众为了提高道德水准而制定的，具有一定的针对性，一般篇幅较短。

第二节　规章制度写作要求

一、规章制度的基本结构

规章制度的格式比较固定，由标题、正文、落款等部分组成。

（一）标题

规章制度的标题有三种写法。

（1）公文式标题。由制定单位名称、事由、文种组成。

（2）普通式。有的标题由适用范围、内容和文种三要素组成。

（3）省略式。有的标题省略单位名称，将单位名称置于落款处。

若规章制度还有待进一步完善，则要在标题中注明“暂行”“试行”等字样。

（二）正文

规章制度的正文通常可有两种写法：章条式和条文式。

1. 章条式

对一些内容较全面、系统、原则，条文较多的规章制度宜用章条式写作。如法规、章程、条例、准则、规则等。所谓章条式，通常由总则、分则和附则三大部分组成。总则，相当于文章开头。它要说明制定的目的、依据、基本原则、适用范围、主管部门等情况。分则，是主体部分，具体阐述有关事项必须遵循的行为规则，如必须做什么，可以做什么，禁止做什么等。附则是对文件本身的说明，主要声明法律责任、解释机关、施行时间以及应当废止的有关文件等情况。则中分若干章、章中分若干条，有时条下分若干款项。

2. 条文式

内容相对简单的以及非权力机构制定的规章制度常用条文式写作。条文式也可分为两种：一种是前言条文式；另一种是条文贯通式。

（1）前言条文式。它分前言、主体和结尾三部分。前言不设条，而是用简明扼要的文字概述制定该文的目的、指导思想、性质、意义。主体部分则分若干条款交代各种规定的事项，具体说明工作程序和对有关人员的行为要求。结尾说明执行要求，如时间、范围等。

（2）条文贯通式。即全文都用条款来阐述表达，不另分段作说明。这样写并非不要前言、结尾，而是将前言、结尾也都用条款标出。

（三）落款

落款包括署名和制定日期。在规章制度正文的右下方署上制定单位名称和制定日期。如果制定单位已在标题中标明，这里可省略。随“通知”而发的规章制度，由于通知中已有发文日期，也往往不再写制定日期。有的也在标题之下括号之内注明发文机关和日期。

二、规章制度撰写基本要求

规章制度的适用范围是和规章制度制定者职权范围相对应，自上而下有层次的。各级规章制度必须通过相应的立法程序方能生效。

在写作时需要遵循以下基本要求。

一是目的明确，简洁明了。规章制度的制定应明确其目的和目标。条款内容表达准确，以便理解和遵守。其次，为了使概念准确，还要拟写必要条件，对概念加以限制、补充。

二是具体可行，周全缜密。规章制度应该具体可行，明确指出员工应该做什么，不应该做什么。规章制度应该有明确的执行和监督机制，以确保规定的执行。还应该有明确的违规处理办法，以便于对违规行为进行处理。规章制度内容必须符合国家的法律法规，不能违反法律。随着环境的变化，规章制度也应该及时更新，以适应新的情况。

三、规章制度撰写注意事项

撰写市场调查报告时，应注意以下事项。

（一）内容要周全

规章制度必须立足于组织实际情况，考虑到组织的发展阶段、人员结构、文化背景、企业文化等方面的因素，才能更好地适应实际操作。在规定范围内的有关事项应完备齐全，内容清楚，分条款翔实，力求“万无一失”，使事事都有法可依，有章可循。

（二）上下要协调

规章制度有严格的层次性，自上而下、一环扣一环。在这方面，重要的是加强政策观念和组织观念，不要只顾局部不顾整体，要形成系统的文件。内容完整，不能前后矛盾。

（三）注意相对稳定

规章制度一经公布实施，就应保持相对的稳定性。“朝令夕改”，将会大大减弱规章制度的权威性和约束性。但随着组织发展的变化和规章制度的实施情况，管理人员也需要对规章制度进行修订和完善，以保持其适应性和权威性。

（四）表达要周密

规章制度是面向大众的在表达方面应当十分规范。内容规定上要求能面面俱到，细致而周到，不能有遗漏和疏忽；内容要清晰明确，不能有歧义，不能含混不清、似是而非或自相矛盾。要逻辑严谨性、概念清晰、遣词恰切、态度明朗、语气肯定、前后一致，以保证规章制度实施的实际效果。

第三节　典型案例及评析

案例一

会计师事务所从事证券服务业务信息披露规定

第一条　为进一步规范会计师事务所从事证券服务业务信息披露，提高证券审计市场透明度，根据《中华人民共和国注册会计师法》《中华人民共和国证券法》《会计师事务所从事证券服务业务备案管理办法》（财会〔2020〕11号）、《证券服务机构从事证券服务业务备案管理规定》（证监会工业和信息化部司法部财政部公告2020年第52号）等，制定本规定。

第二条　会计师事务所披露证券服务业务相关信息，适用本规定。会计师事务所应当保证所披露信息的真实、准确、完整、及时，不得有虚假记载、误导性陈述或重大遗漏。

第三条　本规定要求会计师事务所披露的证券服务业务类型为境内业务，包括拟上市公司审计业务、上市公司年度财务报表审计业务、非上市公众公司年度财务报表审计业务、公开发行公司（企业）债券的发行人（上市公司、非上市公众公司除外）年度财务报表审计业务、拟挂牌公司审计业务。本规定所称非上市公众公司，是指有下列情形之一且其股票未在证券交易所上市交易的股份有限公司：（一）股票向特定对象发行或者转让导致股东累计超过200人；（二）股票公开转让。

第四条　会计师事务所应当披露下列基本信息：

（一）基本情况，包括名称、批准执业日期、组织形式、注册地区、首席合伙人情况；

（二）上一年度执业人员情况，包括上一年度合伙人、注册会计师、签署证券服务业务报告的注册会计师情况；

（三）上一年度分支机构情况，包括上一年度年初数量、年末数量、设立、撤销情况；

（四）上一年度取得的收入情况，包括上一年度业务收入总额、审计业务收入金额、证券服务业务收入金额；

（五）职业风险保障情况，包括截至上年末保险合同有效期内职业保险累计赔偿限额与累计职业风险基金之和、截至上年末累计职业风险基金、上年末净资产金额；

（六）国际化情况，自建国际会计网络的，应当披露国际会计网络名称、境外分支机构数量、境外分支机构上一年度审计业务收入在国际会计网络中比重；加入国际会计网络2的，应当披露国际会计网络名称、会计师事务所上一年度审计业务收入在国际会计网络中比重；

（七）遵循会计师事务所质量管理准则、构建质量管理体系及其运行情况。

第五条　会计师事务所应当披露上一年度证券服务业务有关信息，包括主要行业、客户家数、资产规模总额、收费总额。

第六条　会计师事务所应当披露上一年度本所及本所执业人员因执业行为受到刑事处罚、行政处罚、证券市场禁入、行政处理、注册会计师协会自律惩戒、证券交易所纪律处分情况。对于各类处理处罚，应当逐项披露处理处罚对象、处理处罚决定文号、处理处罚决定名称、处理处罚类型、处理处罚机关、处理处罚事由、处理处罚日期等。会计师事务所应当披露上一年度本所因执业行为承担民事赔偿情况。对于各类生效判决，应当逐项披露生效判决名称、生效判决文号、承担民事赔偿金额、判决机关、判决事由、判决日期。

第七条　会计师事务所应当在官网首页等信息载体的醒目位置专门设立“从事证券服务业务年度信息披露”栏目，在该栏目下披露年度相关信息。未建设网站的会计师事务所应当通过其他公开信息渠道披露年度相关信息。会计师事务所应当在按照《会计师事务所从事证券服务业务备案管理办法》（财会〔2020〕11号）、《证券服务机构从事证券服务业务备案管理规定》（证监会工业和信息化部司法部财政部公告2020年第52号）完成证券服务业务年度备案后，按本规定于每年5月31日前披露上一年度相关信息（分所有关信息由总所一并披露，具体披露格式见附件）。相关信息自披露之日起应保留至少3年。

第八条　财政部、中国证监会每年6月30日前，在财政部、中国证监会网站以及注册会计师行业统一监管平台等公布会计师事务所有关信息。

第九条　会计师事务所应当指定专人做好信息披露工作。会计师事务所首席合伙人对本所信息披露工作负主体责任，分管合伙人负主管责任。

第十条　本规定由财政部、中国证监会负责解释。

第十一条　本规定自2023年7月1日起施行。

附：1. 会计师事务所基本信息

2. 会计师事务所上一年度证券服务业务信息

3. 会计师事务所及执业人员上一年度处理处罚及民事赔偿信息

案例评析

这是中国财政部和证监会制定的会计师事务所从事证券服务业务信息披露规定。标题由事项＋文种构成。全文采用条文贯通式，都用条款来阐述表达。第一条指出制定本规定的目的和依据，第二条说明适用范围，第三条至第九条指出具体要求和规定事项，第十条写明规定的解释权，第十一条为实施时间。例文符合规定的一般写法，构思周密，条款完整，语言简洁明晰。

案例二

××高校学生活动经费管理办法

第一章　总则

第一条　为了提高校级活动、学生活动的质量与效果，严格按照制定的活动计划有序、高效开展，学生活动达到有利于学生成长、促进学校发展的目的，确保各类活动经费的使用精准、合理，便于今后的活动效率化、规范化、制度化，特制定本办法。

第二章　经费管理原则

第二条　学生活动经费年度预算由学生工作处根据年度工作需要，同时汇总各职能部门及二级学院的需求，分管校领导审批通过后上报学校预算管理委员会后执行。学生活动经费实行项目管理，分为校级及校级以上活动、团委活动、二级学院活动、社会实践费用等，实行定额预算和审批专款专用相结合。

第三条　学生活动经费包括：军训费用、教导大队费用、迎新费用、运动会费用、校级学生活动费用、二级学院学生活动费用、体育及艺术类校内外竞赛费用（非学科类）、社会实践费用、各学生组织活动费用（含社团）、团委活动费用等相关工作发生的费用，涵盖各职能部门及二级学院。

第四条　“社会实践”相关费用从独立科目支出，不再占用校级活动费用。具体标准如下：前期考察调研费用单独向预算管理委员会报批追加，需提供相应的方案。每年 6 月 25 日前报暑期社会实践预算方案，每年 12 月 25 日前报寒假社会实践预算方案，方案项目包括工资、补助、交通、奖金、其他费用（含公关费用、聚餐费用、领导费用、活动费用、应急费用；不含事故赔偿类，事故赔偿类费用需单独向法务部申请）。

第五条　学生工作处在每年六月份根据上一年度经费使用和报账情况，对下一年度学生活动经费提出合理调整意见。调整意见经预算管理委员会审批通过后，按调整后的意见进行次年的预算申报。

第三章　经费使用原则

第六条　学生活动经费全年总预算按照 300 元 / 生标准执行。如有特殊事项需追加预算费用，须提交申请经过学校预算管理委员会审批通过。经费使用部门对预算标准内的学生活动经费需做出合理使用计划，应优先保证必做项目活动的质量，活动优先普及大范围学生，并确保学生活动有序组织开展、不突击使用经费、确保活动质量、宁缺毋滥。各项活动预算执行过程中需留存过程性佐证材料，例如：活动通知、策划案、活动过程中照片、新闻稿、活动总结、表彰文件等；活动结束后要以活动项目为单位进行归档。

第七条　物资申购按照学校招采中心的要求执行，经费申请单准确描述物资名称、合理估算物资单价、清楚表达需求说明。各使用经费部门不能自行购买报销，不能在学生活动物资申购中申购非活动物资。

第八条　学生活动奖项补助类费用不得超过此项活动经费的 10%，超出 10% 的特殊事项需说明原因申报学校预算管理委员会。活动奖品标准：校级大型活动单价 500 元内、校级普通活动单价 300 元内、院级活动单价 300 元内。

第九条　学生活动中如有劳务性支出的项目，如：需外出比赛的校级以上体育竞赛或校内有特殊劳务费支出需求，不得超过费用标准，并需说明具体原因，走事项审批程序，审核通过后方可执行。

第十条　校内专家讲座标准为讲师及以下 400 元 /（场 · 人）；副教授（含博士）600 元 /（场 · 人）；专家、博士生导师、教授 800 元 /（场 · 人）；校外知名专家学者 1000–5000 元 / 场，每场 2–4 小时，特殊情况需学校预算管理委员会特批。

第四章　经费使用程序

第十一条　经费使用部门根据学生活动开展需要，提前两周以上做好经费需求计划，申请单部门领导审核后，经学生工作处处长及主管学生工作的校领导审核后，再由学生工作处 / 二级学院申购员在 ERP 系统内提交，系统内审批通过后方可执行。

第十二条　学生活动经费中差旅费报销标准参照学校党政办发布的公务差旅最新管理办法要求执行；报销流程及材料要求按照《湖南涉外经济学院财务报销制度》执行。

第五章　经费监督原则

第十三条　各部门保证学生活动经费用于开展各项学生活动相关工作，任何部门或个人不得挪用、私借、截留克扣和弄虚作假等。对违规使用经费的部门或个人，可停止其经费报销。

本管理办法由学生工作处负责解释和修订。

××大学
学生工作处
2023 年 8 月 15 日

案例评析

这是某高校制订的学生经费管理办法。标题由工作单位＋事由＋文种构成。此文开篇第一条为总则，说明了制订本制度的依据。第二条至第十三条为分则，说明了学生活动经费管理原则、活动原则，明确规定具体工作中的各事项。第十二条和第十三条实际可为附则，说明了此制度的施行程序与方式、监督原则。行文条理清晰，语言概括精练，内容明确具体。

项目实训

1. 请找一篇公司章程进行评价和分析，一篇规范的公司章程中应主要写明哪些问题？

2. 请以“实验室管理员”的身份拟写一份有关实验室教室的使用须知。内容要求如下：保持实验室的干净整洁；课后请带好自己的文件及私人物品，关闭所有电器（请举例），关闭（锁好）实验室所有门窗；其他注意事项（内容自拟）；表示感谢；生效日期：2024 年 3 月 1 日。

思考与练习

1. 规章制度章条式正文应包括哪些内容？
2. 规章制度写作应注意哪些问题？
3. 规章制度具有哪些方面的作用？

第三篇

财经调研类文书

项目七 Chapter Seven 市场调查报告

学习要求

了解市场调查报告的含义和类型，理解市场调查报告的作用和特点，掌握市场调查的方法，市场调查报告撰写的结构、要求和注意事项并应用于写作实践。

通过市场调查及报告撰写，实践求真，提高开展市场调查、获取资料信息、分析研究市场情况、提出措施建议等解决现实问题的能力，具备诚信、务实的职业素养。

任务导入

如果需就“赢取智能手机市场的换机用户”这一主题撰写市场调查报告，你认为需完成哪些工作？

第一节　市场调查报告基本概述

一、市场调查报告的含义

市场调查报告是围绕某一主题、主要针对特定市场进行调查研究后形成的书面报告。市场调查报告以市场调查为基础，通过科学的方法并借助调查工具，对市场现状、市场发展趋势、市场供求关系、市场消费情况等问题进行深入调查和搜集，在获取调查资料的基础上进行深入、细致的分析研究，从而形成对决策者、参与者具有重要参考价值且具备一般规律性的科学结论。市场调查报告是基于市场调查，运用经济学和管理学相关方法，经过分析研究形成的，揭示了调查主题市场运行的变化规律与本质，能为市场经营主体、相关市场活动决策者和参与者制订计划措施提供有效的市场导向和决策依据。

二、市场调查报告的作用

当前，全球经济竞争格局加速演化，中国经济沿着高质量发展道路阔步前行，客观上进一步促进决策部门、市场主体加强对市场调查的重视。市场调查报告有助于相关部门、企业快速了解关注市场的真实状况，为企业经营活动的开展、增强市场竞争力发挥重要作用。

（一）有助于企业合理制定发展战略

市场调查报告可以反映市场真实情况，从不同角度和层面揭示特定市场环境中特定商品的供求关系等相关现状，提供关于市场趋势、市场需求、竞争态势等方面的详细信息，帮助企业把握特定市场环境中特定商品的供求关系等相关情况的动态和发展趋势，助力企业指导产品定位、新产品开发，制定营销策略，提升品牌形象，预测市场趋势，改进生产技术和管理水平，提高企业的竞争力和可持续发展能力，制定有效发展战略。

（二）有助于行业内外跟踪市场动态

市场调查报告可以促进行业内企业间的竞争与合作。通过了解行业趋势和竞争对手，以及行业市场的经营环境和供求关系，有助于行业内外部主体跟踪把握市场动态，并通过业内企业间的良性竞争与合作，实现共同发展，增强竞争力，促进行业健康发展。

（三）有助于管理部门制定决策

市场调查报告使用范围广泛，在领导机关指导工作、科学研究、新闻报道、机构报告等中都可应用。当前我国深化供给侧结构性改革，开展经常的、有目的的市场调查能有效改善市场经营管理，提高经济效益，并进一步认识经济规律，运用经济规律，按经济规律办事。市场调查报告为相关职能管理部门提供广泛的信息，如提供居民、消费者购买力状况，为主管部门改善供需关系、编制计划提供参考；如分析市场商品供应量与社会商品购买力，为职能部门稳定市场措施提供参考。市场调查报告提供的信息资料可以为管理部门了解市场情况，制定决策提供依据。

三、市场调查报告的特点

（一）针对性

市场调查报告具有明确的调查目的和针对性，是针对某一地区、某一商品或某个问题而写的，旨在解决特定的问题或满足特定的需求，从而为决策者提供有利有效的依据。具备针对性，才能体现市场调查报告的价值和指导意义。

（二）真实性

市场调查报告的信息来源必须是真实的。无论是调查对象的真实性，还是调查材料的真实性，调查报告中的数据和信息必须来源于客观、真实的市场调查和数据收集，能如实地、客观地反映市场真实情况。市场调查报告实事求是，就事说理，揭示主旨，写入报告中的所有材料准确无误，确凿可信，才能成为企业及相关部门了解市场变化并作出战略决策的依据。

（三）时效性

市场调查报告应能迅速反映市场新动态、新特点，或从全新视角发现新问题，并及时加以分析和研究。同时，市场调查报告不但要及时反映目前存在的问题，且要前瞻性地提出相应的对策、办法、措施等。因此，时效性是市场调查报告的重要特点。准确、及时的市场调查报告将有利于企业的发展，有利于决策的制定。

（四）实用性

市场调查报告的目的是为企业或相关部门决策提供依据，促进企业、市场发展，并且所涉及的调查对象、研究问题、搜集材料和得出的结论应具有代表意义，因此必须具有实用性。报告中的分析和建议应该具有可行性和可操作性，能够为实际决策提供帮助。

（五）科学性

市场调查报告是经过认真、深入、细致地分析研究，从调查得来的资料中总结出规律性的内容，做出简明扼要的分析，经过正确的判断，最后得出具有指导意义的正确结论。要求撰写者对调查所得的各种事实（材料）、现象做出简明扼要的分析和正确的判断，而非材料的堆砌和现象的罗列，确保市场调查报告的科学性。

四、市场调查报告的类型

市场调查报告涉及的内容广泛，形式多样，一般而言，常用的市场调查报告有：

（一）按服务对象不同的调查报告

1．市场需求者调查报告

通过对市场需求者即消费者的广泛调查，了解消费者的数量及分布的地区；了解消费者需求、消费习惯、消费心理；了解商品或服务的市场占有率及其走向。另外，还包括了解消费者家庭收入水平和实际购买力、潜在需求量及其购买意向、消费者对商品需求的变动等。通过充分了解相关信息，形成调查报告，从而准确把握未来生产的方向和规模，提高经济收益。

2．市场供给者调查报告

主要包括对市场供给情况的调查报告和对企业产品服务供给情况的调查报告。对市场供给情况的调查是大范围的调查。通过调查，了解特定产品或服务在市场上的供求关系、产品生产厂家或服务提供者有关情况、产品服务供给前景等。对企业供给情况的调查主要是针对企业的生产情况和销售情况、企业产品或服务的市场占有率，以及影响产品销售的主要因素、产品销售的渠道与构成等。通过调查，了解企业销售渠道畅通情况、供应链情况，提高供给效率，挖掘供给潜力，改善供给情况等。

（二）按主要内容不同的调查报告

1．关于市场情况的市场调查报告

内容相对单一但较为具体，主要针对调查对象的某一具体方面进行调查，虽然不一定是面面俱到地进行分析，但一般围绕某一主题开展深入细致的调查分析，从内容上能够反映市场的真实情况，从而为调查发起者、市场参与者以及相关部门决策提供依据。

2．总结经验问题型的市场调查报告

一般总结代表性企业的典型经验或存在的问题，通过往往充分列举问题或成绩，并从中分析概括成功的经验或失败的教训，为相关企业部门提供启发和参考。分析总结的经验通常具有一定的代表性，揭示存在的问题具有普遍性，所以能起到推动、指导工作的作用。特别是对当前新技术广泛应用、互联网经济出现的新形势、新趋势下企业了解市场、增强竞争力、推动自身发展具有普遍指导意义，并将典型经验进一步总结推广。

3．揭示市场问题的市场调查报告

主要是针对市场发展变化中存在的问题进行周密调查，查清事实，揭示问题，可以为

职能部门解决市场存在的问题提供资料，可以引起有关方面对市场的重视，从而促进市场健康发展，为市场主体提供良好的竞争环境。

4. 研究探索市场政策的市场调查报告

针对市场经营、管理、执行政策中需要探讨、研究的问题，开展调查研究而形成的市场调查报告，可以为相关方提供决策参考。

此外，市场调查报告依照不同的维度进行分类，还有多种类型。按调查范围不同，可分为全国性市场调查报告、区域性市场调查报告和国际性市场调查报告；按调查频率不同，可分为经常性市场调查报告、定期性市场调查报告和临时性市场调查报告；按调查市场不同，可分为商品市场调查报告、房地产市场调查报告、金融市场调查报告、投资市场调查报告等；按报告形式不同，可分为综合性报告、专题性报告、研究性报告和技术性报告等；按发起者企业需要不同，有市场供求的调查报告、市场销售的调查报告、市场竞争的调查报告等；按层面范围不同，可分为宏观报告和微观报告等。不同类型的市场调查报告有不同的应用场景和目的，可根据实际需要选择合适的类型开展市场调查。

第二节　市场调查报告写作要求

一、市场调查的方法

市场调查的方法较为多样，且各有所长。在市场调查实践中，可以根据调查目标、调查对象、调查环境的不同，灵活选择一种或者多种调查方法结合使用。

（一）访问调查法

访问调查法即调查者根据调查的项目与目的，有计划地与被访问者直接或间接地交谈从而获取相关信息的方法。通过与被调查者进行直接交流，收集翔实、客观的数据，为市场分析提供有力支撑。该方法是直接感知社会、了解市场的基本方法之一，包括一次性访问与跟踪式访问、直接访问与间接访问、个别访问与集体访问、一般访问与典型访问、程序式访问与非程序式访问等。其优点是灵活，可根据调查目的和需求，针对不同类型的人员进行访谈，从而获取更为丰富和多元的信息，并且获取信息的成功率较高。同时，通过访问调查，调查人员能够直接观察被调查者的反应和行为，有助于更准确地把握市场动态。在访问调查过程中，调查者须保持专业、客观的态度，确保数据的真实性和可靠性。此外，访问调查法也有助于深入了解市场现象，挖掘潜在的市场机会。

（二）问卷调查法

问卷调查法是通过精心设计的问卷来收集目标群体的意见、态度和行为数据，具有全面性、客观性和数据化的特点，为调查者提供数据基础。问卷内容的制定需基于前期充分的文献回顾和理论构建，以确保问题具有代表性和针对性。此外，为保证调查结果的真实性和准确性，还需对问卷发放的各个环节进行细致规划。数据分析是问卷调查的关键环节。通过定量分析方法，可以对收集到的数据进行系统化、规范化的处理，为调查者提供数据支持。该方法不受时间场合限制，匿名性强，便于量化分析，尤其适合较大规模的市场调查。

（三）实验法

实验法是在既定条件下，通过实验对比，对市场现象中某些变量之间的因果关系及其发展变化过程加以观察分析的一种调查方法。这种方法将自然科学中的实验求证理论移植到市场调查中，通过实际验证和调查分析来获得市场资料。在市场调查中，实验法主要用于分析验证。市场调查人员通过改变或控制一个或几个变量，然后观察其他变量是否会随之发生变化，来确定变量之间的相互关系。实验法的应用范围非常广，如某一种商品需改变包装、设计、价格和广告策略时都可应用。实验调查法的优点在于通过实际操作和实地观察来获得市场数据，可以较为准确地推断出因果关系。此外，还可以通过控制实验条件来减少外部因素的影响，提高数据的可靠性和准确性。实验法也存在一定局限性，例如实验条件不易控制，实验结果可能与实际情况存在偏差等。因此，在进行市场调查时，需要根据具体情况选择合适的调查方法，包括实验法在内的各种方法都有其适用的场景和限制，只有综合运用才能获得更准确的结果。

（四）观察法

观察法主要针对特定的市场现象或问题，选取有代表性的对象进行重点观察和深入研究，从而得出准确深入结论的一种方法。通常需要选取具有代表性的样本，例如在市场调查中，选取销售额较高的商店或消费者群体进行重点观察，以了解其销售或消费行为的特性和趋势。在观察过程中，借助各种工具和手段，如记录表、摄影、录音等，以获取更为准确和客观的数据和信息。其优点在于能够深入了解特定对象的行为和特点，获取更为准确和可靠的数据和信息，同时还可以通过观察和比较不同对象之间的差异，得出更为全面和客观的结论。此外，观察法也存在一些局限性，例如样本选取的代表性不够强、观察者的主观偏见等，因此在使用时需要注意方法的适用范围和限制。

（五）统计分析法

统计分析法是通过对大量的数据和信息进行统计和分析的调查方法。统计分析法的方法和工具很多，例如频数分析、描述分析、IPA 分析等。频数分析主要用于统计分析样本基本信息和统计比例。例如，可以统计消费者的基本信息、对产品的基本态度以及是否愿意购买产品等。通过频数分析，可以深入了解数据的分布情况，从而为后续的数据解读提供基础。描述分析适用于分析对比定量数据。例如，可以对比各维度的均值，了解在哪些方面得分较高，哪些方面得分较低，从而找出优势项或短板项。这有助于制定出有针对性的改善方案，并可用于分析产品满意度、用户需求等。IPA 分析主要是将消费者对产品或服务的满意度和重要性评估进行比较的分析方法。通过 IPA 分析，可以明确产品或服务的优势和劣势以及需要优先改进的方面。其优点在于可以对大量数据进行系统化和结构化的处理，通过数据和信息的分析得出更为准确和可靠的结论和建议。同时，统计分析法还可以通过各种图表和图形来直观地展示数据和结果。然而，统计分析法也存在一些局限性，例如对于非数值型数据难以处理、对于某些特定类型的数据关联性分析不够准确等，因此在使用时需要注意方法的适用范围和限制。有效地使用统计分析法，有助于市场主体了解市场现象或问题的本质和规律，为决策提供科学依据。

（六）在线社交媒体分析法

在线社交媒体分析主要通过对社交媒体平台上的内容、用户行为和互动关系进行分析，以得出有关市场现象或问题的结论和建议。例如，可以通过分析社交媒体平台上的讨论、评论和互动，了解消费者对产品和品牌的真实看法和态度；可以通过分析社交媒体用户之间的互动关系和传播路径，了解用户之间的联系和影响力，从而找到潜在的市场影响者和意见领袖；还可以通过分析社交媒体上的广告和推广活动，了解广告投放的效果和用户反馈。其优点在于可以对大量数据进行系统化和结构化的处理，通过数据和信息的分析得出更为准确和可靠的结论和建议。同时，在线社交媒体分析还可以通过各种图表和图形来直观地展示数据和结果，使得报告更加易于理解和接受。此外，社交媒体平台上的数据可以实时更新，使得在线社交媒体分析可以及时地反映市场现象或问题的最新变化。然而，在线社交媒体分析也存在一些局限性，例如数据的真实性和可靠性难以保证、非公开数据难以获取等，因此在使用时需要注意方法的适用范围。

二、市场调查报告的基本结构

严格意义而言，市场调查报告没有固定不变的撰写结构。不同的市场调查报告所采用的结构不同主要是由于调查目的、内容、结果以及主要用途不同。一般而言，市场调查报告的结构通常都包括标题、导言、正文、结尾四部分。

（一）标题

市场调查报告的标题必须准确表达市场调查报告的主题思想，简单明了、高度概括、题文相符。标题根据确定的调查目标、内容和范围命题确定。常见的标题形式包括：报告标题直接点明中心内容与主题，如《202× 年中国身体防护用品行业市场调查报告》《202× 年中国智能手机行业市场需求调查报告》；正副标题结合的标题，如《聚焦新兴市场——关于电动汽车市场发展的调查报告》《塑造健康生活方式——消费者对健康食品态度的市场调查报告》。无论何种形式的标题，均应力求确切、醒目、简洁。

（二）导言

市场调查报告的导言部分，即前言、导语，一般应说明市场调查的目的和意义，介绍市场调查工作的基本概况，如市场调查的时间、地点、内容和对象以及采用的调查方法等，有时也可简要写明调查对象的背景或直接将调查结果作为开头以突出调查的核心内容。写作语言需简明扼要，紧扣调查目的和指导思想，总述调查概貌，概括基本情况等，要提纲挈领，统领全文，揭示主旨，力求言简意赅。

（三）正文

正文是市场调查报告的主体部分，体现了全文的中心观点，要求能够客观、全面地阐述市场调查所获得的材料、数据，并用以说明有关问题从而得出结论。这部分应注意结合宏观经济形势、行业发展动态以及国家和地方政策展开分析。撰写者应本着实事求是的精神，如实地体现调查对象的现状并加以合理分析，以期得到有价值的信息，对未来的工作进行指导，同时可辅以表格、图形、图表等工具强化数据表现形式，确保调查结果专业准确。常见的市场调查一般包括客观情况说明、未来走势预测、存在的问题及其对策建议等。客观情况说明通常采用叙述或说明的方法，将调查情况真实地表述清楚。这部分内容较多，可以按问题的性质归类，以小标题形式进行有条理的表述；也可以按时间、地点等顺序进行表述。对未来走势预测部分主要是通过对调查资料的分析和研究，预测市场发展变化的趋势。这部分内容主要运用议论的方式和结论性的语言加以表述。存在的问题部分主要是通过对发展现状的分析，揭示当前发展中存在的各种问题，一般应分小标题列明。相关的对策建议部分主要是针对上述发展中存在的问题，有针对性地提出改进的建议，指出应采取的措施。

由于正文部分篇幅较长、内容较多，要注意梳理逻辑体系，力求条理清楚、重点突出。正文部分的结构通常采用的有纵式、横式和纵横结合式等。

第一，纵式结构法。这种方法主要有依照序列和分层展开两种方式。依照序列是指以时间发展为序，或依照事情发展的阶段，或者依照一定的逻辑顺序来安排文章的结构。其特点是脉络清晰、叙述连贯，利于读者了解前因后果，揭示事件的市场调查报告多用此法。分层展开式则按照文章内容的逻辑逐层铺陈，通常包括陈述事实、情况分析、调查结论三个层次。其特点就是层次清楚，重点突出，方便读者把握整体。这三层内容的展开不能平均用墨，要根据调查的目的，有所侧重。此法适用于专题市场调查报告。

第二，横式结构法。这是一种以纲代目、纲举目张式的结构，通常将主要事实按照性质的不同、类别的不同进行分类，采用夹叙夹议的写法，以观点为纲目，带动具体材料的陈述。每个观点之间都是并列关系。特点是条理清晰，泾渭分明。经验式的市场调查报告多采用这种写法。

第三，纵横结构法。这种方法有的为横式结构，而并列的每个部分则向纵深的方向发展；或者总体为纵式结构，每个连贯的层次则分别向横的方向展开。这种纵中有横、横中有纵的结构具有概括力大、综合性强的特点，适用于揭露问题的市场调查报告、情况复杂或者内容丰富的大型市场调查报告。

（四）结尾

市场调查报告的结尾是调查报告的结束语，也是市场调查报告结论的概括。可以结合前文叙议做一个自然收尾，也可拔高至理论高度阐述重要意义，但都应遵循实事求是的原则，形成有理有据、简洁有力的结论。结尾的方式较为灵活，如果前文部分已经表述完整，可以不体现；也可进一步深化中心思想，凝练高度；也可明确列出结论和建议等。总体要求是高度概括、深化主题、首尾呼应。

此外，部分调查报告在结尾处附有附录，附录内容一般是相关调查数据的统计图表、相关材料出处、参考文献等。

三、市场调查报告撰写基本要求

（一）选题目标明确

选择调查题目时一定要明确目标。明确的调查目标是市场调查有效开展的前提，是形成有价值的、可以指导市场和企业发展的调查报告的基础。当前市场快速演变，随着技术的发展和供应模式的成熟，产品的更新周期越来越短，消费者的消费节奏也越来越快。因此，调查者需具备敏锐的经济感觉，有针对性地去调查、分析，明确调查目标，及时确定调查步骤，完成市场调查和调查报告的撰写。

（二）内容注重时效，分析具有深度

市场调查报告的针对性、时效性特点决定了撰写者在内容上必须注重实效，分析具有深度。注重时效，强调的是调查要反映新情况、新问题，尤其是当前信息化时代技术更新

快，互联网思维已体现在各行各业，需对国际国内经济发展大的趋势、行业发展趋势、技术进步状况、国家及地方政府对相关产业发展的方针政策等因素进行准确把握和分析。在此背景下，调查的内容和问题要反映市场所需、市场和企业的困点难点，从而赢得市场竞争优势，为决策者提供准确依据。

分析具有深度强调的是反映的问题要有一定深度，对问题剖析透彻。关键是把握问题的主要矛盾，分析有理有据，措施建议精准指向问题，体现使用价值和社会效益，具有创新意义。

（三）材料与观点统一，逻辑清晰

优秀的市场调查报告一定具备丰富的材料和明确的观点，观点统率材料，材料论证观点。真伪不辨、主次不分、观点不明的材料罗列，脱离材料的空洞论述，都是无效的信息传递和表达，撰写市场调查报告需避免。务必要做到材料与观点统一，逻辑清晰，实现材料与观点的有机结合，从大量的实际材料中概括、归纳、提炼正确的观点。

（四）结构严密，语言精练

撰写市场调查报告是市场调查最后阶段的关键工作。将综合市场调查中所获得的所有相关信息，进行专业的分析和研究，提出结论性的意见和建议。由于市场调查所获得的信息较多，因此需要合理安排市场调查报告的结构，确保结构严密，能准确反映市场调查报告的思路和内容阐述体系，这也是市场调查整个过程成功的关键所在。市场调查报告的语言表达以叙述、说明、议论为主，确保表述简明扼要、语句精练。

四、市场调查报告撰写注意事项

撰写市场调查报告时，应注意以下事项。

实事求是。撰写市场调查报告需客观介绍市场状况，真实反映市场中存在的问题，避免主观偏见，确保结果的客观性。

叙议结合。叙是讲情况，议是分析原因、摆明观点。市场调查报告应叙议结合，既强调用事实说话，又保证结论来自对情况的深入分析。

使用数据得当。市场调查报告撰写以调查资料为依据，而数据资料尤为重要。数据资料具有很强的概括力和表现力，用数据说明事实的真相往往比长篇大论更能使人信服。但市场调查报告撰写中运用数据要得当。数据资料过少不能说明问题，使调查报告空洞无物；过多地堆砌数据又太烦琐，反而使人眼花缭乱，不得要领。

分析准确充分、突出重点。市场调查报告撰写中容易出现分析解释不充分、不准确的问题。调查所得的资料数据是市场调查报告的重要组成部分，但是必须对这些资料数据做充分、准确的解释分析。

文字通俗易懂。市场调查报告应当通俗易懂，使读者能够很容易理解报告的内容。应适当减少过于专业的技术细节方面的介绍或讨论，因为读者对专业技术问题未必了解。为了增加报告内容的易读性，增强报告的明了程度和效果，还可恰当运用图表作为辅助表达方式，通过直观可视的图表帮助读者理解。

第三节　典型案例及评析

案　例

宁乡生猪产业发展情况调查报告

近年来，全市高度重视生猪生产发展，政策扶持力度不断加大，生猪产业迎来前所未有的发展机遇。宁乡作为生猪养殖大县，以“一县一特”产业为引领，深入挖掘宁乡花猪文化内涵，广泛构建营销网络，有效延伸产业链条，力促产业转型升级，宁乡生猪产业朝着“百亿产业、富民产业、品牌产业”的发展目标阔步迈进。为了解宁乡市“一县一特”生猪产业发展现状，探索生猪产业提质提档方向，提升优势特色产业的层次水平和市场竞争力，特开展宁乡生猪产业发展调查研究。

一、调查对象及内容

本次调查主要以生猪养殖单位进行产业分析研究。生猪养殖单位以宁乡市生猪养殖场单位名单为总体，选取部分企业进行抽样调查，总计入户调查22个乡镇266户，调查内容主要包括生猪养殖单位资金成本、收益情况、信息化建设投资、当前存在的困难以及对生猪产业发展的意见建议。

二、生猪产业链及经营模式分析

（一）生猪产业链情况

生猪行业产业链较长，从饲料供应到育种养殖环节，再通过屠宰加工由活猪变成猪肉及猪肉制品，最后通过零售进入消费市场。目前，生猪产业链上游主要为猪饲料行业、猪育种行业和猪疫苗行业。饲料行业在产业链中占据重要的地位，对生猪价格波动的影响大。产业链的下游则是生猪屠宰、深加工及销售行业。目前，市场上的猪肉销售以冷鲜猪肉为主，大多数肉制品为初加工产品，精深加工产品相对较少。

（二）生猪养殖经营模式

生猪养殖模式一般分为散养模式、松散型“公司＋农户”、紧密型“公司＋农户”以及公司自繁自养四种。小型养殖企业偏向于散养或松散型“公司＋农户”模式，而大型养殖集团一般采用的模式是“公司＋农户”和自繁自养式。“公司＋农户”是指需要农户代养，农户和公司签订分工合作协议，农户作为生猪养殖产业链条的一环，比如说公司养仔猪交给农户育肥。自繁自养是指公司建设养殖基地进行规模一体化养殖，饲养母猪繁育仔猪，然后将仔猪饲养成肥猪出栏。目前生猪规模一体化养殖已成为一个明显的行业发展趋势。

三、生猪生产经营分析

（一）生猪养殖基本情况

1．花猪养殖占比偏低。87.7%的养殖户饲养的生猪品种为白猪，仅21.8%的养殖户饲养宁乡花猪。宁乡花猪作为“四大名猪”之一，因其独特的种质资源特性备受市场青睐。宁乡花猪在市场上基本处于供不应求的状态。

2．养殖集中度不高。因受疫情和猪肉价格市场波动影响，接近半数的生猪养殖单位目前的生猪存栏量为100头以下，500头以上存栏量的养殖单位占比15.0%。各生猪养殖单位2020年出栏育肥猪数量以101~500头规模为主，占比为51.4%，出栏量500头以上的养殖单位占比30.9%。

3．以自繁自育为主。94.6%的仔猪都是通过自繁自育实现的，仅10.9%的养殖户通过购买增加仔猪规模。自繁自育的方式能够打通从育种到出栏整个养殖环节，可降低购买仔猪的成本，增加养殖收益，减少与外来猪的接触，保证猪场稳定生产。

4．饲料以购买为主。92.8%的受访养殖户采购饲料的主要途径是到饲料厂购买，有22.7%的养殖户通过自行配置的方式制作饲料。

（二）生猪养殖投入成本分析

1．从固定资产投入来看，生猪养殖单位固定资产投资费用在51万—100万元的占30.5%，在101万—500万元的占36.8%，在500万元以上的占9.1%。新建栏舍是生猪养殖单位固定资产投资的重要组成部分。在新建栏舍的42家养殖单位中，投资费用在1万元到50万元四个区间占比较为均匀，50万元以上的占比21.4%。

2．从购买生猪养殖设备（包括风机、水帘、产床、饲喂系统）费用来看，各养殖单位的设备购置花费大多位于1万—30万元，仅11.4%的养殖户设备投入在30万以上。55.5%的生猪养殖单位对风机设备投入费用为养殖设备总费用的10.0%—30.0%；75.9%的养殖户对水帘设备投入费用为养殖设备总费用的10.0%以下；产床费用在养殖设备成本中占比最大，60.0%以上的养殖户在产床投入费用占比总设备费用的30.0%—70.0%；43.6%的养殖户在饲喂系统投入费用占总设备费用的10.0%以下。

3．从猪场维护费用来看，2020年各养殖单位全年猪场维护费用位于1万—5万元占比60.9%，5万—30万元的占比23.6%；30万元以上的占比5.5%。粪污处理费方面，71.8%的受访养殖户在2020年度没有产生该项花费，产生粪污处理费的花费基本在猪场总维护费的10.0%左右。死亡猪处理费方面，有94.5%的受访养殖户无此项支出，产生此费用的花费在猪场总维护费的10.0%以内。道路维护费方面，有83.2%的养殖户无此费用支出；产生此费用的养殖户中，74.7%的养殖户花费在猪场总维护费的10.0%以下。由于养殖设备折旧和损耗成本较高，因此设备维护费在猪场维护费用中占比较高，48.8%的养殖户在设备维护的花费达到了猪场总维护费的50.0%以上。栏舍改造费方面，43.7%的养殖户改造花费占猪场总维护费在10%—30%，31.9%的养殖户改造花费占猪场总维护费在30%—50%。

4．从全年饲喂成本来看，49.1%的生猪养殖单位2020年猪场饲喂成本位于50万—500万元之间，500万元以上的占比6.8%。饲料费用在全年饲喂成本中占比最大，93.4%的养殖户在饲料成本的花费占全年饲喂成本比达到了70.0%以上，其余保健药品、消毒剂、生物防控以及检测成本均在总饲喂成本的5.0%以下。

5．从配种、繁育等配套支出成本来看，2020年生猪养殖单位配种、繁育配套支出费用根据其生产规模和实际情况各有所侧重，28.2%的养殖户配种、繁育成本为10万—30万元；20.5%的养殖户配种、繁育成本为5万—10万元；38.6%的养殖户配种、繁育成本在5万元以下。

6．从其他成本来看，人工支出和水电费在其他成本中占比较大，其中80.0%以上的生猪养殖单位在2020年人工支出成本在5万元以上，60.0%以上的生猪养殖单位在2020年水电费支出在1万元以上，其他成本投入在2020年均低于5000元。

综合以上分析，固定资产投入和饲养成本是生猪养殖单位成本费用的最大投入项。受访生猪养殖单位在2020年每头出栏肉猪的饲养成本（包含饲料、兽用药、疫苗）主要在1500—2500元，其中50.7%的养殖户每头出栏肉猪的饲养成本在1500—2000元，40.3%的养殖户每头出栏肉猪的饲养成本在2000元以上。

（三）生猪养殖单位经营情况

1．销售渠道方面。95.5%的生猪养殖单位销售渠道主要是商贩收购，合格的育肥猪出栏也是收购企业上门拉货；自己屠宰进行销售的，通过第三方物流进行商品配送。

2．经营信心方面。77.2%的生猪养殖单位表示在未来会维持现状，14.6%的养殖户则表示会扩大生产。整体来看，生猪养殖单位对于该行业比较乐观。

3．信息化建设方面。91.8%的养殖户已经实现质量安全信息追溯系统的全覆盖；但在进场、待宰、检疫检验、无害处理、产品出场等关键环节的视频监控系统以及生猪屠宰过程台账记录信息系统都较落后，信息化建设率不足10.0%。整体看来，生猪养殖单位的信息化建设还存在诸多不足。

4．经营困难方面。主要经营问题是：防疫技术缺乏支持加大生猪死亡风险，使得养猪单位成本增高。其次，对市场供需信息掌握不足，猪价市场波动直接影响生猪养殖单位的盈利水平和经营信心。规模化生猪养殖需要投入大量的资金，54.1%的养殖户面临资金匮乏的压力。

5．政策支持和帮助需求方面。62.7%的生猪养殖单位希望政府能够提供贷款贴息等金融支持，46.4%的生猪养殖单位希望能够得到专业技术指导。

四、生猪产业发展存在的问题

（一）养殖技术不强

猪场管理者以夫妻俩或亲戚协助为主，对生猪饲养管理技术缺乏系统的、全面的掌握。部分中小型养猪场选址不合理、设计布局不科学、制度不健全、管理不到位、防疫条件及环保要求不达标。有的养猪场在猪发生疫病前，未主动进行疫苗接种。有的猪场主动接种疫苗，但存在接种的疫苗种类少、剂量不足、程序操作不规范等问题。

（二）生猪销售渠道单一

调查养殖户中仅15.0%的生猪养殖单位参与养猪合作经济组织，3.6%的生猪养殖单位与生猪屠宰企业签订生产或销售合同。生猪养殖单位一般通过商贩直接收购或中间商收购。销售模式的不完善造成了养殖户在整个商品猪的销售环节基本处于被动地位。

（三）价格波动幅度大

各生猪养殖单位的成本费用较高，饲料费在诸多成本费用中占比达到了70.0%以上，且2020年以来国内玉米价格节节走高、豆粕价格震荡上行。除此之外，预混料、仔猪全价料和兽药等价格都持续上涨，养殖饲养成本大幅上涨。同时，仔猪的价格也随着商品猪的收购价浮动。当商品猪价格持续下降时，仔猪就成了烫手山芋；当商品猪价格上涨时，仔猪则被一抢而空。高昂的养殖成本背后隐藏的是养殖户无法预测生猪市场价格的另一个拐点。

（四）信息化建设不足

在市委、市政府的高度重视下，宁乡生猪养殖产能恢复和转型升级高效推进，在稳定“肉篮子”供应的同时，现代养殖水平全面提升。然而在养殖场的信息化建设能力方面，大部分中小规模生猪养殖企业的信息化建设存在不足。访谈中发现，生猪养殖户的经营者虽然能意识到信息化手段的重要性，但由于缺乏引导，尚未开展信息化手段进行猪场管理，难以实现精细化管理，导致生产成本居高不下，生产效益较低。

五、产业发展提升建议

（一）打造生猪产业链条

要着力打造集育种、饲料、养殖、屠宰、肉制品深加工、冷链物流等为一体的生猪全产业链，提高生猪产业附加值，实现政府、企业、农户共赢的目标。构建生猪全产业链要从源头上解决良种繁育、种猪短缺问题。宁乡各生猪养殖单位要充分利用本地区的特色花猪品种，采取“特色花猪＋标准化养殖场代养”模式。积极探索产业园实施主体和养殖户之间的产业融合与链条延伸增值收益分配模式，加快中小养殖户提档升级。通过加大补贴、贷款、保险等政策支持散户养殖。加快改造标准化规模养猪场。运用“互联网＋”，优化购买渠道及用户体验，拉动花猪销售。

（二）大力推广标准化养殖

加速推进宁乡不同规模的生猪养殖单位生猪良种化、养殖设施化、生产规范化、防疫制度化、粪污无害化。加快智能防疫、猪舍环境控制、高效养殖工艺、数字化管理、智能化装备等设备与技术集成示范，强化政策引导，鼓励和扶持“公司＋家庭农场”等产业模式。提升规模养殖场设施水平，实施规模养殖场精细化管理。运用先进的环保技术，严格规范地推进科技治污，做好无害化处理。在规模养殖上做示范，通过多种形式来积极推进养殖标准化示范场的物流链、产业链建设，促进产销衔接。在市场运作上做示范，建立“政府主导打造、社会资本参与、市场化运作”的运营服务模式，探索产业发展新路子，把宁乡花猪产业做大做强。

（三）控制生猪养殖成本

使用糙米、小麦、高粱、大麦、木薯等替代玉米，使用杂粕替代豆粕，通过原料替代优化措施，每吨饲料成本可降低100元以上。在饲喂管理上，做好料槽管理，减少生长育肥期每种料型损耗和饲料浪费。推广阶段饲喂，根据生猪不同生长发育阶段，选择相应的饲料日粮，专业育肥场（户）可采用精细阶段饲喂。各养殖户在自繁自养的过程中，要注重环境卫生和防疫方面的考虑，通过建设相关卫生配套设施和防疫检测减少经济损失，实现肉类产品直接与消费者对接。

（四）做好生产整体规划

一般情况下，生猪养殖现金成本占总成本的70.0％左右，现金流管理十分关键，养殖单位融资、借款在猪价不稳定的时候就越加困难。要维持猪场正常生产经营，养殖单位应科学管控生产过程中的现金成本。生产者应密切关注行情变化，制订损益表，科学规划生产。一旦商品猪销售收入低于现金成本，就应当考虑适度控制规模、减少投入，全方位节省现金支出。如果预期价格持续低于现金成本，可适当降低育肥猪出栏体重和母猪配种量，最大限度减少现金支出，同时还要多渠道争取金融政策支持，保障持续经营。养殖单位应积极与上下游产业建立紧密的合作关系，确保饲料供得上、生产能维持、肥猪销得出。

（五）加强防疫体系建设

养殖单位要时刻抓好防疫，降低生猪死亡率。对于非洲猪瘟这类尚无有效疫苗的猪病，要通过构建完善的生物安全体系和环境净化措施来预防。一方面，养殖单位要做好场区的隔离封闭和环境卫生；另一方面做好猪群健康排查和采样检测，发现疾病风险及时处置。政府应加快市级非洲猪瘟检测实验室建设，尽快具备PCR能力；可推广“公司＋乡镇站”联合监测模式，为本地区生猪养殖户开展非洲猪瘟PCR检测服务，为科学养殖提供技术支持。对于已有疫苗的猪病，要在做好生物净化的前提下，根据养殖场实际和免疫要求，做好免疫接种。通过综合饲养管理水平的提升，提高猪群自身免疫力与成活率，提高猪群整体效率。

编者注：部分内容有删减。

案例评析

本调查报告标题为“宁乡生猪产业发展情况调查报告”，标题言简意赅，主题明确。报告导言即起始部分简明扼要阐述了调查背景和调查目的，从而引出调查报告的正文部分。报告正文共分为五个部分，具体包括：第一，调查对象及内容，说明了调查方法及调查样本数量；第二部分为生猪产业链及经营模式分析，对宁乡生猪产业链及养殖经营模式进行了客观阐述；第三部分为生猪生产经营模式，通过生猪养殖基本情况、投入成本、养殖单位经营情况等三个部分进行分析，采取叙议结合的方式，以数据说明事实；第四部分主要分析宁乡生猪产业发展存在的问题，结合宁乡生猪养殖及经营模式现状，梳理问题并分析其原因；第五部分为生猪产业发展提升建议。报告整体主要内容目标明确、结构严密、逻辑清晰、资料翔实、论据有力，从现状，到问题，再到建议，阐述思路层层递进。虽然没有单列结尾，但最后部分具有针对性的建议呼应导言，形成内容体系闭环。

报告内容实事求是，通过叙议结合，使用数据得当，分析重点突出，文字通俗易懂，读者能从报告中获取关于宁乡生猪产业发展的具体情况。报告能为产业相关人员提供参考，为决策者制定决策提供准确依据。

项目实训

1. 请围绕如何“赢取智能手机市场的换机用户”这一主题撰写市场调查报告。
2. 请选择家乡的某一特色农产品或代表性工业产品，开展市场调查并撰写市场调查报告。

思考与练习

1. 市场调查报告的主要结构一般包括哪些部分？并说明每个部分的要点。
2. 如何才能实事求是地完成一份市场调查报告？
3. 请结合自己撰写的市场调查报告分析你对于市场调查报告特点的认识。

项目八 可行性研究报告

Chapter Eight

学习要求

了解可行性研究报告的含义和类型，理解可行性研究报告的作用和特点，掌握可行性研究报告撰写的内容、要求和注意事项，并应用于写作实践。

通过撰写可行性研究报告，使得学生调查海内外市场、政府政策等一系列相关因素，提升学生全面客观分析问题的能力。

任务导入

如果需就“学校能否新建实验实训大楼”这一主题撰写可行性研究报告，你认为需完成哪些工作？

第一节　可行性研究报告基本概述

一、可行性研究报告的含义

可行性研究报告是从事一种经济活动（投资）之前，双方要从经济、技术、生产、供销直到社会各种环境、法律等各种因素进行具体调查、研究、分析，确定有利和不利的因素、项目是否可行，估计成功率高低、经济效益和社会效果程度，为决策者和主管机关审批的上报文件。

二、可行性研究报告的作用

（一）为投资决策提供依据

进行可行性研究是投资者在投资前期的重要工作，投资者需要委托有资质的、有信誉的投资咨询机构，在充分调研和分析论证的基础上，编制可行性研究报告，并以可行性研究的结论作为其投资决策的主要依据。《国务院关于投资体制改革的决定》颁布以后，取消了企业投资项目编制可行性研究报告的要求，只规定投资者提交项目申请报告。实际上，这只是审批体制的变化，并不等于投资者不需要编制可行性研究报告。无论从理论上讲，还是从国内外的实践经验上讲，在拟建项目之前，投资者都应该进行可行性研究，为自己的投资决策把关。

（二）为筹措资金提供依据

筹措资金，寻找合作者投入资金和申请金融机构贷款，往往需要编制可行性研究报告。如到国外去招商，在向外商提供项目资料时，可行性研究报告是主要的资料之一。外商会根据项目的可行性研究报告，与国内的投资者签订合作意向书。对于申请金融机构贷款，无论是国外的金融机构，还是国内的金融机构，其在受理项目贷款申请时，首先要求申请者提供可行性研究报告，然后对其进行全面、细致的审查和分析论证，并在此基础上编制项目评估报告。评估报告的结论是银行确定贷款与否的重要依据。世界银行等国际金融机构也都将提交可行性研究报告作为申请贷款的先决条件。

（三）为商务谈判和签订有关合同或协议提供依据

有些项目可能需要引进技术和进口设备，如与外商谈判时要以可行性研究报告的有关内容（如设备选型、生产能力、技术先进程度等）为依据。有时，外商往往会要求，在项目的可行性研究报告被批准之后才签约。在项目实施与投入运行之后，需要供电、供水、供气、通信和原材料等单位或部门的协作。因此，要根据可行性研究报告的有关内容与这些单位或部门签订有关协议或合同。

三、可行性研究报告的特点

（一）科学性

可行性研究报告作为研究的书面形式，反映的是对项目的分析、评判，这种分析和评判应该是建立在客观基础上的科学结论，所以科学性是可行性研究报告的第一特点。某地地铁在规划时，简单依据公安局的户籍人口数据，设计的地铁运能与实际流量完全不符，造成严重失误。这就是缺乏科学性的教训。可行性研究报告的科学性首先体现在可行性研究的过程中，即整个过程的每一步都力求客观全面。其次，科学性体现在分析中，即用正确的理论和依据相关政策来研究问题。最后是体现在对可行性研究报告的审批过程中，这种审批过程，对科学的决策起到了重要的保证作用。

（二）详备性

可行性研究报告的内容越详备越好。如果是关于一个项目的报告，一般来说，应从它的自主创新、环境条件、市场前景、资金状况、原材料供应、技术工艺、生产规模、员工素质等诸多方面，进行必要性、适应性、可靠性、先进性等多角度的研究，将每一种数据展现出来，进行比较、甄别、权衡、评价。只有详尽完备地研究论证之后，其“可行性”或“不可行性”才能显现，并获得批准通过。

（三）程序性

可行性研究报告是决策的基础。为保证决策的科学正确，一定要有可行性研究这么一个过程，最后的获批也一定要经过相关的法定程序。在写作上，有些需要加上封面，按照不同的内容性质而分章分节地逐一说明。这些程序性的要求和处理手法，是可行性研究报告的一大特色。

四、可行性研究报告的类型

可行性研究报告可以细分为以下七种类型。

第一种是用于报送各级发改委立项、核准或备案的可行性研究报告。此类可研报告是根据《中华人民共和国行政许可法》和《国务院对确需保留的行政审批项目设定行政许可的决定》而编写，是大型基础设施项目立项的基础文件。发改委根据可研报告进行核准、备案或批复，决定某个项目是否实施。

第二种是用于银行贷款的可行性研究报告。商业银行在贷款前进行风险评估时，需要项目方出具详细的可行性研究报告。对于国家开发银行等国内银行，若该报告由甲级资格单位出具，通常不需要再组织专家评审。部分银行的贷款可行性研究报告不需要资格，但要求融资方案合理，分析正确，信息全面。另外在申请国家的相关政策支持资金、工商注册时往往也需要编写可研报告。该文件类似用于银行贷款的可行性研究报告。

第三种是用于融资、对外招商合作的可行性研究报告。这类研究报告通常要求市场分析准确、投资方案合理，并提供竞争分析、营销计划、管理方案、技术研发等实际运作方案。

第四种是用于申请国家政策资金或政府补贴的可行性研究报告。一般来说此类可研报告主要用于申请国家发展和改革委员会、科技部、农业农村部、财政部等国家部委的专项。这类可行性报告通常需要出具国家发改委颁发的甲级工程咨询资格。

第五种是用于高新企业 IPO 上市募投的可行性研究报告。这类可行性报告是企业 IPO 上市的重要组成部分，需要报批发改委。通常需要出具国家发展和改革委员会的甲级工程咨询资格。

第六种是用于企业项目投资、工程建设指导的可行性研究报告。此类可研报告是企业投资决策部门用来对投资项目市场前景、技术工艺、投资收益、财务规划、投资风险、工程进度等问题做内部参考之用，一般对资质没有要求，但是对可研报告的实用性、前瞻性和科学性具有较高要求。

第七种是用于境外投资项目核准的可行性研究报告。我国企业参与全球市场竞争，越来越多的企业实施走出去战略。对国外矿产资源和其他产业投资时，需要编写可行性研究报告或项目申请报告、上报各级发展和改革委员会。需要申请中国进出口银行境外投资重点项目信贷支持时，也需要编制可行性研究报告。

第二节　可行性研究报告写作要求

一、可行性研究报告的基本结构

不同项目类型的可行性研究报告的结构不同。现给出可行性研究报告的一般结构，可根据实际情况进行调整。

1. 标题

可行性研究报告的标题应当简洁明了，直接反映报告的核心内容和目的。例如，项目名称 + 可行性研究报告，如《×× 项目可行性研究报告》；如果报告侧重于特定方面，可以包含该方面的名称，如《×× 项目市场可行性分析报告》或《×× 项目技术可行性评估报告》；可以包含时间或版本信息，如《×× 项目 2023 年可行性研究报告（初步版）》；

如果涉及多个方案或路径，可以在标题中体现，如《××项目多方案比较可行性研究报告》。标题通常还包括其他重要信息，如项目主办单位、负责人、编制单位、参与人员名单以及报告完成日期等。标题应当具有足够的信息量，让读者一眼就能了解报告的主题，但同时避免过于冗长或含糊。

2. 正文

报告正文部分一般包括以下几个方面的内容。

（1）项目概要。主要交代项目的背景，简单对项目的基本情况进行介绍。

（2）项目必要性。主要从市场角度论证，投资项目对于社会经济活动中哪些矛盾或者痛点可以起到解决或者缓解的作用，是整个项目逻辑的起点。当有清晰明确的需求存在，是真需求而不是伪需求，这是投资必要性的核心。

（3）项目可行性。可行性是指项目是否有足够的资源和能力满足市场需求。包括政策、技术、团队等方面，是否足以支持达到该项目的投资目标。

（4）项目经济性。经济性分析，是基于合理假设对于项目投资回报情况的预判。通过对项目市场情况的分析，合理估计未来3年、5年、10年的收入水平和利润情况，对现金流情况进行分析，考虑后续融资的需求，以及利润分配的情况。

（5）业务模式。业务模式是根据商业计划、行业规律、政策要求等描述具体的运作模式、业务方向和管理制度，是必要性和可行性的链接。

（6）风险分析。风险分析是在之前分析基础上对于不确定事项的总结、可能的影响以及应对手段。包括市场风险、管理风险、技术风险以及投资策略变化的风险。

（7）结尾。通过上文的分析，报告的结尾处要写上可行性的总结论。

（8）附件。附件是可行性研究报告的重要组成部分，包括有关资料、证明文件、表格等。主要是为正文中的有关材料和论证提供有效依据。

二、可行性研究报告撰写基本要求

首先，必须站在客观公正的立场进行调查研究，做好基础资料的收集工作。对于收集的基础资料，要按照客观实际情况进行论证评价，如实地反映客观经济规律，从客观数据出发，通过科学分析，得出项目是否可行的结论。

其次，可行性研究报告的内容深度必须达到国家规定的标准，基本内容要完整，应尽可能多地占有数据资料，避免粗制滥造，搞形式主义。在做法上要掌握以下四个要点。①先论证，后决策。②处理好项目建议书、可行性研究、评估这三个阶段的关系，哪一个阶段发现不可行都应当停止研究。③要将调查研究贯彻始终。一定要掌握切实可靠的资料，以保证资料选取的全面性、重要性、客观性和连续性。④多方案比较，择优选取。对于涉外项目，或者在加入WTO等外在因素的压力下必须与国外接轨的项目，可行性研究的内容及深度还应尽可能与国际接轨。

三、可行性研究报告撰写注意事项

写一份可行性研究报告时，不需要去纠结于现成格式，应该重点关注报告服务的对象和需要报告研究的问题。在撰写过程中应注意以下事项。

第一，论据要服人。一份可行性研究报告质量的高低，并不主要取决于文字的精美，而是决定于依据是否具有服人的力量。

第二，论证要科学。应立足于生产建设的实际，对立项的必要性、可能性、技术性、效益性作出科学的论证，以得出可靠的结论，要强调技术与经济分析的辩证统一，两个方面的可行性要并行，缺一不可。参加可行性研究的人员中，不可缺少工程技术、经济计划、财务管理三方面的专家，既要考虑技术的适应性，又要兼顾经济效益的必要性，两者缺一不可。对各种数据的处理，要尊重客观实际，不能唯上、唯书，任意夸大或缩小各种数据。

第三，语言要准确。可行性研究报告对领导决策起着至关重要的作用，因此报告中陈述的观点、所作的结论以及所使用的语言，要格外强调鲜明、准确，严防有歧义的用语出现。

第三节　典型案例及评析

案　例

惠州亿纬锂能股份有限公司
高性能锂离子动力电池产业化项目可行性研究报告

一、项目基本情况

1. 项目名称：高性能锂离子动力电池产业化项目

2. 项目实施主体：惠州亿纬锂能股份有限公司

3. 项目建设地点：惠州仲恺高新区

二、项目内容概述

本项目拟在惠州仲恺高新区的ZKA-071-01号地块新建厂房组织实施，通过引进先进生产制造设备，组建全自动化圆柱三元锂离子电池生产线，并购置诸多环保设施，为项目的污染防治提供充分有效保障。(略)

三、项目建设背景（具体分析略）

1. 电动工具无绳化成为智能化时代解放“双手”的标志。

2. 新国标政策落地促使两轮车市场变革。

3. 万物互联背景下电子设备“续航”需要持续电源保障。随着智能电子设备应用度不断升高，应用范围不断扩大，人们对于不间断、稳定的电源需求也日益增加，由此，便携式储能电源产品顺势而生。

4. 国家政策保障行业健康稳定发展。

四、项目可行性分析（具体分析略）

1. 市场和客户需求旺盛，供给缺口带来提升市场份额的机会。

2. 掌握圆柱三元锂离子电池核心技术和生产工艺，具备研发与技术优势。

3. 强大的客户资源为本次项目的实施提供了良好的市场基础。

五、项目土地准备情况及项目相关认证情况

本项目实施地点位于公司惠州仲恺高新区ZKA-071-01号地块，拟通过新建建筑物予以实施，项目所在地块为工业用地，公司已取得土地使用证。

六、项目备案审批情况

项目目前正在办理发改委投资备案、环境评价报告等相关审批手续。

七、项目产品介绍

本项目拟生产的产品为面向电动工具市场、电动两轮车市场以及便携式小型储能市场的圆柱三元锂离子动力电池，该产品采用卷绕式工艺，尺寸为18650型和21700型圆柱电池。（略）

八、原材料和资源的供应

1．项目生产所需原材料

本项目生产所需主要原材料包括生产正极、负极及电解液材料等，以及密封包装电池所需要的金属壳体等。公司已经与国内外生产商建立了长期稳定的良好业务关系，可提供优良等级的原材料和辅料。

2．燃料动力及其他公用设施的供应

本项目公用工程包括供水、排水、供电和绿化等。所使用能源种类为水、电等。本项目所在地工业辅助设施、物流运输、环境保护和管理服务等的资源整合和基础设施建设、消防、供水、供电、通信、排污管网污水处理厂等公用设施齐全。本项目公用工程可充分依托已有的公用配套设施，可满足项目所需的水、电等能源。

九、项目建设实施规划

项目建设期1.5年，分如下四个阶段工作实施：

第一阶段为基础建设，历时4个季度，主要是完成项目厂房的装修及水电、消防设备安装工作；

第二阶段为设备招标、采购阶段，历时3个季度，主要是自动化设备采购和生产工艺优化建设；

第三阶段为设备安装及调试阶段，历时2个季度，主要是根据生产线布局进行设备安装及调试；

第四阶段为生产线投产阶段，历时2个季度，主要是生产线的试生产及运营。

十、项目投资额及资金来源

项目拟投资149781.62万元，包含建设投资23030.45万元、设备投资105987.26万元、预备费6450.89万元、铺底流动资金14313.02万元。（略）

公司将根据项目的时间进度，通过自筹资金方式支付项目款项，实施本项目的各阶段计划。整个项目资金40%为募集资金，60%通过自有资金或银行贷款融资。

十一、项目的经济效益分析

经测算，本项目税前静态投资回收期为4.44年，税前内部收益率为20.26%。

十二、项目的风险分析

1．宏观经济波动的风险

2018年以来，国内、国际经济均出现了一定的波动。全球贸易摩擦有所升级，新冠病毒疫情在国内得到了有效控制，但目前全球尚在蔓延，国际、国内经济的不确定性增加。上述情况目前未对公司造成重大不利影响，但如果未来宏观经济出现较大波动，则有可能对公司的生产经营和未来发展造成不利影响。

针对上述风险，公司将积极适应宏观经济波动情况，快速收集相关信息，力求提高预见性。以强化自身产品的优势，利用销售渠道优势，积极应对并快速调整产品开发策略来面对宏观经济波动的风险。

2．生产规模扩大带来的管理风险

近年来，随着公司业务的快速发展，公司的资产规模、收入规模、人员规模均不断提高。本次募集资金投资项目实施后，公司的业务规模将进一步扩大，这将对公司的管理水平提出更高的要求。如果公司管理水平不能适应规模迅速扩张的需要，组织模式和管理制度未能随公司规模扩大及时完善，将削弱公司的市场竞争力，存在规模迅速扩张导致的管理风险。

针对上述风险，公司已经建立了系统的现代企业管理制度，后续将根据业务需要持续优化公司治理结构及运作体系，并进一步加强过程实施和监督管理；同时面向公司核心技术团队和管理层人员制定多层次人才共同体及培养计划，培养和吸引更优秀的管理人员。

3．主要原材料价格波动风险

锂电池的主要原材料为正极材料、负极材料、电解液及隔膜等。随着锂电池产品需求的快速增长，上游原材料企业可能无法满足下游锂离子电池企业快速扩张带来的采购需求，导致市场呈现供不应求的状态，主要原材料的价格可能持续上涨。虽然公司产品在销售过程中具有一定的成本传导能力，但如果未来原材料价格继续出现大幅波动，将对公司的生产经营产生不利影响。

针对上述风险，一方面，公司将通过改进生产工艺降低产品材料成本；另一方面，公司将紧密跟踪原材料市场趋势并及时做出应对措施，与主要供应商建立稳定的合作关系，推进战略供应链建设，通过与产业链多方面深度合作，减少原材料价格波动带来的风险，实现产业链共赢。

4．市场竞争加剧风险

在锂电池行业快速发展的背景下，一方面，本项目拟生产的产品主要面向电动工具市场和电动自行车市场，随着产品的升级和新产品类别的扩充，电池配套产品也需要相应升级；另一方面，随着行业产能规模的不断扩大，锂电池行业的竞争也将进一步加剧。虽然公司在研发、生产、销售等方面在市场上有较强的竞争优势，但是随着市场竞争的加剧可能导致产品的终端销售价格下降，拉低行业平均毛利率，甚至出现结构性的产能过剩，进而影响到公司的经营发展。

针对上述风险，第一，公司将通过提升产品技术和质量，打造公司产品的独特性和非替代性，继续深化公司在市场中的核心竞争力；第二，公司将不断开发、生产适应市场发展需要的新产品，积极开拓新应用领域，形成多品种经营格局；第三，通过与客户保持密切沟通，与重要客户建立长期友好的合作关系，为公司未来稳步发展打下坚实基础。

十三、结论

本项目属于公司的主营业务之一，公司已有多年和本项目相关的生产、技术、管理和市场方面的积累。在建设方案方面，充分使用公司现有已经获得的土地的便利条件，采用合理的、成熟可靠的、高精度的自动化生产设备，保证项目建设顺利实施。

综上所述，本项目符合国家产业政策及环境保护政策，在技术上是可靠的、经济上是可观的，能够产生很好的经济效益和社会效益，项目的实施具有必要性、可行性。

惠州亿纬锂能股份有限公司董事会

2020年11月12日

编者注：内容选自惠州亿纬锂能股份有限公司《高性能锂离子动力电池产业化项目可行性研究报告》。

案例评析

该报告是惠州亿纬锂能股份有限公司关于“高性能锂离子动力电池产业化项目”的可行性研究报告。报告的标题明确，直接点明了报告的主题，让人一眼就能了解报告的主要内容。报告结构清晰，内容翔实，按照项目基本情况、项目内容概述、建设背景、可行性分析、土地准备情况、备案审批情况、产品介绍、原材料和资源供应、建设实施规划、投资额及资金来源、经济效益分析、风险分析和结论等顺序进行，各个部分之间衔接自然，前后呼应，使得整个报告条理清晰，论证有力。语言表述规范，专业术语使用得当，没有出现语病或者含糊其词的表述，阅读起来流畅易懂，是一篇较为优秀的可行性研究报告。

项目实训

1. 请结合本校实际情况，围绕“学校能否新建实验实训大楼”这一主题撰写可行性研究报告。

2. 政府部门有意向新建一个农产品批发市场，请结合家乡所在地的实际情况，撰写一篇可行性研究报告。

思考与练习

1. 可行性研究报告的作用体现在哪些方面？

2. 如何才能实事求是地完成一份可行性研究报告？

3. 请结合自己撰写的可行性研究报告，阐述你对于可行性研究报告特点的认识。

Chapter Nine

财务分析报告

学习要求

了解财务分析报告的概念、特点，掌握财务分析报告的结构内容，了解财务分析报告应注意的事项，熟悉财务分析报告的写法。

通过财务分析报告撰写，培养学生对财务案例的全方位多角度辨析能力，引导学生对职业道德与伦理道德、品德与自律、诚信与德行的深入思考，进而激发学生自觉锤炼道德品质、恪守德行规范。

任务导入

读“瑞幸咖啡财务造假案例”，你认为财务分析报告有什么作用？

第一节　财务分析报告基本概述

一、财务分析报告的含义

财务分析报告是指企业以财务报表及经营活动和财务活动所提供的丰富、重要的信息及其内在联系为主要依据，运用一定的科学分析方法，对企业报告期内财务状况和经营成果进行分析，反映企业在经营过程中生产、资金，效益等方面的优缺点及发展态势，为改进企业财务管理工作和优化经济决策提供重要财务信息而编写的结论性的书面文字报告。财务分析报告也为企业的投资者、债权人、经营者及其他关心企业的组织或个人了解企业过去、评价企业现状、预测企业未来，作出正确决策提供准确的信息或依据。

二、财务分析报告的作用

（一）客观准确反映企业过去经营成果

企业过去的经营状况将直接影响企业投资者的投资决策和债权人的信贷决策等。通过对企业已经发生的经济业务进行核算、分析会计报表等相关资料，能够客观准确地反映企业过去的财务状况与经营成果，并及时发现在企业经营过程中所出现的问题以及影响因素。

（二）全面综合反映企业现在的经营状况

财务报表综合概括了企业各项经营活动，财务分析报告是解释财务报表信息并计算得出反映企业现状的各项指标，说明企业财务现状。

（三）预测企业未来的发展趋势

财务分析报告可以有效预测企业未来的发展趋势，为会计信息使用者进行财务决策、经营决策、管理决策提供参考依据，也能够有效预测企业可能存在的财务危机。

三、财务分析报告的特点

（一）分析性

财务分析报告建立在财务分析的基础上，离开了运用科学的分析方法对本单位的财务活动进行分析，编写出来的财务分析报告只能是一纸空文，对实际工作没有多大指导意义。

（二）检验性

通过对本企业的财务活动进行分析，可以检验本企业的日常财务活动是否遵守党和国家的方针、政策，是否遵守有关财经制度和财经纪律，从而为决策者调整经营方向和提高管理水平服务。

（三）参考性

政府主管部门、企业管理层及上级主管部门以及财税部门、银行、投资者等相关单位或部门往往以企业财务分析报告中的有关指标和数字来评价企业的业绩，并据此为依据来调整各项指标或追加投资等，因而财务分析报告的目的是向这些相关单位或投资者报送、公布本企业财务状况的总体概况，为他们提供有关参考信息。

（四）剖析性

财务分析报告对本企业的财务活动应实事求是地进行分析，对本企业经营业绩、资金和效益等方面的优势进行重点突出说明的同时，也要科学剖析企业目前所存在的问题或将要发展的不良态势以及企业需要面对的经营风险和财务风险程度，以便企业决策者及时商讨对策，调整经营策略，促进企业的生产经营活动实现良性运行。

四、财务分析报告的类型

（一）按内容分类

财务分析报告按其内容、范围不同，可分为综合分析报告、专题分析报告和简要分析报告。

1. 综合分析报告

综合分析报告又称全面分析报告，是企业依据资产负债表、利润表、现金流量表、会计报表附表、会计报表附注及财务情况说明书、财务和经济活动所提供的丰富、重要的信息及其内在联系，运用一定的科学分析方法，对企业的经营特征，利润实现及其分配情况，资金增减变动和周转利用情况，税金缴纳情况，存货、固定资产等主要财产物资的盘盈、盘亏、毁损等变动情况及对本期或下期财务状况将发生重大影响的事项做出客观、全面、系统的分析和评价，并进行必要的科学预测而形成的书面报告。它具有内容丰富、涉及面广，对财务报告使用者做出各项决策有深远影响的特点。它还具有以下两方面的作用。

（1）为企业的重大财务决策提供科学依据。由于综合分析报告几乎涵盖了对企业财务计划各项指标的对比、分析和评价，能使企业经营活动的成果和财务状况一目了然，能够及时反映出存在的问题，这就给企业的经营管理者做出当前和今后的财务决策提供了科学依据。

（2）全面、系统的综合分析报告，可以作为今后企业财务管理进行动态分析的重要历史参考资料。

综合分析报告主要在半年度、年度进行财务分析时撰写。撰写时必须对分析的各项具体内容的轻重缓急做出合理安排，既要全面，又要抓住重点。

2. 专题分析报告

专题分析报告又称单项分析报告，是指针对某一时期企业经营管理中的某些关键问题、重大经济措施或薄弱环节等进行专门分析后形成的书面报告。它具有不受时间限制、一事一议、易被经营管理者接受、收效快的特点。因此，专题分析报告能总结经验，引起领导和业务部门重视所分析的问题，从而提高管理水平。

专题分析的内容很多，比如关于企业清理积压库存，处理逾期应收账款的经验，对资金、成本、费用、利润等方面的预测分析，处理母子公司各方面的关系等问题均可进行专题分析，从而为各级领导作出决策提供现实的依据。

3. 简要分析报告

简要分析报告是对主要经济指标在一定时期内，存在的问题或比较突出的问题，进行概要的分析而形成的书面报告。

简要分析报告具有简明扼要、切中要害的特点。通过分析，能反映和说明企业在分析期内业务经营的基本情况，企业累计完成各项经济指标的情况并预测今后发展趋势。主要适用于定期分析，可按月、按季进行编制。

（二）按分析时间分类

财务分析报告按其分析的时间，可分为定期分析报告与不定期分析报告两种。

1. 定期分析报告

定期分析报告一般是由上级主管部门或企业内部规定的每隔一段相等的时间应予以编制和上报的财务分析报告。如每半年、年末编制的综合财务分析报告就属于定期分析报告。

2. 不定期财务分析报告

不定期分析报告，是从企业财务管理和业务经营的实际需要出发，不做时间规定而编制的财务分析报告。如上述的专题分析报告就属于不定期分析报告。

（三）按反映的资金运动方式分类

按报告所反映的资金运动方式分类，有动态财务分析报告和静态财务分析报告两类。

1. 动态财务分析报告

动态财务分析报告主要系统反映报告期内单位资金的运动情况、经营成果及股东权益变动，包括资金的筹措、营运、投放、回收，如利润表、现金流量表、所有者权益变动表等。

2. 静态财务分析报告

静态财务分析报告主要用以反映报告期末某一时点资金的分布情况，企业的财务状况等，如年末或季末的资金结构和资金占用情况，资产负债表等。

（四）按报告内容的作用对象分类

按报告内容的作用对象分类，有对内财务分析报告和对外财务分析报告两类。

1. 对内财务分析报告

对内财务分析报告提供的信息主要为内部管理者决策使用。主要有管理费用明细表、单位成本表、债权债务明细表、利税完成情况表等，用以满足单位内部领导及有关人员经营管理的需要。

2．对外财务分析报告

对外财务分析报告提供的会计信息供外部信息使用者使用。如投资者、债权人、政府和社会公众等，如资产负债表、利润及利润分配表、所有者权益变动表、现金流量表等。

第二节　财务分析报告写作要求

一、财务分析的方法

财务分析的方法主要有比较分析法、趋势分析法、因素分析法和比率分析法。

（一）比较分析法

比较分析法是找出财务信息之间的数量关系与数量差异，为进一步的分析指明方向。根据比较标准的不同，可以将实际数据与计划相比，本期与上期或历史最高水平相比，本企业与同行业的其他企业相比。

（二）趋势分析法

趋势分析法是根据企业连续数期的会计报表，比较各个有关项目的金额、增减方向和幅度，从而揭示当期财务状况和经营成果的增减变化及其发展趋势。用于进行趋势分析的数据既可以是绝对值，也可以是比率或百分比数据。趋势分析可以绘成统计图表，可以采用移动算术平均数、指数滑动平均法等，但通常采用比较法，即将连续几期的同一类型报表加以比较。

（三）因素分析法

因素分析法又称连环替代法，是一种分析经济因素的影响，测定各个因素影响程度的分析方法。一般要借助于差异分析的方法分析几个相关因素对某一财务指标的影响程度。

（四）比率分析法

比率分析法是指在同一会计报表的不同项目之间，或在不同会计报表的有关项目之间进行对比，以计算出的比率反映各个项目之间的相互关系，据此评价企业的财务状况和经营成果，往往要借助于比较分析和趋势分析方法。这种方法运用得比较广泛。

二、财务分析报告的基本结构

财务分析报告一般由标题、正文、落款三部分组成。

（一）标题

标题一般包括企业名称、报告期和具体的分析内容。但并不是所有的标题都由这三项要素组成，视财务分析报告的需要和当时的具体情况而定。有的标题可以由其中的某些要素组成。有些标题为了突出重点，也可以以报告中的主要陈述观点作为标题，但这种标题形式常用于专项财务分析报告。

（二）正文

正文主要包括前言、主体和结尾三个部分。

1. 前言

前言包括报告概述、依据、原则、意义等内容。用简洁的文字概述分析对象的基本情况和财务活动情况，取得的主要成绩和存在的问题，以及对分析财务状况的基本评价，概括地反映分析企业经营的基本面貌。概述主要是分析对象的基本情况和财务活动情况，取得的主要成绩和存在的不足，对过去一年财务状况作简单的回顾。接着对报告所遵循的依据和原则作出说明，对报告期财务状况作出简单的评价并分析其意义所在。在前言最后，用恰当的方式和语言将前言过渡到主体，为主体展开分析作好铺垫。

2. 主体

主体是报告的主要分析部分，一是对公司运营及财务现状的介绍说明。该部分要求文字表述恰当、数据引用准确。特别要关注公司当前运作上的重心，对重要事项要单独反映。公司在不同阶段、不同月份的工作重点有所不同，所需要的财务分析重点也不同。二是对公司的经营情况进行分析研究。在说明问题的同时还要分析问题，寻找问题的原因和症结，以达到解决问题的目的。财务分析一定要有理有据，要细化分解各项指标，因为有些报表的数据是比较含糊和笼统的，要善于运用表格、图示，突出表达分析的内容。分析问题一定要善于抓住当前要点，多反映公司经营焦点和易于忽视的问题。三是评价和预测。做出财务说明和分析后，对于经营情况、财务状况、盈利业绩，应该从财务角度给予公正、客观的评价和预测。财务评价要从正面和负面两方面进行，评价既可以单独分段进行，也可以将评价内容穿插在说明部分和分析部分。

3. 结尾

结尾部分包括结论与建议、改进措施与未来展望。报告在评价主要成绩的同时要有针对性地提出具体的改进措施和建议，还可以从财务发展趋势方面提出预见性的意见，对未来作适当展望，以供领导及有关方面参考。这一部分内容应写得具体而简洁，意见要中肯，建议和改进措施要符合实际并切实可行。展望要合理，不能自吹自夸。

（三）落款

落款包括报告单位名称和写作日期。要在正文之后的右下角标示出分析报告的单位或部门全称，并加盖印章，最后标示成文的年、月、日。

三、财务分析报告撰写基本要求

（一）资料翔实准确，具有较强的可靠性

各种数据是财务分析报告进行分析、说明和评价的基础，在财务分析报告中的数字使用要多一些，一定要注意各种资料尤其是数字的准确和科学。

（二）充分运用数据进行论述，提高说服力

文章表达可采用文字处理与图表表达相结合的方法，写作时既要注意数字、图示的科学性和准确性，又要善于适当地辅以简约准确的文字说明，使两者形成有机的整体，使分析说明易懂、生动、形象。

（三）注意写作的时效性

为了及时了解财务状况和问题，并做出相应的处理，财务分析报告对时间有较强的要求。在会计报表做出之后，应尽快写作，定期对外公布的财务报告必须按规定时间对外公布。

四、财务分析报告撰写注意事项

（一）标题要精练

财务分析报告的标题应突出重点，主题明确，经提炼而成，让人一看到标题便知整个报告的主题。如果标题太冗长，反而容易造成误解或厌烦，但并不提倡越短越好，言不达意的标题同样不可取。

（二）分析要客观

分析报告建立在分析的基础上，没有分析的报告没有说服力。同时分析要建立在调查研究的基础上，运用一定的分析方法，把事情分析到本质，把语言表达到“点”。当然，分析离不开具体的数据。

同时，分析还应注意结合以下几个方面：①政策因素与企业内部管理因素。②主观因素与客观因素。③动态分析与静态分析。④定量分析与定性分析。⑤现状分析与态势分析。⑥偿债能力分析与营运能力分析。⑦盈利能力分析与发展能力分析。

（三）结论要具体

报告人要针对当时的实际情况，提出合理化建议。在分析问题的基础上提出的合理化建议往往具有很强的针对性和科学性，对决策者来说具有比较重要的参考价值。但也不能有浮躁作风。有些报告只提笼统的建议，多半是缺乏分析，因而起不到分析报告应有的作用。

第三节　典型案例及评析

×××公司2023年度财务分析报告

一、企业整体财务状况

2023年12月，×××股份实现主营业务收入为629933.35万元；营业利润为30831.53万元；净利润为24835.60万元；资产总计为402626.58万元，其中：货币资金为77627.80万元，应收账款为12554.81万元，存货为65634.15万元；负债合计为2075203566.22万元；股东权益合计为195106.23万元。

本期综合财务实力评分为：83.71，在行业中的竞争地位属于优良。

二、资产负债状况分析

1．资产变动与结构分析

2023年12月，×××股份资产总额402626.58万元，比上期的289854.37万元增加38.91%。在资产构成中，流动资产占比57.04%，流动资产占比比较高，它的盈利能力和周转效率对公司的经营状况的影响比较大；长期投资占比 –0.18%，固定资产占比40.67%，固定资产占比比较高，它对企业的产业结构和盈利能力影响比较大；无形资产及其他资产占比2.47%；而上期上述指标分别为：57.06%、–0.29%、40.38%、2.85%。

从单项较上期相比较而言，流动资产大幅增加，增加38.85%，长期投资大幅增加，增加

15.26%，固定资产大幅增加，增加 39.91%，无形资产及其他资产大幅增加，增加 20.26%。

由此可见，企业资产总额较上期上升，长期资产增长幅度大于流动资产，并且净利润较上期上升，总资产利润率较上期上升，说明企业资产从量上、质上都好于上期，并且净利润增长大于资产增长速度，整体经营状况良好。

2．流动资产变动与结构分析

流动资产总额 229653.24 万元，比上期的 165391.99 万元，增加 38.85%。在流动资产构成中，货币性资产占比 46.46%，应收票据占比 2.60%，应收款项占比 20.61%，存货占比 28.58%，待摊费用占比 1.75%，其他资产占比 0.00%；而上期上述指标分别为：56.25%、0.24%、19.93%、22.80%、0.78%、0.00%。

纵观流动资产变化可以看出：企业待摊费用增长幅度大于流动资产增长幅度，并且也大于其他类资产的增长幅度，说明企业待摊费用增加过快，存在没有足额待摊费用的情况。

企业在流动资产增加的同时，销售收入也增加，并且增幅大于流动资产，流动资产经营质量较上期提高较多。

3．应收款项变动分析

在应收款项项目分析中，可以看出应收账款为 12554.81 万元，占比 26.52%，其他应收款为 25054.58 万元，占比 52.93%，预付账款为 9725.02 万元，占比 20.55%；而上期上述指标分别为：9099.39 万元，占比 27.60%；19214.96 万元，占比 58.28%；4654.02 万元，占比 14.12%。

从单项较上期相比较而言，应收账款大幅增加，增加 37.97%，其他应收款大幅增加，增加 30.39%，预付账款大幅增加，增加 108.96%。

通过分析可以看出：在应收款项占比中，其他应收款为 53.00%，占比过大，有可能存在上级单位占用款问题或调节利润的问题。

4．存货变动分析

在存货分析中，可以看出存货为 65634.15 万元，主营业务成本为 427389.32 万元；而上期上述指标分别为：37715.68 万元、267538.40 万元。

从单项较上期相比较而言，存货大幅增加，增加 74.02%，主营业务成本大幅增加，增加 59.75%。

通过毛利率及周转率的变化分析，可以看出企业毛利率的下降，促进了存货的加速周转，说明市场上的同类产品已经处于相对过剩状态，降价是可以激发市场购买者的购买欲望的。企业可以充分利用当前的时机，进一步巩固已取得的成绩。另外通过存货的搭配分析可以看出：企业存货的增加是主营业务成本的 1.2 倍，增幅过大，与主营业务成本变化不协调，有可能企业原材料采购过多。

5．固定资产变动与结构分析

固定资产总额 163737.37 万元，比上期的 117029.48 万元，增加 39.91%。在固定资产构成中，固定资产原价占比 124.73%，累计折旧占比 28.80%，固定资产净值占比 95.93%，固定资产减值准备占比 1.51%，固定资产净额占比 94.42%，工程物资占比 2.22%，在建工程占比 3.36%，固定资产清理占比 0.00%；而上期上述指标分别为：108.60%、28.33%、80.27%、0.21%、80.07%、5.12%、14.81%、0.00%。

从单项较上期相比较而言：固定资产原价大幅增加，增加60.68%；累计折旧大幅增加，增加42.21%；固定资产净值大幅增加，增加67.20%；固定资产减值准备大幅增加，增加921.71%；固定资产净额大幅增加，增加64.99%；工程物资大幅减少，减少39.37%；在建工程大幅减少，减少68.25%；固定资产清理基本上没有变化。

由此可见，企业固定资产总额较上期上升，并且主营业务收入较上期上升，固定资产周转率较上期上升，说明企业资产从量上、质上都好于上期，并且主营业务收入增长大于固定资产增长速度，固定资产利用情况比较良好；另外从折旧效率上也可以看出，本期固定资产折旧产出率保持不变。

6．资本结构变动与结构分析

负债总额为207327.74万元，比上期增加79.66%；所有者权益195106.23万元，比上期增加11.96%。在资金来源构成中，流动负债占比39.88%，长期负债占比11.62%，所有者权益占比48.46%；而上期上述指标分别为：33.76%、6.05%、60.12%。

从单项较上期相比较而言，流动负债大幅增加，增加64.08%，长期负债大幅增加，增加166.57%，所有者权益大幅增加，增加11.96%。

由此可见，长期资本增长幅度大于流动负债，说明企业长期融资活动增加，整体资金形势比较稳定。

7．流动负债变动与结构分析

流动负债总额160555.21万元，较上期增加64.08%。在流动负债构成中，营业性负债占比84.34%，融资性负债占比15.66%；而上期上述指标分别为：94.22%、5.78%。

纵观流动负债变化可以看出：企业营业性负债增长幅度大于流动负债增长幅度，并且也大于融资类负债的增长幅度，说明企业短期资金来源中营业性负债增加，对外欠款增多，资金压力较上期增大。

8．长期资本变动与结构分析

长期资本总额241878.76万元，比上期的191809.25万元，增加26.10%。在长期资本构成中，长期借款占比6.99%，应付债券占比0.00%，长期应付款占比0.00%，专项应付款占比1.39%，其他长期负债占比10.965%，股本净额占比16.176%，资本公积占比41.310%，盈余公积占比11.649%，未分配利润占比11.528%；而上期上述指标分别为：3.10%、0.00%、0.00%、0.09%、5.963%、10.199%、61.821%、11.571%、7.260%。

从单项较上期相比较而言：长期借款占比大幅增加，增加184.23%，应付债券占比基本上没有变化，长期应付款占比基本上没有变化，专项应付款占比大幅增加，增加1944.72%，其他长期负债占比大幅增加，增加131.89%，股本净额占比大幅增加，增加100.00%，资本公积占比大幅减少，减少15.74%，盈余公积占比大幅增加，增加26.95%，未分配利润占比大幅增加，增加100.23%。

由此可见，企业长期资本总额较上期上升，并且主营业务收入较上期上升，净资产收益率较上期上升，说明企业资产从量上、质上都好于上期，并且盈利增长大于长期资本增长速度，长期资本利用情况良好；另外企业的长期资产的资金全部来自长期资本，但是比上期下降，采取了比较保守的资本组合方式。由于盈利能力增加，建议企业改变现在的资本组合，采取比较适中的组合方式，进一步增加盈利能力。

三、利润状况分析（具体分析略）

1．实现利润分析

2．收入情况分析

3．支出情况分析

4．经营风险分析

5．利润敏感性分析

6．经营效率分析

7．资金需求分析

四、现金流量状况分析（具体分析略）

1．现金流量表整体分析

2．现金流入结构分析

3．现金支出结构分析

4．现金流入流出比分析

5．现金偿债能力分析

6．获取现金能力分析

7．财务弹性分析

8．收益质量分析

五、财务效益状况分析

六、资产运营状况分析

七、偿债能力状况分析

八、发展能力状况分析

九、杜邦财务综合分析

1．整体状况分析

2．利润情况分析

3．资产情况分析

编者注：部分内容有删减。

案例评析

这是一篇比较标准，分析具体、透彻的上市公司财务分析报告。这篇报告具备了财务分析报告所要求的基本要素。内容周密详尽，结构完整清晰，并结合实际情况在分析阐述时有所侧重，主次分明。文章表述清晰准确，将具体图表和文字相结合，既有理有据，有较强的说服力；又使专业而复杂的财务分析报告达到生动、形象、易懂的效果。整篇报告紧紧围绕主题，从资产负债表、利润表、现金流量表展开分析，运用财务指标、对比分析、比率分析、因素分析等分析方法，从盈利能力、偿债能力、发展能力和运营能力等方面展开分析，并与上年同期进行了比较，把当期的财务状况全面切实地反映了出来。最后利用杜邦分析进行综合分析。整体分析框架较为全面。报告部分内容未显示完整，结尾部分可为公司提出有针对性的建议，指出企业管理的薄弱环节，为管理层的决策和企业管理的加强提供现实依据。

项目实训

1. 请结合格力电器2023年度财务报表写一篇财务分析报告。
2. 请结合顺丰控股近两年的财务数据并对其盈利能力和偿债能力进行分析。

思考与练习

1. 简述财务分析报告的写作内容及格式。
2. 财务分析报告的作用有哪些?
3. 财务分析报告写作的注意事项有哪些。

项目十 市场预测报告

Chapter Ten

学习要求

了解市场预测报告的概念和类型，理解市场预测报告的作用和特点，掌握市场预测报告的结构、撰写要求和注意事项并应用于写作实践。

通过市场预测报告撰写，实事求是，根据在真实市场中调查的现实情况进行预测，并提出具有针对性的对策建议，提升解决现实经济问题的能力，具备诚信、务实的职业素养。

任务导入

若需要对2024年中国智能手机的销售量进行预测并撰写预测报告，你认为需完成哪些工作?

第一节 市场预测报告基本概述

一、市场预测报告的概念

市场预测报告就是依据已掌握的有关市场的信息和资料，通过科学的方法进行分析研究，从而预测未来发展趋势的一种预见性报告。市场预测报告是在市场调查的基础上，综合调查的材料，用科学的方法估计和预测未来市场的趋势，从而为有关部门和企业提供信息，以改善经营管理，促使产销对路，提高经济效益。市场预测报告实际上是调查报告的一种特殊形式。

二、市场预测报告的作用

在瞬息万变竞争激烈的市场中，市场预测的作用是多方面的。主要体现在以下几个方面。

（一）科学决策

市场预测可以帮助企业经营者更好地了解市场的动态和趋势，从而作出更明智的决策。通过预测市场的发展趋势，企业可以更好地了解市场需求和变化，还可以帮助企业预测竞争对手的下一步行动，并根据这些信息调整自身的市场策略，从而制定出更符合市场需求的经营策略。

（二）合理制订计划

无论是长期计划还是短期计划，都需要对市场进行预测。例如，企业需要预测未来的市场需求和竞争状况，以便制订相应的销售计划。这些预测数据还可以帮助企业更好地评估自身的生产能力和市场需求，根据市场需要进行产品结构的调整，从而制订出更合理的生产计划。

（三）提升企业竞争力

在市场经济中，能否进行成功的市场预测直接影响到企业的前景和发展。通过市场预测，企业可以具备前瞻性的视野，从而在市场中占据有利位置。当同一产品有较多厂家生产时，企业需要根据市场预测的结果，优化资源配置，采取适当的措施提高自身的竞争力。

三、市场预测报告的特点

（1）预见性。市场预测报告的性质就是对市场未来的发展趋势作出预见性的判断，它是在深入分析市场既往历史和现状的基础上的合理判断，目的是将市场需求的不确定性极小化，使预测结果和未来的实际情况的偏差概率达到最小化。

（2）科学性。市场预测报告在内容上必须占据充分翔实的资料，并运用科学的预测理论和预测方法，以周密的调查研究为基础，充分搜集各种真实可靠的数据资料，才能找出预测对象的客观运行规律，得出合乎实际的结论，从而有效指导人们的实践。

（3）针对性。市场预测的内容十分广泛，每一次市场调查和预测，只能针对某一具体的经济活动或某一产品的发展前景，因此，市场预测报告的针对性很强。选定的预测对象愈明确，市场预测报告的现实指导意义就愈大。

（4）时效性。信息的价值与提供信息的时间往往是密切相关的，预测人员必须快速将信息传递给决策部门和管理部门。所以，时效是市场预测报告的价值所在，准确、及时的市场预测报告有助于企业在竞争激烈的市场上夺得一席之地。

四、市场预测报告的类型

市场预测报告涉及的内容广泛，形式多样，一般而言，常用的市场预测报告有：

（一）按预测的范围分

（1）宏观市场预测报告。宏观市场预测报告是对大范围或整体现象的未来所作的综合预测，常指有关国民经济乃至世界范围内的各种全局性、整体性的、综合性的经济问题的报告。

（2）微观市场预测报告。微观市场预测报告是某一部门或某一经济实体对特定市场商品供需变化情况、新产品开发前景等分析研究的预测报告。

（二）按预测的时间分

（1）长期预测报告。它是指超过五年期限的经济前景的预测报告。

（2）中期预测报告。它是指对二年至五年时间内经济发展前景的预测报告。

（3）短期预测。它是指对一年内经济发展情况的预测报告。

（三）按预测的方法分

（1）定量预测报告。定量预测报告包括数字预测法预测报告和经济计量法预测报告。

数字预测法预测报告，是采用对某一产品（商品）已有的大量数据进行分析研究，用统计数字表达，从中找出产品（商品）的发展趋势而写成的报告。经济计量法预测报告，是根据各种因素的制约关系用数学方法加以预测而写成的报告。

（2）定性预测报告。定性预测报告是对影响需求量的各种因素，如质量、价格、消费者、销售点等进行调查、分析研究，在此基础上预测市场的需求量而写成的报告。

第二节　市场预测报告写作要求

一、市场预测的方法

市场预测方法很多，大体上可分为定量预测方法和定性预测方法，非数学模型预测方法和数学模型预测方法。常用的预测方法有以下四种。

（一）集合意见法

集合意见法是由调查人员召集企业内、外部的相关人员，根据个人对事件的接触、认识、市场信息、资料及经验，对未来市场进行判断预测，并加以综合分析的一种方法。这种方法简便易行，可靠实用，注重发挥集体智慧，在一定程度上克服了个人直观判断的局限性和片面性，有利于提高市场预测的质量。常用的集合意见法有厂长（经理）评判意见法和销售人员意见法。

（二）专家意见法

专家意见法（又称德尔菲法）是根据预测的目的和要求，向专家提供一定的背景资料，请他们根据自己的判断，对未来做出预测。常采用专家会议法和专家通信法这两种形式。

（三）时间序列模型预测法

时间序列模型预测法其实是一种回归预测方法，属于定量预测。其基本原理是：一方面承认事物发展的延续性，运用过去的时间序列数据进行统计分析，推测出事物的发展趋势；另一方面充分考虑到由于偶然因素影响而产生的随机性，为了消除随机波动产生的影响，利用历史数据进行统计分析，并对数据进行适当处理，进行趋势预测。常用的有趋势外推法、移动平均法、指数平滑法。

（四）因果预测法

因果预测分析法的应用可分为两种情况。一种情况是有现成的因果关系式可以利用，例如，在销价一定的条件下，产品销售的收入、产品成本、税金利润之间存在如下关系：销售收入 - 产品成本 - 税金 = 利润。人们可以直接利用这一因果关系式进行利润的预测。另一种情况是无现成的因果关系式可以利用，而是通过对一系列观察数据的分析与计算，先建立因果关系式，然后进行预测。解决这类预测问题，最常用的方法有一元回归分析和多元回归分析。

二、市场预测报告的基本结构

一般而言，市场预测报告的结构通常包括标题、前言、正文、结尾四个部分。

（一）标题

市场预测报告的标题部分是整个报告的重要元素，它为读者提供了报告内容的第一印象。一个有效的标题应该简洁、明确且具有吸引力，能够准确地反映报告的主题和目的。常见的市场预测标题有直接式标题，如《2024 年我国钢材需求预测成果报告》；结论式标题，如《芯片市场前景广阔》。

（二）前言

市场预测报告的前言部分是整个报告的引言，它为读者提供了关于报告的背景、目的、预测对象等信息，有时也直接点明预测结论。前言部分应该简洁、明确且引人入胜，能够吸引读者的注意力并激发他们的兴趣。

（三）正文

预测报告的正文是报告的核心部分，它详细展示了数据、分析方法、结果解释以及对未来趋势的预测。一个典型的预测报告正文应该包括以下三个部分。

第一个部分是现实情况。该部分是进行预测的现实基础。根据所预测对象和预测目的，一般在该部分中需要对预测对象所在的市场、宏微观环境、消费者需求、企业生产经营情况、政府政策等多方面进行调查分析。该部分需要大量的数据进行支撑。想要进行科学合理的预测，就必须对现实基础进行客观的分析。

第二个部分是预测。该部分是正文的核心部分。通过第一部分呈现的资料和数据，采用合理的预测方法和一定的逻辑推理，对预测对象未来的发展趋势作出客观合理的推断，并作出预测结论。在进行预测时，需要采用合理的预测方法，定量分析与定性分析相结合。市场行情时刻在发生变化，不能简单地生搬硬套某些预测方法，需要实事求是。

第三个部分是对策建议。该部分是根据预测结果提出的具有针对性的办法，是一篇市场预测报告的最终落脚点。对策建议的提出要有依据，不能凭空得出，需要与前文保持严密的逻辑性；对策建议应该具有可操作性，切忌空洞，脱离实际。

市场预测分析报告正文三个部分之间存在严谨的逻辑关系。但在具体写作中，可以根据预测目的、资料情况的不同，适当调整先后顺序，恰当安排主体的结构布局。

（四）结尾

结尾是预测报告全文的收尾和结束，主要目的是首尾呼应或归纳总结。结尾部分要简洁自然、干脆利落、简明扼要，切忌画蛇添足、空喊口号。但不是所有预测报告都需要有结尾部分。

此外，部分预测报告在结尾处附有附录。附录内容一般是相关调查数据的统计图表、资料来源、参考文献等。

三、市场预测报告撰写基本要求

（一）掌握市场预测的基本程序和科学的预测方法

首先是确定预测的具体目的。只有目的明确具体，才能根据预测的目的去搜集必要的资料，决定适当的步骤，选用合适的方法，否则会浪费人力物力和时间。其次是收集分析有关有历史资料和现实资料，对掌握的资料进行整理分析，检验测定和调整。最后是选定预测的方法。在选择预测方法时主要考虑以下三个方面的因素：一是预测目的和要求；二是预测目标本身的特点；三是现有的条件；四是进行预测，并及时分析预测误差，改进预测方法。

（二）全面掌握材料，突出预测重点目标

市场预测必须在对市场的历史、现状进行深入分析的基础上进行，这是写好预测报告的前提。准备阶段所取得的资料不准确、不全面，不仅不能全面正确地把握市场变化的趋势和规律，而且很可能作出错误的结论。因此，掌握市场历史和现状的资料是写好预测报告的前提。此外，还要注意突出预测的重点目标。明确了目标后，材料的收集、筛选和使用就有了针对性，报告的结构安排才有依据。目标明确后要突出重点。一篇预测报告只能突出重点问题，不能面面俱到。

（三）力求预测准确，建议切实可行

预测本身带有不确定性，而且由于市场变幻莫测，预测的结果与实际结果始终存在误差，有时甚至会相差甚远。这就要求我们在进行预测时，要全面掌握各方面的情况运用科学的预测方法，尽可能进行周密的论证分析和思考，坚持从实际出发，实事求是的原则，力求减少计算与表述的误差，以克服预测的盲目性，增强预测的准确性。尤其是在提出建议和意见部分，要做到切实可行，避免抽象笼统。这样，预测的结果才能更好地服务于企业，并为其科学决策提供强有力的保障。

四、市场预测报告撰写注意事项

撰写市场预测报告时，应注意以下事项。

第一，实事求是。首先要确保数据的准确性，确保使用的数据是准确无误的。这包括从可靠的来源收集数据，并对数据进行核实和清洗，以消除错误或不一致。其次使用科学的方法和工具来分析数据和做出预测。这包括选择合适的统计模型、算法和其他分析方法，以确保结果的可靠性。最后预测结论应该客观和公正，避免受到个人观点或偏见的影响。这意味着要公正地评估所有可用的信息，并给予每个因素适当的权重。

第二，注重时效。市场预测报告需要迅速反映市场的新变化，提供最新的市场动态和预测结果。这意味着报告制作过程中要紧跟市场的最新发展，及时更新数据和分析。

第三，具有可读性。市场预测报告要求如实反映事物发展变化的客观规律。其语言表达要朴实、准确，忌用华丽的辞藻和夸张的手法，使用易于理解的语言和表述，增强报告的可读性。同时，适当使用图表和图形可以帮助读者更好地理解和消化信息。

第三节　典型案例及评析

案　例

2024 年经济金融展望报告

2023 年 12 月 12 日，中国银行研究院发布《2024 年经济金融展望报告》(以下简称《报告》)，回顾了 2023 年全球和中国经济金融运行以及全球银行业运行情况，展望了 2024 年

经济金融形势以及全球银行业发展趋势。

关于全球经济金融形势，《报告》认为，2023 年全球经济增长动力不足，发达经济体增速放缓，新兴经济体整体表现稳定。全球贸易增长略显乏力，各国生产景气度逐渐回落，内需对经济的拉动作用减弱。欧美央行货币政策紧缩态势放缓，美元指数高位震荡后走弱，全球股市表现总体好于预期，但区域分化明显。高利率环境抑制债券融资需求，债券违约风险持续上升。展望 2024 年，预计全球经济复苏将依旧疲软，主要经济体增长态势和货币政策走势将进一步分化。欧美央行大概率结束本轮紧缩货币周期，美元指数可能将逐步走弱，流向新兴经济体的跨境资本有望增加。国际原油市场短缺格局或延续，新能源发展或成为重点。《报告》还分别对海湾六国经济发展与投资前景、高利率和高债务对美国房地产市场脆弱性的影响等热点问题进行专题分析。

关于中国经济金融形势，《报告》认为，2023 年，中国经济逐步从疫情期间的非常态向常态化运行转变，服务业和消费快速增长，新产业新动能领域继续快速成长，成为经济增长的重要支撑。预计第四季度中国 GDP 增长 5.6% 左右，全年增长 5.3% 左右。展望 2024 年，外部环境或有所改善，稳增长政策效果将继续显现，国内需求有望持续修复。消费有望进一步恢复，基建和制造业投资有望较快增长，房地产投资降幅或小幅收窄。中国经济将向潜在增速水平回归，预计 2024 年 GDP 增长 5% 左右。2024 年是实现“十四五”规划目标的关键之年，未来要把短期稳增长和中长期促改革结合起来，努力营造稳定和谐有利的外部发展环境，发挥积极财政政策作用，坚持市场化改革方向不动摇，增强经济内生增长动力。

关于全球银行业发展形势，《报告》认为，2023 年，全球经济弱复苏，银行业积极调整业务，寻找盈利增长点，持续提升资本充足水平，部分经济体银行业资产质量面临下行压力；中国经济持续恢复，财政货币政策合理把握节奏和力度，银行业稳健经营和高质量服务实体经济能力持续提升。2024 年，全球经济增速或进一步放缓，银行业经营压力可能越发明显；中国银行业将持续加大对实体经济支持力度，重视风险管理，夯实资本基础，持续做优做强。

编者注：内容选自《政策与市场共同推动经济向潜在增长水平回归——中国银行中国经济金融展望报告（2024 年）》。

案例评析

这是一篇中国银行研究院发布的 2024 年经济金融展望报告，标题言简意赅，主题明确。报告主要由全球经济金融形势、中国经济金融形势和全球银行业发展形势这三个部分组成。报告回顾了 2023 年全球和中国的经济金融运行情况，以及全球银行业的运行情况，并对未来一年的经济金融形势和全球银行业发展趋势进行了预测。内容丰富，既有宏观的经济金融形势分析，也有具体的行业发展趋势预测，满足了不同读者的需求。报告对未来的预测是基于对现状的分析，因此具有较强的说服力。同时，报告在分析未来趋势时，也考虑到了可能的影响因素，如政策变化、市场需求等，使得预测更具有针对性和准确性。总的来说，这篇报告是一篇结构清晰、内容丰富、逻辑严密的经济金融预测报告，对于了解未来的经济金融形势和全球银行业发展趋势具有很大的参考价值。

项目实训

1. 请针对“2024 年中国智能手机销售量”这一主题撰写市场预测报告。

2. 请深入某企业或某店铺，了解某一单项产品或商品的销售情况，并撰写市场预测报告。

思考与练习

1. 市场预测报告的正文包括哪些内容？
2. 请分析市场预测报告和市场调查报告的联系和区别。
3. 市场预测报告有哪些作用？

项目十一

Chapter Eleven

经济活动分析报告

学习要求

了解经济活动分析报告的含义、特点和类型，掌握经济活动分析报告常用的分析方法，能遵循经济活动分析报告的基本要求应用于写作实践。

通过经济活动分析报告的撰写，搜集资料、分析研究、提出建议等过程，锤炼严谨审慎细致认真的修养。

任务导入

如果分析某一高校周边餐饮消费情况，并撰写经济活动分析报告，你认为需要完成哪些工作？

第一节　经济活动分析报告基本概述

一、经济活动分析报告的含义

经济活动分析报告是以科学的经济理论和现行的经济政策为指导，根据地区、企业部门或某一经济领域的计划指标、统计工作报表和调查研究掌握的情况与资料，对其经济活动进行系统的分析研究而形成的书面报告。经济活动分析报告通过分析原因、总结经验教训、揭示经济活动发展的趋势与规律，从而指导工作，改进经营管理，提高经济效益，并为经济活动提供可靠的决策依据。它既有涉及整体国民经济问题的分析，如《2023 年金融统计数据报告》，可以是针对某一行业的分析，如《中国光伏风电产业何以领跑全球？》，也可以是某一地区、某一企业的分析，如《怎么看哈尔滨的“泼天富贵”？》《霸王茶姬劲儿太大了》等。

经济活动分析报告不同于市场调查报告、市场预测报告。市场调查报告是对市场当前情况的分析与判断，市场预测报告是对市场未来情况的推测和把握，经济分析报告是对已经发生过的经济过程进行剖析，总结经验规律。

二、经济活动分析报告的作用

经济活动分析报告具有重要的作用，能体现整体经济形势、行业发展趋势和微观企业经济活动情况，为相关部门政策制定实施和经济活动主体经营策略制定落实提供协助。

（一）有助于政府职能部门发挥宏观调控作用

经济活动分析报告可以反映国民经济及其部门、社会经济环节、经营主体参与经济活动等动态发展情况，政府职能部门可以根据经济活动分析报告针对经济活动中的现状和问题，研究经济活动对经济增长、就业、对外贸易等方面的影响，为政府制定相应政策提供依据，调整经济活动，改善经济结构，提高产业竞争力，促进国民经济高质量发展。

（二）有助于各经济活动主体科学决策和提高经济效益

经济活动分析报告可以从总体或不同角度反映企业经济活动情况以及企业在生产经营环节存在的问题，有助于经济活动主体对此有一个全面、客观的认识，从而有利于其面向市场参与竞争、投资研判，进行科学决策。同时，确保针对自身问题以及结合市场环境提出解决方案，从而增强市场竞争力，提高经济效益。

三、经济活动分析报告的特点

（一）专业性

经济活动分析报告主要应用于经济领域，分析生产、流通、资金运转等经济活动中各项经济指标的完成情况，以及经济活动中的专门问题，如物价、消费等。由于涉及数据和信息处理、经济理论和模型的应用、行业和市场趋势的洞察等，有时可能需要运用多种工具和方法，因此经济分析报告一般具有较强的专业性。

（二）真实性

真实性是经济活动分析报告的生命线。无论是数据还是信息的采集、处理和分析，都必须严格遵守科学的方法和规范，确保其真实性。经济活动分析报告撰写者应具备高度的专业素养，撰写经济活动分析报告须实事求是，用数据说明经济活动情况，依照指标数据开展分析，确保报告内容准确可信。

（三）指导性

经济活动分析是通过分析总结，找出影响计划指标完成情况的主要因素和影响总体经济利益的薄弱环节，从而引起相关方的高度重视，及时采取相应的措施，加强管理，提高经济效益。对于经济部门和企业制定发展规划、安排调整工作重点以及计划进度，具有重要的指导意义。

（四）分析性

经济活动分析报告通过科学的分析方法，对经济活动开展考察，在揭示经济活动规律的基础上，对经济活动进行总结分析，如实反映企业经营管理、经济活动主体存在的问题，并提出相应的改进措施和合理建议。以事实为依据，透过现象看本质，从而为决策者提供有价值的参考意见，提高自身竞争力。

（五）可读性

报告往往涉及大量的数据和信息，如果语言过于晦涩难懂，将会影响读者的阅读体验和理解效果。因此，报告的语言应当简洁明了、通俗易懂，避免使用过于专业的术语和复杂的表达方式。同时，还可以通过图表、表格等形式直观地展示数据和信息，提高报告的可读性和易理解性。

四、经济活动分析报告的类型

根据分析角度不同、标准不同，经济活动分析报告具有多种类型。按经济部门划分，有工业、农业、商业、交通运输业等部门的经济活动分析报告。按分析内容不同，有财务分析报告、统计分析报告、业务分析报告、产品分析报告等。此处主要介绍两类按照不同标准划分的分析报告。

（一）按报告形式划分

1. 综合分析报告

综合分析报告又称全面分析报告或系统分析报告，通常是从经济活动的全局出发，对某一部门、某一企业、某一地区、某一行业在一定时期内的经济活动进行全面、系统的分析和研究后形成的书面报告。综合分析报告多用于定期分析。经济活动分析报告在写作过程中常常从经济效益入手，因为经济效益反映了一个企业或行业的总体情况。此类分析报告体现的企业或行业分析内容全面，具备一定深度，对指导企业或行业创新商业模式，提高经营管理水平有重要的指导作用。

2. 专题分析报告

专题分析报告又称专项分析报告或单项分析报告，是指在经济活动中选择某个关键性问题进行比较深入的分析和研究后形成的书面报告。其内容大部分为结合中心工作对一些重点问题进行专门分析，如产品质量分析、降低产品成本的分析等。有的是对重大形势变化下经济活动实施情况的分析，如俄乌冲突、全球能源市场变化的分析等。这类报告内容单一，一般为一事一议，反映问题迅速、及时，分析问题深入、透彻，形式灵活，具有一定实用价值。

3. 进度分析报告

进度分析报告多在旬、季、年末综合报表中编写。报表为进度分析报告提供数字依据，进度分析报告为报表提供信息和文字说明。进度分析报告具有反映某项计划完成情况的分析，有短期经营、生产进度分析，资金运用、原材料供应、产品销售等分析。这种分析内容更为单一、具体，反映问题及时。写作过程多用实际资料反映具体情况，分析评议较少。因此，实际部门的经济活动分析报告大多采用简报形式。

（二）按经济领域的范围划分

1. 宏观经济分析报告

宏观经济分析报告是从整体或全局的角度，对国民经济全局性问题进行分析而撰写的报告。宏观经济分析报告聚焦消费、投资、进出口、人口、就业、收入、财政、金融等宏观经济数据的最新动态，深入分析宏观经济数据的发展趋势以及全国各个地区宏观经济数据的横向对比情况，形成不同时间段全国各个地区的宏观经济数据聚合体系，为宏观经济研究、宏观调控政策调整和投资管理决策提供基础数据支撑与分析模型参考。

2. 中观行业分析报告

中观行业分析报告是从不同行业的角度，对行业基本概况、行业市场供求、行业竞争状况、行业景气状况及行业热点问题等进行分析而撰写的报告，是行业协会自律政策和投资管理决策的重要参考依据。

3. 微观经济分析报告

微观经济分析报告是从微观经济主体的角度，对企业行业地位、产品服务竞争力、市场占有率、产品技术水平、企业利润、企业投融资等方面进行分析形成的报告。

五、经济活动分析报告常用方法

（一）比较分析法

比较分析法是通过对比不同时期、不同地区或不同指标之间的数据，分析数据差异和变化趋势的一种方法。运用比较分析法，能深入了解经济活动的历史演变、地区差异和增长速度，从而探讨其原因，提出改进的方法。在进行比较分析时，可以采用定基比较、环比比较、横向比较等多种方式，以便更全面地揭示经济活动的特点和规律。

（二）因素分析法

因素分析法是通过分析影响经济发展的各种因素，了解各种因素对经济发展的影响程度和作用机制的一种方法。各种因素按照不同标准划分，包括自然资源、人力资源、技术进步、投资规模、市场需求等。通过因素分析，可以找出影响经济发展的关键因素，揭示其作用机制和传导路径，为制定有针对性的政策提供依据。因素分析法与比较分析法不同，侧重于事实的证明和原因的分析，在形成结果的众多综合因素中，寻找重要或关键因素，展开重点剖析；比较分析法侧重于发现问题，揭示特点规律。

（三）趋势分析法

趋势分析法是通过分析经济发展趋势，预测未来经济发展的走向和趋势的一种方法。在进行趋势分析时，可以采用定量分析和定性分析相结合的方法，通过对历史数据的统计分析、时间序列分析和专家意见等途径，预测未来经济发展的走势和转折点。通过趋势分析，可以及时发现经济发展的苗头和预警信号，为制定相应的政策和措施提供依据。

（四）综合分析法

综合分析法是将前述几种方法综合运用，对经济活动进行全面、系统的分析，以便更好地了解经济发展的实际情况和未来趋势的一种方法。综合分析法可以综合运用定量分析和定性分析、静态分析和动态分析等多种手段，从不同角度对经济活动进行分析和研究。通过综合分析法，可以全面了解经济发展的各个方面的实际情况和相互联系，发现经济发展中的优势和短板，为制定科学合理的经济发展战略提供依据。

第二节　经济活动分析报告写作要求

一、经济活动分析报告的写作步骤

完成一份经济活动分析报告，大致经过以下步骤。

（一）确立分析的目标与范畴

在开始撰写经济活动分析报告之前，必须首先明确报告的目的。这个目的应该具有针对性，能够反映出企业或相关部门的需求和关注点。同时，需要界定报告的分析范围，是针对整个宏观经济形势，行业经济情况，还是仅针对企业或者具体某一项业务或产品进行分析。

（二）搜集、整理与分析资料

资料是撰写经济活动分析报告的基础。为了确保报告的准确性和完整性，必须进行充分的资料搜集。这些资料可以来源于企业内部的报表、会议记录等，也可以从外部机构或市场调查中获取。在搜集资料的过程中，需要注意资料的准确性和时效性。

对搜集到的资料进行整理和分析是撰写报告的重要环节。对于搜集的文字资料和数字资料、现实资料和历史资料等进行分类、筛选和加工，以提取出有用的信息。在此过程中，可以采用各种分析方法，如比较分析、因素分析等，以揭示数据背后的规律和趋势及其原因等。

（三）撰写报告

撰写经济活动分析报告时，需要按照一定的结构和格式进行。要注意语言的准确性和严谨性，避免使用主观臆断或猜测性的表述。同时，需要遵循官方的语言风格，保持稳重、理性、正式的语气和措辞。

（四）审核与发布报告

完成报告后，需要进行审核和修改，以确保报告的准确性和完整性。在发布报告时，需要注意选择适当的渠道和方式，以确保报告能够被目标受众所获取和使用。同时，需要根据决策者或相关者的反馈进行进一步的沟通和交流，以促进报告的有效应用和改进。

二、经济活动分析报告的基本结构

由于撰写目的和内容不同，经济活动分析报告的格式并不固定，通常由标题、导言、正文和结尾等部分构成。

（一）标题

经济活动分析报告的标题主要有两种：公文式标题和文章式标题。

1．公文式标题

一般包括分析范围（地区、部门或单位）、时间、内容、文种等要素。如《202× 年药品流通行业运行统计分析报告》《202× 年中国新能源汽车产业分析报告》《 ×× 公司产品销售分析报告》等。

2. 文章式标题

此类标题形式较为丰富，没有固定的格式。通常体现分析的对象和事由，或文章论题范围，或主题内容等，充分体现文章的理性与个性。既有单标题形式，如《“生肖经济”与投资热共振黄金消费迎小高峰》《2024，手机从“模”开卷》，也有复合标题，由主、副标题组成，如《谁持彩“链”当空舞？——解码长沙产业链建设的前世今生》《积极财政政策落地见效——“三个高地”建设迈出新步伐》。

（二）导言

导言即前言、引言，是分析报告的起始部分。一般使用简练概括的语言或典型数据，对经济形势或分析对象基本情况简要介绍，具有提纲挈领作用。也可以在此部分阐述分析目的、起因和背景。有些分析报告则概述企业在经济活动中的主要工作、措施等。

（三）正文

正文反映经济活动分析报告的主要内容，是经济活动分析报告的主体部分。该部分内容根据分析的对象和目的，涉及内容较为广泛。因此，正文常常根据报告的类型、目的和要求做适当安排。

一般而言，应该包括：具体情况，主要介绍分析对象的情况，使用文字说明和具体数字说明；进行综合分析，依据国家政策和经济规律，对有关数据资料进行测算，或对有关情况进行综合分析研究，运用各种分析方法，总结成绩，找出存在的问题，提出改进建议和措施等。同时，根据分析目的不同，内容上可以有所侧重，例如将取得的成绩作为重点，也可以将存在的问题作为重点，还可以将提出的改进建议和措施作为重点。经济活动分析报告要以“分析”为主，而不能只堆砌材料，罗列事实。缺少有理有据、深入细致的分析，无法形成一份优秀的分析报告。只有分析得当，才能对经济活动做出正确的评价，才能对成功经验和失败教训有所认识，从而把握经济活动的本质和规律。

（四）结尾

结尾并非必要部分，一般起收束全文作用。目前大多数经济活动分析报告不专门安排结尾部分。有的报告以简短文字总括全文，或提示重点，或描述前景；也有报告以正文结束作为结尾。

三、经济活动分析报告撰写基本要求

（一）明确目的，把握重点

明确分析报告的撰写目的，即通过报告需要侧重说明实质意义的问题，并且得出结论、提出建议。明确写作目的后，确保抓住主要矛盾，突出主要问题，把握重点，深入分析。

（二）坚持全面系统地开展分析

经济活动是由多个相互关联的环节相互作用而形成的综合体，在开展经济活动分析时，必须遵循全面性和系统性的原则。把握宏观和微观角度的不同切入点，从经济活动全过程分析，避免孤立和单一视角看待问题。通过坚持全面系统开展分析，才能得出客观真实的结论。

（三）善于运用各种分析方法

经济活动分析报告不能停留在定性描述层面上，只有基于丰富的数据资料，运用各种分析方法，图文并茂，数据翔实，才能撰写出具有说服力的分析报告。一般来说，运用对比分析法对经济活动可比现象进行分析，可以找出分析对象之间的差距，包括取得的成绩。运用因素分析法，可以将形成某一现象的各个因素进行分解，厘清各因素对现象的影响程度。运用趋势分析法，可以研究经济活动的变化趋势。也可以运用综合分析法，根据具体情形，将几种分析方法结合运用。

（四）注意内容分析中的多个结合

经济活动分析报告中，要注意数量分析与质量分析的结合，宏观分析与微观分析的结合，横向分析与纵向分析的结合，“活”资料与“死”资料的结合，统计数字与文字说明的结合，分析问题与解决问题的结合，图表展示与语言阐述的结合。

第三节　典型案例及评析

案　例

2022年中国对外贸易发展情况分析

2022年，中国对外贸易顶住多重超预期因素冲击，进出口规模再上新台阶，首次突破40万亿元人民币大关，贸易结构不断优化，实现了保稳提质目标，为经济社会大局稳定作出重要贡献。

一、对外贸易稳定增长，规模再创历史新高

2022年，货物进出口总额42.1万亿元，同比（下同）增长7.7%，连续6年保持货物贸易第一大国地位。其中，出口24.0万亿元，增长10.5%；进口18.1万亿元，增长4.3%；顺差5.9万亿元，扩大35.4%。分季度看，一季度至四季度进出口额分别为9.4万亿元、10.3万亿元、11.3万亿元和11.0万亿元。以美元计，全年进出口规模达6.3万亿美元，增长4.4%。其中，出口3.6万亿美元，增长7.0%；进口2.7万亿美元，增长1.1%；顺差8776.0亿美元，扩大30.9%。世界贸易组织（WTO）数据显示，2022年中国出口国际市场份额为14.4%，连续14年居全球首位。

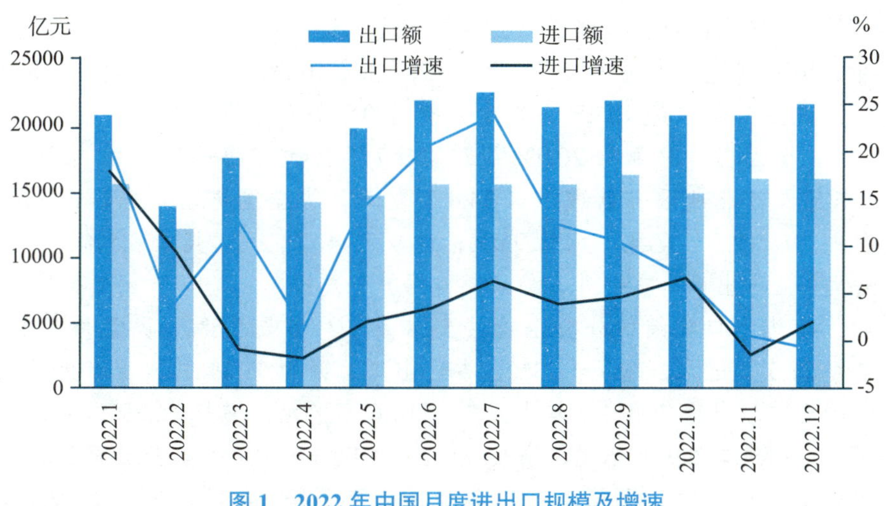

图 1　2022 年中国月度进出口规模及增速

资料来源：海关总署，下同。

二、贸易伙伴更加多元，市场布局更趋均衡

2022 年，对前三大贸易伙伴东盟、欧盟、美国进出口额分别为 6.5 万亿元、5.6 万亿元和 5.1 万亿元，增长 15.0%、5.6% 和 3.7%，分别占进出口总额的 15.5%、13.4% 和 12.0%。对“一带一路”合作伙伴和地区进出口 13.8 万亿元，增长 19.4%，占进出口总额的 32.9%，较上年提升 3.2 个百分点。对《区域全面经济伙伴关系协定》（RCEP）其他 14 个成员国进出口 13.0 万亿元，增长 7.5%，占进出口总额的 30.8%。对非洲、拉丁美洲进出口分别增长 14.5% 和 11.0%。

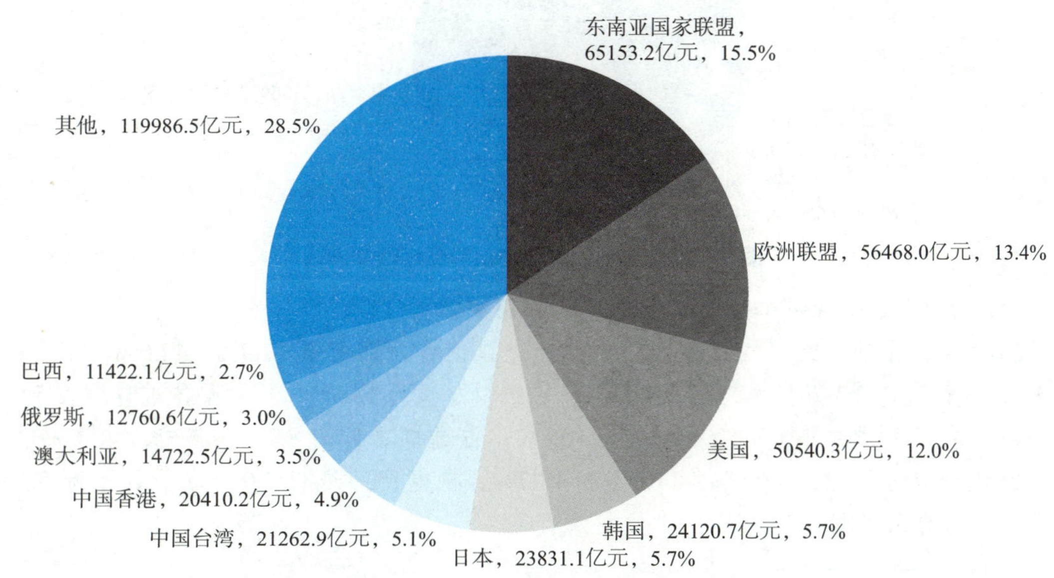

图 2　2022 年中国与主要贸易伙伴进出口规模及占比

三、中西部地区进出口较快增长，区域结构进一步优化

2022年，中西部地区[①]进出口7.7万亿元，增长10.5%，高出全国整体增速2.8个百分点，占全国进出口总额的18.2%，较上年提升0.5个百分点。其中，出口4.9万亿元，增长15.3%，占全国出口总额的20.5%；进口2.7万亿元，增长2.9%，占全国进口总额的15.2%。东部及东北地区合计进出口34.4万亿元，占全国进出口总额的81.8%，增长7.0%。其中，出口19.1万亿元，增长9.0%；进口15.4万亿元，增长4.5%。

四、民营企业进出口比重提升，稳外贸作用充分发挥

2022年，有进出口实绩的外贸企业共59.8万家，增长5.6%。民营外贸企业51.0万家，进出口额21.5万亿元，增长12.3%，占进出口总额的51.1%，较上年提升2.2个百分点，对外贸增长贡献率达79.1%。其中，出口14.6万亿元，增长16.3%，占比提升3.2个百分点至60.9%；进口6.9万亿元，增长4.6%，占比提升0.1个百分点至38.0%。外商投资企业进出口13.8万亿元，下降1.5%，占比较上年下降3.0个百分点至32.9%。国有企业进出口6.8万亿元，增长14.0%，占比较上年提升0.9个百分点至16.1%。

五、“新三样”出口快速增长，贸易新优势加快培育

2022年，机电产品出口13.7万亿元，增长7.0%，占出口总额的57.2%。其中电动载人汽车、锂电池、太阳能电池出口额分别为1635.6亿元、3426.6亿元、3085.2亿元，增长133.2%、86.7%和67.8%。纺织品、服装、箱包、鞋靴、玩具、家具、塑料制品等七大类劳动密集型产品合计出口4.3万亿元，增长8.6%，占出口总额的17.9%。其中箱包、鞋靴出口分别增长32.6%和24.4%。

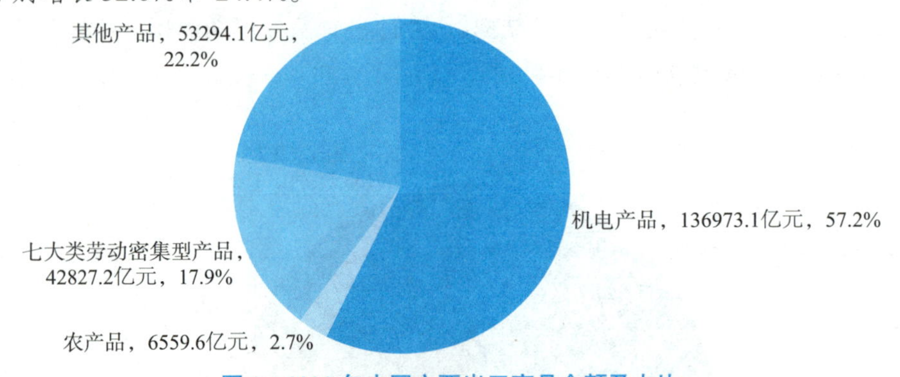

图3　2022年中国主要出口商品金额及占比

六、能源资源产品进口增加，价格带动作用突出

2022年，原油、天然气、煤炭、成品油进口价格分别上涨47.9%、44.5%、35.7%和24.5%，合计进口3.3万亿元，增长40.6%，占进口总额的18.3%，拉动整体进口增长5.5个百分点。农产品进口1.6万亿元，增长10.8%，占进口总额的8.7%。其中，水产品、食糖、粮食进口分别增长40.6%、17.0%和13.7%。机电产品进口7.0万亿元，下降5.4%，占进口总额的38.5%。

---

① 中西部地区包括山西、安徽、江西、河南、湖北、湖南中部六省以及内蒙古、广西、重庆、四川、贵州、云南、西藏、陕西、甘肃、青海、宁夏、新疆西部十二省（区、市）；东部地区包括北京、天津、河北、上海、江苏、浙江、福建、山东、广东、海南十省（市）；东北地区包括黑龙江、吉林、辽宁三省。

七、贸易方式持续优化，贸易新动能加快聚集

2022年，一般贸易进出口26.8万亿元，增长11.5%，占进出口总额的63.7%，较上年提升2.1个百分点。其中，出口15.2万亿元，增长15.4%，占出口总额的63.6%，提升2.7个百分点；进口11.6万亿元，增长6.7%，占进口总额的63.9%，提升1.5个百分点。加工贸易进出口8.5万亿元，占进出口总额的20.1%，较上年下降1.6个百分点。随着外贸新业态新模式发展和高水平开放平台带动，贸易新动能正加快聚集。全年跨境电商进出口2.1万亿元，增长9.8%。21个自贸试验区进出口7.5万亿元，增长14.5%。海南自由贸易港进出口首次突破2000亿元，达到2009.5亿元，增长36.8%。

八、服务贸易保持较快增长，进出口结构继续改善

2022年，服务进出口6.0万亿元，增长12.9%。其中，出口2.9万亿元，增长12.1%；进口3.1万亿元，增长13.5%；逆差2757.1亿元，扩大30.5%。知识密集型服务进出口2.5万亿元，增长7.8%。其中，出口1.4万亿元，增长12.2%，出口增长较快的领域是知识产权使用费、电信计算机和信息服务，分别增长17.5%和13.0%；进口1.1万亿元，增长2.6%，进口增长较快的领域是保险服务，增速达35.8%。旅行服务继续呈现恢复态势，全年旅行服务进出口0.9万亿元，增长8.4%。

编者注：内容选自《中国对外贸易形势报告（2023年春季)》

案例评析

这是一份关于2022年中国对外贸易发展情况的分析报告。标题概述了分析对象和主题内容。

分析报告导言部分对中国2022年对外贸易的基本情况、特点和贡献进行了全面且精练的阐述。正文部分从外贸整体规模、贸易对象分布、分区域进出口、外贸企业性质、贸易优势产品、能源资源产品、贸易方式、服务贸易等八个方面，使用翔实的数据，从多个维度展开分析。体现了中国外贸整体规模庞大及全球影响力的凸显，贸易伙伴的多元化，中西部地区外贸增速较快，民营外贸企业作用提升，传统优势产品和新优势产品双增长，价格变动对产品进口额影响明显，贸易新动能加快聚集，服务贸易结构持续改善等。

主体内容框架合理，语言平实精练，文字通俗易懂。采用了对比分析法、趋势分析法、因素分析法等分析方法，围绕2022年中国对外贸易发展情况这一主题，目的明确，进行了全面系统的分析。既体现在宏观贸易数据的变化上，也体现在常见的贸易区域结构、贸易商品结构、贸易方式等分析上，同时也突出了贸易新优势、贸易新动能等新热点问题分析上，形成了对中国对外贸易发展基本情况的年度分析。

项目实训

1. 请围绕“某一高校周边餐饮消费情况”这一主题撰写经济活动分析报告。

2. 请以某一行业或部门为研究对象，选择某一经济活动或现象，进行资料搜集或调查研究，撰写经济活动分析报告。

思考与练习

1. 请简述经济活动分析报告的文体特点。

2. 请结合具体案例分析经济活动分析报告与市场调查报告、市场预测报告的异同。

3. 你认为完成一份经济活动分析报告的要点有哪些?

项目十二 商业策划书

Chapter Twelve

学习要求

了解商业策划书的含义和类型，理解商业策划书的作用和特点，掌握商业策划书撰写的结构、要求和注意事项，并应用于写作实践。

通过撰写商业策划书，进行市场调研和分析，培养科学策划、务实决策的实事求是精神；客观地进行成本效益分析和收益风险分析，提升辩证思维能力。

任务导入

如需围绕“环境保护”这一主题，设计一款产品并撰写商业策划书，你认为需完成哪些工作？

第一节　商业策划书基本概述

一、商业策划书的含义

商业策划书，又称商业计划书，是一份系统性的文件，是公司或项目单位为达到招商融资或其他发展目标之目的，在前期对项目进行科学调研分析的基础上，从企业内部的人员、制度、管理、财务以及企业的产品、营销、市场、风险等各个方面对即将展开的商业项目进行可行性分析，全面展示公司和项目的背景、现状与规划、未来发展前景，进而形成的实现计划的策略文件。商业策划书是一份全方位的项目计划，既可以成为创业者成功获取融资的“利器”，又可以帮助创业者有计划、有步骤地开展创业活动。

二、商业策划书的作用

商业策划书是企业或项目发起人在筹备阶段编制的一份详细文档，它不仅概述了商业构想和策略，还提供了实施计划和财务预测。以下是商业策划书的几个主要作用。

（一）制定规划和战略

商业策划书迫使企业家和企业管理者深入思考他们的商业模式，包括市场定位、目标客户群、产品或服务的特点以及如何与竞争对手区分开来。通过这个过程，企业能够明确自己的长期愿景和短期目标，并制订出一套可行的战略来达成这些目标。商业策划书还帮助企业识别潜在的风险和机遇，从而更好地准备应对未来的不确定性。

（二）吸引投资和资金

对于寻求外部融资的企业来说，商业策划书是向投资者展示其商业理念和盈利潜力的重要工具。一个精心准备的商业策划书能够展示企业对市场的深刻理解、产品的竞争优势，以及清晰的财务规划，这些都是投资者在做出投资决策时所关注的关键因素。通过商业策划书，企业可以有效地传达其价值主张，吸引潜在投资者的注意，并有可能获得必要的资金支持来实现商业目标。

（三）推动团队建设和内部沟通

商业策划书作为一个共享的文档，可以帮助团队成员理解企业的共同目标和愿景。它为企业的各个部门提供了一个统一的指导方针，确保所有人都朝着相同的方向努力。通过明确各部门的职责和期望，商业策划书促进了团队内部的协调和合作。此外，它还可以用来跟踪进度和绩效，帮助管理团队监督项目的执行情况，并及时调整策略以应对新的挑战。

（四）促进业务发展和扩张

商业策划书不仅有助于启动一个新企业，还可以作为现有企业扩展业务和探索新市场的工具。它可以帮助企业识别新的商业机会、评估进入新市场的可行性以及规划如何有效地利用现有资源来实现增长。商业策划书还可以作为与合作伙伴、供应商和其他利益相关者沟通的基础，建立信任并促成合作关系。

三、商业策划书的特点

（一）目标导向性

商业策划书首先需要明确企业的长期愿景和短期目标。这些目标应当是具体、可衡量、可实现、相关性强和时限性的（SMART 原则）。商业策划书中的所有内容都应该围绕着这些目标展开，确保所有的战略和行动计划都是为了实现这些目标而设计的。这种目标导向性帮助企业保持聚焦，有效地分配资源，提高执行力。

（二）全面性

商业策划书需要全面地覆盖企业运营的各个方面，包括市场分析、产品或服务描述、营销和销售策略、运营管理、组织架构、人力资源规划、财务规划等。这种全面性确保企业在制订计划时考虑到所有关键的因素，从而减少遗漏重要细节的风险。全面性也使得商业策划书成为一个多用途的工具，可以用于内部管理、吸引投资者、招聘关键员工等多种场合。

（三）逻辑性

商业策划书的内容应该具有清晰的逻辑性和条理性，使得阅读者能够容易地理解企业的商业模式和策略。这意味着信息应该按照一定的结构来组织，例如从市场机会分析开始，接着是产品或服务的描述，然后是营销和销售策略，最后是财务预测和实施计划。逻辑性和条理性有助于提升文档的专业度，使其更加有说服力。

（四）动态性

商业环境和市场状况是不断变化的，因此商业策划书不应该是一成不变的。它应该是一个活文档，随着外部环境的变化和企业内部情况的发展而进行更新和调整。动态性意味着企业需要定期回顾和修订商业策划书，确保它反映最新的商业现实和预期。适应性则要求商业策划书能够灵活地适应市场和技术的变化，及时调整策略和计划，以应对新的挑战和机遇。

四、商业策划书的类型

商业策划书可以按照不同的标准进行分类，以下是几种常见的分类方式。

（一）按发展阶段分类

（1）创业策划书。这种类型的策划书通常用于新企业的创立阶段，目的是向潜在的投资者或银行展示商业理念的可行性、市场潜力和预期的财务回报。它包括市场分析、产品或服务描述、营销策略、运营计划、管理团队介绍和财务预测等内容。

（2）扩张策划书。当企业计划扩大规模、进入新市场或推出新产品时，会编写扩张策划书。这类策划书侧重于展示扩张计划的合理性、所需资源、预期的市场反应和增长潜力。

（3）转型策划书。在企业需要改变其业务模式、重组或应对市场变化时，转型策划书将指导企业如何安全过渡到新的业务状态。它包括转型的原因、目标、步骤、所需资源和预期结果。

（二）按目的分类

（1）融资策划书。如果企业需要外部资金来支持其运营或发展，融资策划书将用于吸引投资者或贷款机构。这类策划书侧重于财务状况、资金使用计划、还款或退出策略以及投资回报分析。

（2）项目策划书。对于特定的项目或活动，如产品开发、市场营销活动或特殊事件，项目策划书提供了详细的执行计划。它包括项目目标、时间表、预算、资源分配、风险评估和成功标准等。

（三）按行业分类

（1）技术行业计划书。针对科技企业，可能包括研发计划、技术路线图和知识产权管理。

（2）零售行业计划书。关注产品采购、库存管理、销售渠道和顾客体验。

（3）服务行业计划书。侧重于服务质量、客户满意度和服务创新。

（4）制造业计划书。包括生产流程、供应链管理、质量控制和成本优化等内容。

（四）按格式分类

（1）详细计划书。提供全面深入的信息，适用于寻求大规模投资或重大决策的情况。

（2）概要计划书。精简版的商业计划，通常用于快速吸引投资者的注意或作为初步讨论的基础。

第二节　商业策划书写作要求

一、商业策划书的基本结构

商业策划书是企业规划未来活动的重要文档，它不仅为企业提供了一个清晰的方向和行动计划，还是吸引投资者和合作伙伴的关键工具。一个典型的商业策划书通常包含以下几个基本部分。

（一）封面

封面应简洁明了，包括企业的名称、标识、联系信息以及策划书的日期。这是阅读者的第一印象，因此需要专业且吸引人。

（二）目录

目录列出了策划书的所有主要部分和子标题以及相应的页码，方便阅读者快速定位到感兴趣的内容。

（三）执行摘要

执行摘要是整个策划书的精华部分，通常在文档的其他部分完成后才编写。它概述了企业的使命、产品或服务、市场机会、财务概览和资金需求等关键信息。尽管位于文档前端，但它应该能够让读者即使不阅读整个文档也能了解企业的核心内容。

（四）公司描述

在这一部分，企业需要详细介绍自己的背景信息，包括成立时间、发展历程、所有权结构、主要业务活动、愿景、目标和核心价值观等。这有助于建立企业的品牌形象和市场定位。

（五）市场分析

市场分析是策划书中非常重要的部分，它详细描述了目标市场的规模、特征、增长潜力、客户细分、市场需求、竞争环境和市场趋势。这部分的目的是证明企业对市场有深入的了解，并且能够基于这些信息制定有效的商业策略。

（六）组织和管理

在这一部分，企业需要展示其组织结构图，并介绍管理团队的成员及其职责。此外，还应包括人力资源规划和内部管理制度等信息。

（七）产品或服务

这里详细介绍企业提供的产品或服务，包括技术特点、专利情况、研发进展、生产过程、供应链管理和售后服务等。这部分应该清晰地展示产品或服务的独特卖点和市场优势。

（八）营销和销售策略

描述企业如何吸引和保留客户的策略，包括定价策略、推广活动、销售渠道和客户服务等。这部分应该展示企业如何有效地将产品或服务推向市场，并实现销售目标。

（九）资金需求

如果策划书的目的是寻求融资，这部分将详细说明所需资金的金额、用途和未来几年的财务预测。这有助于潜在的投资者评估投资的风险和回报。

（十）财务预测

包括收入预测、现金流量表、利润表和资产负债表等财务报表以及对关键财务指标的解释和假设。这些数据为投资者提供了企业未来财务表现的预期。

（十一）风险因素

针对策划书的主体进行风险分析，包括市场风险、财务风险、运营风险、法律风险等，并针对上述风险提出应对措施。

（十二）附录

附录可以包括任何支持性的文件和额外信息，如管理团队成员的简历、市场研究数据、技术规格说明、合作伙伴或客户的推荐信等。

需要注意的是，商业策划书的结构不是一成不变的，其可能会根据企业的具体情况和策划书的目的有所调整。一个好的商业策划书应该清晰、准确、有说服力，并且能够全面展示企业的潜力和战略计划。

二、商业策划书撰写基本要求

（一）关注产品

在商业策划书中，应提供所有与企业的产品或服务有关的细节，包括企业所实施的所有调查。这些问题包括：产品正处于什么样的发展阶段？它的独特性怎样？企业分销产品的方法是什么？谁会使用企业的产品，为什么？产品的生产成本是多少，售价是多少？企业发展新的现代化产品的计划是什么？把出资者拉到企业的产品或服务中来，这样出资者就会和风险企业家一样对产品有兴趣。在商业策划书中，企业家应尽量用简单的词语来描述每件事。商品及其属性的定义对企业家来说是非常明确的，但其他人却不一定清楚它们的含义。制订商业策划书的目的不仅是要出资者相信企业的产品会在世界上产生革命性的影响，同时也要使他们相信企业有证明它的论据。商业策划书对产品的阐述，要让出资者感到："噢，这种产品是多么美妙、多么令人鼓舞啊！"

（二）敢于竞争

在商业策划书中，风险企业家应细致分析竞争对手的情况。竞争对手都是谁？他们的产品是如何工作的？竞争对手的产品与本企业的产品相比，有哪些相同点和不同点？竞争对手所采用的营销策略是什么？要明确每个竞争者的销售额、毛利润、收入以及市场份额，然后再讨论本企业相对于每个竞争者所具有的竞争优势，要向投资者展示，顾客偏爱本企业的原因是：本企业的产品质量好，送货迅速，定位适中，价格合适等。商业策划书要使它的读者相信，本企业不仅是行业中的有力竞争者，而且将来还会是确定行业标准的领先者。在商业策划书中，企业家还应阐明竞争者给本企业带来的风险以及本企业所采取的对策。

（三）了解市场

商业策划书要给投资者提供企业对目标市场的深入分析和理解。要细致分析经济、地理、职业以及心理等因素对消费者选择购买本企业产品这一行为的影响与各个因素所起的作用。商业策划书中还应包括一个主要的营销计划，计划中应列出本企业打算开展广告、促销以及公共关系活动的地区，明确每一项活动的预算和收益。商业策划书中还应简述一下企业的销售战略：企业是使用外面的销售代表还是使用内部职员？企业是使用转卖商、分销商还是特许商？企业将提供何种类型的销售培训？此外，商业策划书还应特别关注一下销售中的细节问题。

（四）表明行动的方针

企业的行动计划应该是无懈可击的。商业策划书中应该明确下列问题：企业如何把产品推向市场？如何设计生产线，如何组装产品？企业生产需要哪些原料？企业拥有哪些生产资源，还需要什么生产资源？生产和设备的成本是多少？企业是买设备还是租设备？解释与产品组装、储存以及发送有关的固定成本和变动成本的情况。

（五）展示管理队伍

把一个思想转化为一个成功的风险企业，其关键的因素就是要有一支强有力的管理队伍。这支队伍的成员必须有较高的专业技术、管理才能和多年工作经验，要给投资者这样一种感觉："看，这支队伍里都有谁！如果这个公司是一支足球队的话，他们就会一直杀入世界杯决赛！"管理者的职能就是计划、组织、控制和指导公司实现目标的行动。在商业策划书中，应首先描述一下整个管理队伍及其职责，然后再分别介绍每位管理人员的特殊才能、特点和造诣，细致描述每个管理者将对公司所作的贡献。

三、商业策划书撰写注意事项

撰写商业策划书时，应注意以下事项。

第一，明确目标和读者。在开始撰写之前，必须明确策划书的目的是什么以及预期的读者是谁。不同的目标和读者可能需要不同的信息和呈现方式。例如，如果策划书旨在吸引投资者，那么财务部分需要特别详细；如果是为了内部规划，可能更侧重于运营和战略。了解读者的需求和期望可以帮助确定策划书的内容和重点。

第二，清晰、简洁和专业。商业策划书应该是清晰、简洁和专业的。使用简单直白的语言来表达复杂的概念，避免行业术语和不必要的技术性细节，除非它们对理解内容至关重要。策划书的结构应该逻辑清晰，各部分之间有良好的过渡，使读者能够轻松跟随。此外，文档的格式和设计也很重要，应该保持一致且易于阅读。图表和图像可以有效地传达信息，但应确保它们的质量且与内容相关。商业策划书应叙议结合，既强调用事实说话，又保证结论源自对情况的深入分析。

第三节 典型案例及评析

空气乐队项目商业计划书

目录（略）

1 摘要

1.1 产品简介

AeroBand 空气乐队是 AeroBand 团队研发的一套仿真乐器类智能硬件。现阶段已经开发了空气拨片、智能鼓槌两款产品，团队致力于开发专注年轻人的仿真乐器产品，产品由 App 和智能硬件组成。

1.2 专利简介

空气乐队系列产品共有三个技术专利，包括一项国家发明专利、两项实用新型专利。附录中有具体内容和专利证书图片。

1.3 市场分析

根据年龄、收入状况、生活方式、娱乐需求等多方因素，空气乐队产品市场定位于“泛音乐”娱乐市场，解决新潮的年轻人不会乐器，但渴望快速上手、展现自我、炫酷玩音乐的需求。初期的目标市场是年轻人，细分为在校大学生、青少年、26 岁以下的已工作人群，主要通过在校大学生群体打入市场。

1.4 营销推广

在前期推广中，我们一方面与当前流行软件合作，借助商家合作平台销售产品。比如充分利用抖音、美拍、唱吧、快手等平台上的网红流量和微商资源，关注度高的极客公园、硬蛋科技等新媒体资源，让空气拨片和智能鼓槌走进公众视野。另一方面，在京东、淘宝等大型电商平台上进行产品众筹。此外，公司也与小米生态链、唱吧、QQ 音乐、友唱等达成了战略合作，未来我们将进一步朝着迷你 KTV 的方向发展。

1.5 盈利模式

前期主要靠销售硬件盈利，同时在 APP 上也会提供需要付费或积分充值来解锁的新歌与新技能。发展中期会增加线上社区的打赏抽成，导流到电商。后期当用户社群积累到一定程度，会专注于社区打造、线上社交的运作和获利。

1.6 资金需求

天使轮融资 200 万元，出让 10% 股份。融资用途主要包括基础投入 20 万元、公司运营 60 万元、营销推广 80 万元、后续研发 30 万元、其他 10 万元。

1.7 团队介绍

创业团队核心成员 8 人，学科涵盖算法、硬件、市场、后端、Unity 开发、UI、外观设计等。

2 项目背景

随着智能手机的普及和大学生消费水平的不断提高，加之大学生对未来收入的良好预期和前卫冲动的消费观，使得大学生成为空气乐队产品极具潜力的目标市场。当代大学生追求时尚潮流、兴趣广泛，但是却没有足够多的时间来学习音乐。而空气乐队产品能够很好地契合他们的需求，用户不需要花费大量的时间来系统和专业地学习吉他和架子鼓，便可以快速上手，享受音乐带来的快感和恣意。

3 产品与服务（具体分析略）

3.1 产品介绍

3.1.1 AeroBand 空气拨片

3.1.2 AeroBand 智能鼓槌

3.1.3 硬件

3.1.4 软件

3.2 奖励机制

3.2.1 获得奖励

3.2.2 奖励变现

3.3 创新点

3.4 AeroBand App

3.4.1 吉他弹唱功能

3.4.2 自由演奏功能

3.4.3 乐队功能

3.4.4 社区功能

3.5 应用场景

3.6 产品特点

3.6.1 竞争优势

3.6.2 随身携带

3.6.3 快速上手

3.6.4 音色丰富

3.6.5 曲库庞大

4 行业与市场（具体分析略）

4.1 政策环境

4.2 市场环境

4.2.1 行业基本状况

4.2.2 竞争对手分析

4.3 市场前景

4.3.1 智能硬件市场前景

4.3.2 动作捕捉前景

4.3.3 移动音乐及电声乐器的市场前景

4.4 市场容量

4.5 市场需求

4.6 影响目标消费群体的因素

5 营销计划

5.1 产品营销

公司初期主要销售空气乐队系列硬件产品，并通过这些产品获取利润。

（1）主要通过官网和公众号进行销售。

（2）考虑采取赠与部分产品的方式，目的是推广产品，使消费者更多地了解产品本身的特色及使用方法，利用产品本身的社交性进一步拓展市场。

（3）积极和渠道商进行线上平台合作考虑以批发价批发给渠道商，但渠道商的出售价格不得低于官网售价。

5.2 推广方式

1. 智能硬件媒体合作

在智能硬件媒体方面，公司主要和硬蛋科技、极客公园、创业邦、IT 耳朵等进行合作。智能鼓槌本身就是“黑科技”产品，而这些智能硬件媒体的受众恰恰是对“黑科技”、新玩法极为感兴趣的人群。与这些硬件媒体合作，有助于产品的进一步宣传以及精准打入市场。

2. 京东众筹

众筹平台是近几年备受热捧的网络平台，公司会积极利用众筹渠道，进行产品的预定及预售，通过抓住核心顾客群来逐步打开产品的市场。空气拨片产品已于 2018 年 4 月 25 日登陆京东众筹，已完成 122%，智能鼓槌产品预计在今年下半年进行京东众筹。硬蛋科技主要负责众筹之前的预热和众筹后渠道资源的对接。

3. 线上推广

一方面通过网红、微商、微博大 V 等代理销售产品；另一方面通过打造自己的空气乐队，在抖音、美拍、秒拍等大型社交平台定期上传表演视频，建立粉丝群并及时更新产品的玩法与技巧。(略)

4. 校园宣传

在校园销售方面，考虑到校园活动与各类比赛较多的特点，主要结合校园活动与相关比赛进行营销推广。公司将以北京科技大学为中心和试点，形成一套高效的校园营销体系，进而由点及面，逐步辐射到其他大学校园。(略)

5.3 渠道合作

境内主要与《创业邦》杂志、硬蛋科技、极客公园、IT 耳朵、智能界、72 变、极果网等新媒体渠道合作，并且与阿里优优、乐炮等合作方达成渠道合作；境外主要进行众筹、众测、硬件销售。

5.4 战略合作

本公司产品空气拨片已经分别与小米生态链、唱吧、QQ 音乐、友唱达成了战略合作，目前已经实现空气拨片与小米盒子的结合。新产品智能鼓槌将充分利用现有资源，未来将进一步朝着迷你 KTV、唱吧、QQ 音乐的方向拓展合作。

5.5 价格方案

初期由于产品对市场是完全新品，空气拨片和智能鼓槌会分别以 198 元和 298 元进入市场，进行初期销售；中期考虑会有竞争对手或其他仿制品的渗入，会适当降价，并继续保持所占市场份额；后期会再次打响价格战，巩固已有市场，并进一步开拓未知市场。

6 公司管理（具体分析略）

6.1 股东

6.2 组织结构

6.3 部门职责

7 财务计划（具体分析略）

7.1 主要财务假设

7.2 资金来源与用途

7.3 团队三年资金使用计划

7.4 销售预测

7.5 成本估值

7.6 主要财务数据

8 风险控制

8.1 政策风险

创业团队是在国家大力鼓励和支持“双创”的社会大背景下成立的，受到国家政策法规的影响较大，一旦过了支持的“蜜月期”，可能将面临融资困难、市场净却的风险。

防范方案：时刻关注国家宏观政策调整，把握政策方向标，趁时机还在，赶快壮大团队，在风险到来时实现团队的改造和转型。

8.2 管理与决策风险

创业初期管理层市场经验不足，缺乏管理实践经验，在团队成立初期可以简单应对。但在公司快速成长时，组织与管理能力可能出现跟不上业务发展的需要。此外，在团队生存和发展过程中，随时面临团队管理层的决策失误导致团队发展受阻的风险。

防范方案：建立健全人才引入机制、淘汰机制和激励机制。团队将会根据实际情况不断完善和制定新的规章制度，建立良好的约束机制。不断完善组织结构，引进职业经理人，管理人员要不断学习，完善自身决策和管理技能。

8.3 资金风险

伴随公司的快速发展壮大，对服务、产品体验和技术开发都提出了更高的要求，需要团队不断加大资金投入，特别是在创业初期，如果资金筹措不当，可能会出现资金链断裂等风险，影响公司的正常发展。

防范方案：首先，要合理安排资金，提高资金的周转率。其次，在必要时，可以提前准备向银行贷入部分资金和开始新的融资计划。最后，在时机成熟的时候，可以考虑通过上市（IPO）获取更多的资金。

8.4 市场风险

在空气乐队系列产品上线期间，存在巨大的市场风险。比如较难确定市场对新产品的接受能力，较难确定市场接受的时间等。由于新产品往往在初期较难被市场认同，可能出现产品销售缓慢等问题。

防范方案：建立一支专业的营销队伍逐步完善线上线下的营销策略。此外，在创业初期，需要进行全面的市场调查，了解客户需求和市场容量。依据客户群偏好，增加产品功能，培养客户对本产品的依赖性。用优质的产品和服务来稳定市场份额与价格，减少市场波动。建立健全完善的信息反馈机制。实时跟踪市场定位。加大国内宣传力度，吸引有丰富经验的销售人员。

8.5 技术风险

用户对于新产品的接受能力和反应不确定，同类产品的模仿和用户对技术更新速度的要求对技术创新和技术保护提出了新的要求。

防范方案：了解市场需求，有针对性地开发新产品。不断迭代硬件和程序、构建技术壁垒，加快产品的更新换代速度；加强与同行业企业的优势互补和技术吸收；形成以智能鼓槌技术为主的同心多元化产品链，分散经营风险，加强市场渗透；大量研发和申请相关专利，建立技术“护城河”。

9. 资本退出

本公司依据企业未来发展状况为风险投资提供了多种退出方式，包括公司上市、股权转让等。

1. 公司上市

可在公司创立的5—6年之后，相关财务指标达到上市要求后实施。(略)

2. 股权转让

可在3年以后实施。由于受法律政策环境限制，风险投资团队通过股权转让的方式实现退出应该具有实际意义。股权转让可以通过投资机构自有渠道完成，如促成不同投资机构之间的股权转让，也可以借助专业机构如投资银行、证券团队收购和兼并部门完成。

附录（略）

编者注：内容选自《空气乐队项目商业计划书》。

案例评析

此商业计划书案例为空气乐队项目获得2017年第三届中国“互联网+”大学生创新创业大赛全国总决赛银奖、2018年iCAN国际创新创业大赛国际总决赛一等奖、2018年第十一届“挑战杯”中国大学生创业计划竞赛全国总决赛金奖作品。该商业计划书由九个部分组成，包含了一篇商业计划书的所有元素，是一个结构完整、内容丰富、具有较强操作性和可行性的策划案例。它很好地展示了产品的市场潜力、推广策略、盈利前景和风险管理，能够吸引潜在投资者和合作伙伴的关注。结构安排合理，各部分内容之间过渡自然，条理分明，逻辑性强，语言表达清晰，专业术语使用得当，格式规范，是一篇优秀的商业计划书。

项目实训

1. 请围绕“保护环境”这一主题设计一款产品，并撰写商业策划书。
2. 如果你大学毕业之后想要创业，请结合创业目标、创业领域以及自身的想法，撰写一份商业策划书。

思考与练习

1. 商业策划书具有哪些特点？
2. 你认为商业策划书的风险因素分析主要包括哪些部分？
3. 如何在商业策划书中突出项目的亮点？

第四篇

财经宣传类文书

项目十三 商品说明书

Chapter Thirteen

学习要求

了解商品说明书的概念和特点；掌握商品说明书的基本结构、写作要求及注意事项；理解商品说明书与广告的不同点。

通过学习，培养学生始终保持高度的责任心，对每一个细节进行仔细审查，确保信息的准确无误。同时遵守相关的法律法规和道德规范，不夸大宣传，不误导消费者。

任务导入

请找到最近购买的一件商品的说明书，概述商品说明书中的主要内容。

第一节　商品说明书基本概述

一、商品说明书的概念及作用

商品说明书是一种以说明为主要表达方式，概括介绍商品用途、性能、特征、使用和保养方法等知识的文书材料。

作为生产厂家介绍和推销商品的一种重要宣传手段，商品说明书的作用具体表现为：

（一）推销商品

商品说明书对商品的专门介绍，有助于消费者对商品的认识，也能激起消费者的购买欲望，促进购买行动，从而起到推销商品的作用。

（二）指导用户

商品说明书可以指导用户理解商品的性能，了解商品的用途，掌握商品的使用、保养方法。是向用户传授商品知识，为用户服务的有效途径。

（三）交流信息

随着科技的迅猛发展，信息情报的传递和交流愈加频繁。在经济活动中，商品说明书是负责进行信息交流及互通情报的重要工具。一些企业借助商品说明书进行技术改造、产品研制，它的价值已日益受到工商企业、科研机构的重视。

二、商品说明书的类型

由于商品的性能、功能和消费者了解商品的需求不同，说明和推销商品的方法也不一样。有的商品只需要用户了解使用方法，有的商品却需要有声有色地来吸引消费者。根据推销商品的目的、方式的不同，商品说明书可分为以下几类。

（一）梗概型商品说明书

梗概型商品说明书运用简明扼要的文字，说明商品的主要特征或概况，使消费者在即刻之间就能了解到商品的基本情况。有些商品，比如饮料，食品的说明书并不一定需要向人们介绍饮食的方法和注意的事项，也不需要说明它们的性质和功能，只要作简单介绍便可以达到说明的目的；有的商品虽然也需要介绍使用方法或特征，但只需作简单的说明便可，如雀巢咖啡的说明书："百分之百纯咖啡豆精制而成，只需放一茶匙咖啡于杯中（浓淡随意），注入沸水，搅匀，酌量加糖、加奶，至适味，即成一杯香浓美味、称心满意的雀巢咖啡（无须煮沸）"。

（二）描述型商品说明书

描述型商品说明书运用优美流畅的笔法，介绍、渲染商品的特点和风格，以加强其个性形象。有时，作者还可以运用比喻、拟人的手法，用自述的形式介绍，寓知识性于趣味性之中，使人在撷取商品信息的同时，获得艺术的享受。

（三）说明型商品说明书

说明型商品说明书运用说明的方法对商品各方面情况进行分类介绍。目前我们所见到的商品说明书大多是说明型的。

（四）释疑型商品说明书

释疑型商品说明书通过说明和议论相结合的方法，对商品作出恰如其分的解释和评价。

有些新产品刚刚问世，人们对其性能、功能等还有疑惑，商品说明书必须有目的地对其加以解释。不仅要说明这是什么、怎么样，更重要的在于说明为什么、怎么样。

如广西柳州牙膏厂刚推出"两面针"牙膏时，因它的绿色膏体令众多消费者担心用久了该产品会使自己的牙齿变绿。因此，该牙膏的说明书重点剖析了"两面针牙膏为什么是绿的"这一问题，较具体地说明了其主要成分所含的叶绿素在消灭口腔细菌、保护牙齿上的功能，为引导消费起到了很好的作用。

三、商品说明书特点

（一）实用性和可操作性

商品说明书是向消费者介绍有关商品的使用、保养、维修知识的材料，消费者在正确使用所购买的商品前，应该认真阅读商品说明书，并按其要求进行操作以实现商品的使用价值。尤其是在高科技迅速发展的今天，各种新产品、新技术、新服务层出不穷，为了保护消费者的切身利益，必须如实地将有关知识加以介绍和指导，帮助消费者熟悉或正确使用商品。因此，实用性和可操作性是商品说明书的基本特点。

（二）科学性和知识性

商品说明书要以科学的态度和科学的方式向消费者客观、真实地介绍商品的性能、构造、成分、效用、使用方法、注意事项、保养、维修等必需的知识，力求全面、准确无误；否则，将会给人们的生产、生活带来不良的甚至严重的后果。这是商品说明书和广告最根本的区别。

（三）通俗易懂和条理性

商品说明书常常直接用于指导人们的生产和生活，用户往往都是外行，在使用过程中需要逐字逐句地研读，并且一一参照实践。因此，在对商品进行说明和介绍时应以通俗浅显的语言，将商品各方面的情况介绍清楚，尽量不用或少用人们不易理解的专业术语，避免使用生僻词语。此外，商品说明书必须做到条理清晰、层次分明，让用户好懂、好记。

第二节　商品说明书写作要求

一、商品说明书的基本结构

商品说明书一般由标题、正文、结尾三部分构成。

（一）标题

商品说明书的标题通常由商品名称或说明对象（如品牌、型号）和文种（说明书、说明、×× 指南、×× 入门、用户手册等）组成，如《奔腾电饭煲使用说明书》《荣耀70ProIMX800 用户手册》《方正系列微机技术手册》。一般商品包装上的说明就是商品名称，如“蒙牛高钙牛奶”“统一鲜橙多”等。

商品说明书标题的字体通常用大号或美术字体，放在明显的位置以引人注意。

（二）正文

商品说明书的正文是说明书的主体，内容长短和写法因商品而异，没有固定的模式。一般应写明商品的基本情况，如商品的名称、性能、构造、成分、效用、使用方法、适用范围、注意事项、保养（储藏）、安装、维修等；大型或结构复杂的机械说明书则侧重于说明商品的型号、原理、构造等。在实际写作过程中，通常采用以下几种形式。

1. 条款式

条款式是根据商品的主要情况，逐项分条介绍有关商品的各方面知识，如产地、原料、性能、构成、使用方法、注意事项、保养等。这种形式内容集中、条理清晰、层次清楚，表述上严谨有序。

2. 概述式

概述式是对商品的有关情况进行概括的介绍和说明。一般只需介绍商品的基本情况或主要情况。这种形式能使说明书的内容比较完整和连贯，但写作过程中要根据不同类型商品的不同特性作各有侧重、详略得当、具体细致的介绍和说明，力求简明扼要，不要面面俱到。

3. 综合式

综合式是概述式和条款式的结合。文中既有总体概括的介绍，又有分项的具体说明，是把概述式和条款式合二为一的一种综合形式。一般是先概述，后分述。这种形式用得比较普遍，既有总体说明，又有具体的条目内容，能全面、详尽、清晰地介绍商品的整体情况。

（三）结尾

结尾一般包括生产、经销等相关企业或单位的名称、地址、电话、邮编、传真号码、网址及商标说明等内容。商品不同，结尾的内容也各不相同。

二、商品说明书的写作基本要求

商品说明书的特点决定了在编写商品说明书时一定要如实地说明商品的情况，决不可随意夸大，欺骗消费者，要对消费者负责。

（一）注重商品的特色

不同的商品有各自的特点，即使是同一种商品，由于型号、外形设计、包装甚至性能上存在差异，也会呈现不同的特色。撰写者只有了解商品的特点，抓住其与众不同之处，才能准确、可靠地反映商品的特色，将其与其他同类商品区别开来。

（二）采用恰当的说明方式

根据商品的不同，应选择详略得当的说明方式。对于人们较熟悉的常用商品，可以采用简短的说明方式，比如日用品、食品、医药品等，往往只要介绍商品的性能、特点、用途、用法和保存、保养的方法就可以了。而对于一些复杂的专用商品，就应该采用详细的说明方式，比如科学仪器、机电设备、电子器材等科技产品，往往还要将制作原理、使用的原材料、工作原理、主要技术参数、维护与修理等内容加以详细介绍。撰写者应根据不同的商品和写作目的，选择恰当的说明方式进行介绍。

（三）具备较高的专业水平

由以上两点写作要求可以推出商品说明书的撰写者必须具备较高的专业水平，对商品的性能特点、制作流程、用途用法等要相当了解，这样才能保证商品说明书的准确性和科学性。

（四）运用适宜的表达方式

由商品说明书的科学性和知识性可知，在编写商品说明书时，语言要尽量具有科学性，不可随意，不可使用描写、抒情、议论等表达方式，在通俗易懂的前提下，可以恰当地引用专业术语，特别是一些专门类的说明书，如药品说明书、专用仪表或机械说明书。

三、商品说明书写作的注意事项

商品说明书写作具体包括如下注意事项。

（一）关注消费者及用户需求

把广大用户的需要放在第一位，使商品说明书切实起到方便用户的作用。描述产品的使用场景和适用人群，让消费者能够更好地了解产品在实际生活中的应用。在商品说明书中强调品牌的售后服务，包括退换货政策、保修期限等，增加消费者的购买信心。

（二）保证内容的准确性和客观性

商品说明书应准确描述产品的特点、功能和使用方法，确保准确无误。避免使用模糊或夸张的词汇，确保消费者能够正确理解产品。说明书中应提供商品的详细信息，包括尺寸、重量、材质、颜色等，以便消费者能够根据自己的需求选择产品。适当地配合高质量的图片和图表，让消费者能够直观地了解产品的外观和功能，同时加以文字说明，让消费者更容易理解产品。确保商品说明书中的信息与产品实际情况一致，避免因信息不一致导致消费者投诉和纠纷。同时随着产品的更新换代，商品说明书也应不断更新和完善，确保消费者能够获取最新的产品信息。

第三节　典型案例及评析

案例一

智能电饭煲说明书

【产品概述】

本产品是一款高效节能的智能电饭煲。采用先进的加热技术，能确保食物的原汁原味，保持口感，带给您极致的烹饪体验。电饭煲外观时尚，设计人性化，是您厨房中的理想之选。

【产品特点】

高效节能：本产品采用先进的加热技术，烹饪过程中热能利用率高，比传统电饭煲节电高达30%。

人性化设计：内胆选用优质不锈钢材质，易清洗、耐磨损；智能预约功能让您随时享用新鲜美食。

多种功能：除了煮饭，本产品还具备炖、蒸、煮等多种功能，满足您不同的烹饪需求。

安全可靠：产品采用全封闭设计，防尘、防虫、防溢，使用安全。

【使用方法】

清洗电饭煲内胆，确保无残留食物。

根据烹饪需求，将适量水加入内胆。

盖上电饭煲盖子，选择相应的烹饪模式（如精煮、快煮、炖肉等）。

根据所选模式及个人口感，设定烹饪时间。

开始烹饪，等待美食出炉。

【注意事项】

使用前确保电源线干燥，避免发生漏电事故。

清洗时切勿用锐利工具刮擦内胆，以免影响加热效果。

请勿在电饭煲周围放置易燃物品。

如发现电源线破损或电饭煲异常，请立即停止使用并联系专业人员进行维修。

【保养维护】

定期清洗电饭煲内胆及外壳表面，保持清洁卫生。

使用柔软的湿布擦拭电饭煲外壳及电源线，切勿使用化学清洁剂。

电饭煲长期不使用时，请将内胆取出，晾干后存放于干燥处。

【常见问题及解决方法】

电饭煲无法工作：检查电源是否接通。如电源正常，请联系专业维修人员进行检查。

内胆不热：检查加热元件是否正常工作。如加热元件损坏，需更换。

烹饪时间过长或过短：调整烹饪时间设置。如仍有问题，建议咨询厂家或专业维修人员。

案例评析

这是一则综合式的商品说明书。前半部分概括介绍了智能电饭锅的功能和特点，让人们对该商品有一个大致的认识；后半部分列举了使用者需要了解和注意的具体事项，包括使用方法、注意事项、保养维护和常见问题及解决方法。让消费者能够迅速且全面了解产品。

项目实训

1. 以家乡特产为说明对象，按照商品说明书的格式，本着翔实客观的写作态度，撰写一篇商品说明书。

2. 选择一款市场上销售的智能加湿器，撰写商品说明书。

思考与练习

1. 商品说明书的主要作用和类型有哪些？

2. 商品说明书写作的基本结构包括哪些？

3. 商品说明书的形式大体有哪几类？实践中应该如何选择？

项目十四 广告文案

Chapter Fourteen

学习要求

了解广告行业的基本知识，包括广告的概念、广告的特点及分类、广告的作用及传播渠道等；掌握广告文案写作要求及注意事项，能够清晰地表达产品或服务的优势，吸引目标受众的注意力。

通过学习，培养学生撰写的广告文案积极向上，符合社会主义核心价值观，传播正能量，避免产生负面影响。同时广告文案应注重诚信与道德，强调产品质量和服务，树立企业的良好形象。

任务导入

“我们不生产水，我们只是大自然的搬运工”——农夫山泉，请思考这份经典广告文案是如何被创作出来的呢？

第一节　广告文案基本概述

一、广告的概念

广告，顾名思义，就是广而告之，向社会广大公众告知某件事物。广告就其含义来说，有广义和狭义之分。

广义的广告，指广告商针对特定的客户群体，对特定的商品或服务所做的宣传活动或信息传播活动，包括以营利为目的的商业广告和不以营利为目的的非商业广告两类。

狭义的广告，仅指以营利为目的的商业广告，也称经济广告。它由可识别的广告商，通过媒体向目标群体传播企业、商品或服务信息，以实现其商业目的。

广告一般具备四个要素：其一，广告必须有广告主；其二，广告必须有信息；其三，广告必须有媒体；其四，广告必须付费。

二、广告的特点

广告有别于一般的大众传播和宣传活动，具备独特性、经济性、战略性、针对性、艺术性及科学性六个特点。

（一）独特性

广告策划文案应具有独创性和原创性。只有从独特的角度和创意出发，才能以新颖的视角，吸引目标群体的注意和关注，增强说服力；否则只会事倍功半，不能取得预期效果。

（二）经济性

众所周知，广告的花费极为高昂，因此，广告的策划要根据宣传对象的特点，恰到好处地进行宣传，即宣传及策划费用必须控制在广告商能够接受的范围之内，也就是用有限的人力、物力、财力达到最佳的效果。

（三）战略性

广告的策划必须结合企业的发展状况，考虑到企业的发展规划，而不能只着眼于企业当前和以后的较短时期。只有以完整的理念来构思、策划广告，延伸于系列广告主题，才能在不同阶段有针对性地进行宣传。

（四）针对性

广告的宣传对象是广大的消费者或用户，宣传的目的是赢得广大消费者或用户的认可和接纳。因此，广告宣传要考虑宣传对象的需要和偏好，做到从实际出发，有的放矢，这是提高广告宣传质量、增强宣传效果的基础。

（五）艺术性

广告要做到引人注目，打动人心，往往需要通过构图、文字修辞、版面编排、音乐韵律甚至戏剧表演等多种艺术表现手法进行宣传。

艺术性的表现有：其一，语言魅力。广告语言既要明白、通俗、简练，还必须形象、优美，耐人寻味。其二，广告的意境魅力。意境是通过具有诗情画意的语言创造的一种艺术境界。一则优秀的广告，通过优美的意境，就能从感情上深深地打动读者与观众，以情感征服人。其三，广告的内容和形式必须具有创意魅力。有创意方能让人印象深刻，

因此，成功的广告常常要集艺术性、欣赏性、知识性、趣味性于一体。

（六）科学性

广告的科学性则表现在：广告内容要符合客观事实；广告中所宣传推广的东西要有科学依据；广告不能违背生活常识，不能违背历史。

三、广告的分类

广告根据不同的划分维度有不同的分类。

（一）按内容划分

（1）商品广告以促进销售为直接目的，主要介绍商品的品牌、商标、性质、特点、功能等，目的是引起消费者的注意促使其购买。

（2）服务（劳务）广告，如饭店、旅游、银行、保险、洗衣、修理等服务性行业所做的广告，主要介绍服务的性质、内容、方式等，旨在提供劳务或服务，引起消费者的兴趣。

（3）观念广告企业面向公众传播自己的观念与文化，建立和广大消费者的联系，目的在于提高企业的社会声誉，树立企业的良好形象。

（二）按宣传对象划分

（1）消费者广告主要宣传对象是广大消费者，又可细分为老人广告、青年广告、女士

广告等。

（2）工业广告主要针对工业部门或单位。按照工业部门的不同性质又可细分为机械工业广告、电子工业广告、食品工业广告等。

（3）商贸广告主要针对商贸部门或单位。按照商贸部门的不同性质又可细分为批发业广告、零售业广告、服务业广告等。

（三）按商品的生命周期划分

（1）开拓期广告指新产品上市期间所做的广告，主要介绍新产品的特性、使用常识与方法。这是一种激发消费者消费需求的广告，具有“开拓性”。

（2）竞争期广告指商品在成长与成熟阶段所做的广告，主要介绍某种商品优于其他同类商品的特性，以便在竞争中获得市场。这是一种“劝导性”广告。

（3）维持期广告主要指商品在衰退阶段所做的广告，主要宣传商品的品牌、商标来提醒消费者，使他们继续购买和使用该商品，以维持销量或防止销量骤减。这是一种“提醒性”广告。

四、广告的作用

广告的作用可以从宏观与微观两个方面来体现。

宏观方面的作用，一是广告参与商品价值的创造；二是广告有助于实现社会生产目的。

广告的微观作用是从个别企业的角度去考察、分析的。广告有创牌、保牌、竞争之目的。其微观作用具体表现在以下方面。

（1）为新产品创牌子，使消费者对厂名和商标有所认识。引起消费者对新产品的注意和购买欲望。

（2）使新的式样迅速流行，形成“时髦”。

（3）加快新产品的升级换代，促成新品种的大量诞生，有助于产品质量和花色的改进。

（4）维护或提高现有产品的市场占有率，保持老顾客，发掘新顾客。

（5）扩大品牌的影响，巩固商标的信誉，防止同类产品“冒牌”和顾客的无意混淆。

（6）减少和消除由于地区、季节和人为因素导致信息不通而造成的适销产品的积压。

（7）为推销员、采购员的具体业务联络和零售商品的实际售货铺平道路。使消费者对商品有良好的印象和深刻的记忆。

（8）打造企业的形象，建树企业的声誉。

（9）方便消费者，使之了解产品的生产或销售情况，认识商品的品质、效用和价格，知道购货的地点、手续和服务项目，掌握使用方法和消费技术，节约选择、比较和考虑的时间。

五、广告的传播渠道

广告的传播渠道主要有以下几种。

第一，传统媒体：如电视、广播、报纸、杂志等。

第二，互联网媒体：如搜索引擎广告、社交媒体广告、网站横幅广告、原生广告等。

第三，移动应用广告：如插屏广告、视频广告等。

第四，户外广告：如广告牌、公交车广告、地铁广告等。

第五，活动赞助：如赞助展览、演出等活动。

第六，社交媒体营销：如微博、微信、抖音等平台。

根据不同的目标受众和传播需求，可以选择合适的广告传播渠道，以实现最佳的传播效果。

第二节　广告文案写作要求

一、广告文案的基本结构

广告的构成和表现手法因广告媒介与内容需要的不同而不同，没有统一的固定结构形式。电视、网络及手机等新媒体视频广告，表现手法不拘一格，往往能通过鲜活的视频、特定的音效、夸张的表现手法，直达客户心灵深处，取得良好的宣传效果。相对而言，报纸、杂志、宣传栏等传统媒体广告，结构相对固定，一般由标题、正文及落款等部分构成。

（一）标题

标题是广告的题目，标明了广告的主旨，传达了广告中最重要和最能引起大众兴趣的信息。同时，它又是区分不同广告的标志。标题处于广告的主要位置，在最显著的位置以醒目、特别的字体加以突出。

1. 标题的功能

（1）吸引读者的注意力。标题是人们接触广告的开始，精彩的标题能抓住读者的注意力，从而使广告传播获得成功。

（2）传递主要广告信息。标题除了要有吸引力，还应包括广告的主要内容，使一般读者通过阅读，就能获悉整个广告的基本信息。

（3）诱导读者阅读全文。标题要传递出人们所关心的信息并引起其兴趣，促使其继续阅读广告正文，从正文中寻求答案。

2. 标题的类型

标题具体包括以下类型。

（1）直接标题。直接标题应以简明的文字表明广告的内容，使人一目了然，如“四月份新影片预告”。

（2）间接标题。在标题中不直接表明广告主题，而是用耐人寻味的语句诱导人们继续阅读，以引人注目、诱发兴趣为主要目的，如富士胶卷的“盒中自有花满谷”。

（3）复合标题。复合标题又叫多重标题，由引题、正题、副题组成。引题在正题之前，又叫眉题或肩题，用来说明信息意义或交代背景；正题又叫主标题，是复合标题的中心，用来点明广告的主要内容，传递最核心的内容；副题是对正题内容的补充。复合标题往往兼有直接标题和间接标题的双重性质，例如“做事要出于心，做人要出于情，品酒要出自真正的名门（引题）；茅台王子酒（正题）；王子尊天下（副题）。”

（二）正文

正文是广告的主体，是承接标题，展开讲述广告信息的主要说明文字。它是广告的主旨和主要内容所在。正文的构思应该从兴趣、信任、欲望、行动等若干环节出发。正文的写作可采用陈述体、论证体、文艺体、书信体、说明体等，一般由前言、主体、结尾三部分组成。

1. 前言

前言主要点明商品的主要特征。

2. 主体

主体部分包括广告主办单位名称，商品名称，服务名称，商品的规格、款式、性能、功效、制作工艺，以及保养方式、出售方式等。

3. 结尾

结尾一般以简洁的语言呼吁消费者尽快采取行动。

（三）落款

落款一般包括广告主办单位名称、厂址、经销商地址、联系方式、联系人等。

（四）广告语

广告语也称为广告口号、广告标语、广告中心词、广告主题词等，它是在广告中长期反复使用的、简明扼要地表现商品特性或企业理念的句子。

1. 广告语的表现方式

（1）将企业名称或品牌嵌入广告语中，以利于识别和记忆，如：①红旗轿车：坐红旗车，走中国路；②六神特效花露水：六神有主一家无忧；③矿泉水：农夫山泉有点甜。

（2）化成成语、俗语，如：①杉杉西服：时间就是金钱，杉杉西服为您省钱；②长虹电视：天上彩虹，人间长虹；③宝马汽车：古有千里马，今有日行千里。

3）使用对偶、排比、双关、谐音等修辞手法，如：①天猫：尚天猫，就购了；②李维斯牛仔：不同的酷，相同的裤；③全球通：全球通，通全球。

2. 广告语与广告标题的区别

虽然有的广告标题可能会转化为广告语，但广告语与广告标题还是有明显区别的。首先功能不同。广告标题是为了吸引读者阅读正文，所以要新颖醒目；广告语是为了强化企业、商品、服务等在消费者心目中的印象。其次，位置不同。广告标题在广告文案中的位置比较固定，多在正文上方；广告语既可在广告中出现，也可单独使用，在广告文案中的位置十分灵活，不受限制。最后，运用时限、范围不同。即使同一个企业、同一类商品，广告的内容不同，标题也不一样，因此，标题使用时间较短，范围有限；广告语则立足于企业和商品的发展战略，在不同标题的广告中也可使用相同的广告语。也就是说，广告语一旦确定，不会轻易改变，使用时间长，使用范围广。

（五）随文

随文是指广告词之外的说明性文字。包括广告企业的名称、地址、电话、邮编、企业标志、商品牌号、联系人、刊登日期等。随文部分一定要写得详细、具体。

二、广告文案的写作基本要求

广告文案是一种创造性的写作形式，旨在吸引目标受众的注意力、激发他们的兴趣，并引导他们采取行动。为了确保广告文案的效果和质量，可以遵循以下基本要求进行创作。

（一）广告要合规合法

广告文案的写作要依法而行，尤其是《中华人民共和国广告法》。广告要合法合规，遵循公序良俗，不得有侮辱性的语言。

（二）要实事求是

广告只有忠实、负责地向消费者介绍商品或服务，才能建立商品、企业的信誉。在行文中，一定程度的艺术渲染和艺术夸张是允许的，但必须以事实为基础，不能脱离事实。

（三）要抓住消费者的消费心理

所谓“消费心理要求”，就是消费者的兴趣、需要、动机、情感、态度等心理因素。广告一定要针对消费者的消费心理，善于根据不同地区、不同消费者的消费特点，做到“有的放矢”。

（四）语言文字要有感染力

语言文字是否有感染力是衡量广告优劣的重要标志。广告可以采用各种体裁，但语言文字要准确、精练、鲜明、生动，既要通俗易懂、朗朗上口，又要活泼风趣、富有情趣。

（五）要明确重点

广告策划文案最重要的内容是目标与主题，目标与主题写得越清楚、越具体越好。目标与主题明确，往往能直接传达给客户所需要的信息，一目了然，言简意赅。

三、广告文案写作的注意事项

（一）明确客户定位，针对性强

广告写作的根本目标是激发客户的购买欲望，所以首要任务就是明确客户定位，针对客户群体的心理特点和共同特征，策划符合其心态的宣传推广活动。

（二）必须讲究战略

广告的写作应富有创意并引人注目，这样才能从心底打动潜在的客户。此外，要做到简明易懂，重点突出，给人留下深刻的印象。切忌平铺直叙，没有新意。

（三）切忌脱离实际，虚假宣传

现代市场经济是建立在信誉和诚信的基础之上的，如果用不符合商品特性的虚假内容进行诱导和欺骗，那么即使短期能赚取不法之财，也迟早会丧失信誉，失去经营基础，甚至可能遭到法律的严裁。因此，撰写者在增强广告宣传效果的同时一定要做到实事求是。

第三节　典型案例及评析

案例一

华为 Mate60 视频广告文案

华为 Mate60 是一款备受期待的手机。作为华为的最新款产品，它拥有许多令人惊艳的特性和功能。为了吸引更多的消费者，华为需要一个具有吸引力和震撼力的广告语来宣传 Mate60。华为 mate60 广告文案，代表了华为手机的最新科技成果，是华为手机产品线的顶尖之作。广告文案，以创新升级为主题，以华为手机强大的科技实力和用户需求为出发点，为用户带来了更加出色的使用体验和更为便捷的生活方式。

『致敬奔腾不息的力量』

Mate 40 见证胡杨

Mate 50 跨越昆仑

Mate 60 再次出发

寻找大地新生

雅鲁藏布江

蜿蜒的青色脉络

从最高处出发

融合无数支流

全力以赴只为一次转变

雅鲁藏布江转折点

面对急弯

江川汇聚奔涌向前

川行万里山河同心

北纬 29°54′，东经 59°09′是雅鲁藏布江的大转弯图景，也是华为 Mate60 新品主色调，蜿蜒的青色脉络，从最高处出发，融合无数支流，全力以赴，只为一次改变；面对急弯，江川汇聚，奔涌向前；川行万里，山河同心；致敬奔腾不息的力量！青，代表生发之气，在青色脉络的源头（鸿蒙系统）；从最高处出发（以行业最高标准为目标）；汇集无数支流（整合国内供应链）；全力以赴，到达雅鲁藏布江转折点（Mate 60 横空出世）；面对急弯（一次次的打压，一次次的危机）；江河汇聚，奔涌向前，山河同心（华为人的团结不懈，面对危机的持之以恒）；致敬奔腾不息的力量（永葆自强不息的精神）！

案例评析

“致敬奔腾不息的力量”这则广告体现了华为的品牌精神和价值观。

主题与内容：广告以“致敬奔腾不息的力量”为主题，向观众传达了华为的品牌理念——不断追求进步、勇往直前、奔腾不息的力量。内容中展示了华为的产品、技术研发、创新能力以及在全球市场的影响力，展现了华为在各个领域的实力和地位。

形式与风格：广告采用了震撼的视觉效果和激昂的音乐，使观众感受到华为品牌的魅力。画面精美，剪辑流畅，将华为的品牌形象和产品特点表现得淋漓尽致。整体风格充满活力、自信和力量，符合华为的品牌定位。

创意与表现力：广告创意独特，通过展示华为在各个领域的成就，成功塑造了华为的品牌形象。表现力十足，让人感受到华为的勃勃生机和不断发展的力量。

效果与影响：这则广告有效地提升了华为的品牌知名度和形象，增强了消费者对华为的信任度和忠诚度。在全球范围内，华为的品牌影响力得到了进一步提升。

总之，“致敬奔腾不息的力量”广告成功地塑造了华为的品牌形象，展现了华为的实力和魅力。这则广告对于华为品牌的推广和市场拓展具有积极的推动作用。

案例二

京东家电打造“京东超级品类日”文案案例

近期京东家电打造“京东超级品类日”文案，通过网页宣传形式，隆重推出的9款产品的广告文案为：

必胜洗地机：不管咋的，绝不弯腰

美的电压力锅：把压力当成空气，放了就好

飞利浦剃须刀：碰上硬茬，实力碾压

洁碧冲牙器：咬紧牙关，该冲就冲

九阳空气炸锅：成熟就成熟，非得油腻吗？

利仁多功能锅：幸福就是咕嘟咕嘟着，突然不孤独了

松下按摩椅：被舒服圈住了，就先窝一会儿呗

宙斯美容仪：生活垮掉就笑一笑吧，脸不能垮

美的健康低糖电饭煲：送干饭人必备煲，让全家人吃光光

案例评析

京东家电采用文案口语化的方式，将那些富有生活哲学的内容与年度热词以及小家电的产品特征结合，然后用有梗有料的语言呈现了出来，让整个内容更丰富有趣。

内容通俗化。通过将“产品特点＋时尚热词＋受众人群”这三者结合的模式，让内容的寓意明晰，表意清晰，具有记忆点。

如空气炸锅的烹饪特点是食物不油腻。油腻是当代年轻人“体胖”的原因，随着用户消费健康意识的增强，用户对油腻产生了恐惧的心理。而在京东小家电的文案中，巧妙地找到了产品特点、用户消费倾向的共同点，提炼出具有引导性的文案，既让文案表现了产品的特点，又能让内容呈现了年轻化的特点。

强调新主张，赋予内容新灵魂，具有趣味性和辨识度的内容，更便于记忆。如宝贝，是一种昵称，也是大众意识形态中对自己比较珍贵的东西的形容。而支付宝则将宝贝与产品名字结合，推出了“宝呗青年”，这既是品牌对受众的昵称，也打造了品牌独具辨识度的符号，更是年轻潮流文化的象征，以此也赋予了品牌年轻化的特质。

正能量的文案，拉近品牌与受众之间的距离。在京东小家电的电压力锅这组文案中，“把压力当成空气，放了就好”就表达了简洁的生活哲学，既是告诉人们面对生活压力的处理方式，又展现了产品的特点。

项目实训

1. 新春佳节临近，请你为天猫商城某糖果品牌撰写一份年货推广广告文案。

2. 以你感兴趣的一件商品为广告对象，按照广告文案的格式，撰写一篇广告文案。

思考与练习

1. 简述商业广告的分类。

2. 简述商业广告的特点。

3. 列举一则你最讨厌却印象深刻的广告，谈谈自己对其文案以及宣传手法的认识。

项目十五 社媒软文

Chapter Fifteen

学习要求

了解主流社媒平台特性、用户群体、内容形式、传播特点以及算法机制；掌握软文写作技巧，能够将广告信息巧妙地融入文章中，使之不显得生硬和突兀。

通过学习，培养学生在社媒软文创作中积极传递正能量，弘扬正确的价值观，引导读者树立正确的世界观、人生观和价值观。同时遵守平台法律法规与伦理规范，确保所发布的内容合法合规。

任务导入

在自己熟悉的社媒软件中摘抄一篇自己喜欢的社媒软文，并思考它吸引你的地方。

第一节 社媒软文基本概述

一、社媒软文含义

（一）社媒软文的概念

软文是一种通过文字来进行宣传推广的文案形式。它通常以生动活泼、文笔优美、内容广告化的方式，以传达产品、服务或品牌的信息，以达到推销和促销的目的。

（二）社媒软文与广告的区别

社媒软文和广告都是用于推广产品或服务的手段，但它们之间存在一些区别。

1. 内容形式

社媒软文通常是通过撰写有趣、有料、具有价值的文章来吸引读者关注，从而达到推广的目的；而广告则更注重于直接、简明扼要地传达产品或服务的信息。

2. 推广方式

社媒软文主要通过社交媒体平台进行传播，如微信、微博、抖音等；而广告则更多地出现在电视、报纸、户外广告牌等传统媒体以及网络广告位上。

3. 目标受众

社媒软文更注重与目标受众的互动，通过吸引读者的兴趣来增加粉丝量、点赞数和转发量等，从而扩大影响力；而广告则更注重于广泛覆盖潜在消费者。

4. 传播效果

社媒软文通常具有较长的传播周期，能够持续产生影响；而广告则更注重短期效果，如提高产品知名度、促进销售等。

5. 创作要求

社媒软文要求创作者具备较强的文字功底和内容策划能力，能够撰写出吸引人的文章；而广告则要求创作者具备创意和视觉设计能力，以制作出吸引眼球的广告作品。

6. 费用

社媒软文的制作和传播成本相对较低，主要依赖于内容的质量；而广告则需要投入较高的制作费用和广告位租金。

二、社媒软文的作用

（一）提高品牌知名度及提升品牌形象

通过撰写有趣、有料、具有价值的社媒软文，传播迅速，可以吸引更多用户关注，从而提高品牌的知名度。同时可以软文展现品牌的独特魅力和价值观，提升品牌形象，使品牌在竞争激烈的市场中脱颖而出。

（二）引导用户行为传递产品信息

通过社媒软文的引导，可以激发用户的购买欲望，促使他们采取购买行动，从而提高产品销量；可以在不知不觉中向用户传递产品或服务的信息，使用户更容易接受和认可，从而促进销售。并且通过持续输出高质量的社媒软文，品牌可以在行业内建立良好的口碑和影响力，成为行业的引领者。

（三）增加用户黏性

优质的社媒软文能够吸引大量粉丝关注，扩大品牌的粉丝基础，为品牌提供更广泛的潜在消费者。社媒软文能够引发用户的情感共鸣，促使他们参与评论、点赞和转发等互动行为，进一步增强品牌与用户之间的联系。同时社媒软文可以与用户实时互动，收集用户反馈，了解用户需求，为品牌提供优化和改进的方向。

总之，社媒软文是品牌在社交媒体平台上进行营销推广的重要手段，能够有效地提高品牌知名度、提升品牌形象、传递产品信息、引导用户行为、增加粉丝量、加强与用户沟通以及建立行业影响力。

三、社媒软文的特点及主要类型

（一）社媒软文的特点

1. 高度隐蔽性

社媒软文将广告信息融入有价值的内容中，使用户在阅读过程中不知不觉地接受广告信息，降低了用户对广告的反感。

2. 高度传播性

社媒软文借助社交媒体平台进行传播，具有极高的传播效率，能够在短时间内扩散，覆盖大量潜在消费者。

3. 互动性

社媒软文能够引发用户的情感共鸣，促使他们参与评论、点赞和转发等互动行为，进一步增强品牌与用户之间的联系。

4. 个性化

社媒软文可以根据品牌特点和目标受众的喜好进行个性化创作，以满足不同用户的需求，提高广告效果。

5. 多样性

社媒软文可以采用多种形式，如文字、图片、视频等，以满足不同社交媒体平台的需求，增加广告的吸引力。

6. 低成本

相较于传统广告，社媒软文的制作和传播成本相对较低，适合中小企业进行品牌推广。

（二）社媒软文的主要类型

1. 故事型软文

通过讲述一个有趣、感人或具有启示性的故事，将品牌或产品信息巧妙地融入其中，使用户在阅读故事的过程中接受广告信息。

2. 体验型软文

通过分享作者对产品或服务的亲身体验和感受，向用户传递产品或服务的优势和价值，从而激发用户的购买欲望。

3. 信息型软文

以提供有价值的信息为主要内容，如行业动态、专业知识、生活技巧等，在信息中穿插品牌或产品信息，使用户在获取信息的同时接受广告。

4. 情感型软文

通过触动用户的情感共鸣，如亲情、友情、爱情等，将品牌或产品与情感联系起来，使用户在情感体验中产生对品牌的认同和喜爱。

5. 案例型软文

通过列举具体的案例，展示品牌或产品在解决用户问题、满足用户需求方面的成功经验，从而提高用户对品牌或产品的信任度。

6. 比较型软文

通过对比分析不同品牌或产品之间的优缺点，突出自身品牌的优点和特点，使用户在比较中认可品牌或产品。

7. 创意型软文

以独特的创意和幽默的语言为特点，巧妙地将品牌或产品信息融入其中，使用户在轻松愉快的阅读过程中接受广告信息。

8. 争议型软文

通过引发具有争议性的话题，激发用户的参与和讨论，提高品牌的知名度和关注度。

第二节　社媒软文写作要求

一、社媒软文基本结构

在社交媒体上，一篇优秀的软文能够吸引用户的注意力，引导他们阅读并最终采取行动。社媒软文写作结构主要包括标题、引言、背景、主体、结尾和呼吁行动等五个部分。

（一）标题

标题需要简洁明了、有吸引力，并且能够概括文章的主要内容。可以使用问句、引用、数字、热点词汇等引人注目的标题。

1. 明确主题

标题需要紧扣主题，概括文章的主要内容，让读者一眼就能看出文章的主题和观点。避免标题与内容不符或过于模糊。

2. 简洁明了

标题不宜过长，应该简洁明了。尽量用简短的文字表达核心信息，避免使用过于复杂的词汇或句子结构。

3. 包含关键词

在标题中适当植入关键词可以提高文章的搜索排名和曝光率。选择与主题相关的关键词，并合理地将其融入标题中，使其自然而不突兀。

4. 测试优化

在发布软文前，可以对标题进行测试和优化。通过 A/B 测试等方法比较不同标题的效果，选择效果更好的标题进行发布。同时，也可以根据用户反馈和数据表现不断调整和改进标题的撰写方式。

（二）引言

引言部分需要引起读者的兴趣，使他们想要继续阅读下去。可以通过提出一个问题、引用名言、讲述一个故事或描述一个场景等方式来吸引读者。同时，引言部分需要与主题紧密相关，并简明扼要地概括全文内容。

（三）背景

背景部分是对主题的介绍和阐述，使读者更好地理解文章内容。这部分需要提供相关的背景信息，如行业趋势、市场状况、产品特点等，以便为后续的主体部分做铺垫。同时，背景部分需要保持客观、中立的态度，避免过度渲染或夸大事实。

（四）主体

主体部分是软文的核心，需要详细阐述观点、论据和案例等。可以结合实际案例、数据和事实来支持观点，增强说服力。同时，需要注意逻辑性和条理性，使读者能够清晰地理解文章内容。此外，可以适当运用情感化的语言和描述，以增强读者的阅读体验和记忆点。

（五）结尾

结尾部分是对全文的总结和提炼，需要对主要观点进行再次强调。同时，可以提出一个总结性的陈述或观点，以便留给读者深刻的印象。此外，结尾部分还可以适当引导读者采取行动，如关注公众号、购买产品等。

（六）呼吁行动

呼吁行动部分是软文的最终目的，需要明确地引导读者采取行动。也可以和软文的结尾结合起来，提出具体的行动建议或号召，如点击链接购买产品、填写表单注册等。同时，需要注意语气和措辞的合理性，避免过于强硬或虚假宣传。

二、社媒软文的写作基本要求

一篇优秀的软文需要满足多个要求，才能吸引用户的注意力并引导他们采取行动，包括标题吸引人、内容有价值、语言通俗易懂、结构清晰、情感共鸣、植入关键词、图片优化和引导行动等方面。

（一）标题吸引人

一个吸引人的标题对于软文的成功至关重要。它是读者决定读不读正文的关键所在。题目是否新颖、有无创新、具不具备穿透力，对能否引起读者的兴趣，达到心灵的共鸣非常重要。中国古代对文章有一个很妙的比喻：凤头、猪肚、豹尾。在软文中，凤头就是标题，一定要引人注目。如果一篇社媒软文光看标题就让人打不起精神，其广告效果就根本无从谈起。

（二）内容有价值

软文的内容需要有价值，能够提供读者所需的信息或解决方案。内容应该紧扣主题，逻辑清晰，条理分明，并且具有说服力。可以结合实际案例、数据和事实来支持观点，使读者更容易接受。

（三）文章结构清晰，语言通俗易懂

软文的结构需要清晰明了，以便读者能够快速了解文章的主要内容。可以按照引言、背景、主体、结尾等部分来组织文章，每部分需要有明确的主题和观点。同时，需要注意段落和段落的划分，保持结构的连贯性和条理性。软文的语言需要通俗易懂，避免使用过于专业或晦涩难懂的词汇。使用简洁明了的语言阐述观点，避免语法和拼写错误，保持语言的准确性。

三、社媒软文写作的注意事项

（一）软文要有一个清晰的写作框架

软文的写作，不同于新闻稿的写作，是一种带有很强主观色彩的文字表达。因为软文是广告性质，所以在写作的时候，要有一个清晰的写作框架，这样才能让读者对你所写的内容有一个明确的认知。

这样做不仅能让读者更好地了解你所要表达的意思，还能让文章显得更加有条理。

（二）软文的内容要有可读性和实用性

写软文之前，要对目标客户有一定的了解，从他们的角度来分析问题，而不是从自己的角度来分析问题。

要学会站在对方的角度思考问题，不要总是以自己为中心，否则写出来的文章不会受欢迎。

软文内容要有可读性和实用性，才能真正让读者喜欢看。软文可以作为一种娱乐方式来进行传播。如何在文章中软性植入对产品的介绍且不会让人反感，才是我们应该去好好琢磨的问题。

（三）软文的内容要生动、饱满、丰富

软文的内容要生动、饱满、丰富，才能给人留下深刻的印象。在写软文时，要善于挖掘和利用新闻资源，找到独特的角度来写软文，这样才能吸引读者的兴趣，提高软文的阅读量。

另外，软文的内容还要有一定的深度，能够帮助读者解决问题。能够解决读者的困惑，自然会受到读者的欢迎。

（四）注意软文的语言风格和调性

软文的语言风格和调性也是软文写作中需要注意的一个问题，这直接关系到软文的推广效果。

在撰写文案时，调性和语言是要考虑的重要因素。金融类文章的文风通常比较严肃、正式，而旅游攻略则通常会采用轻松愉快的语言，吸引读者的关注。

确定所需传达的信息类型，选择正式或轻松的语气，使用适当的词汇和语调。

第三节　典型案例及评析

案例一

爱仕达无油烟不粘锅的推广软文

标题：爱仕达厨房销烟大行动

中国室内装饰协会室内环境监测中心发出环境污染警示：厨房油烟危害健康。随着人们生活水平的提高，健康、环保意识也逐步加强。人们开始反思以往生活中的不利于健康的陋习。厨房有害物质排放的问题也引起重视。我国饮食文化讲究煎、炒、烹、炸，而这些烹调方式会产生大量油烟。油烟随空气侵入人体呼吸道，进而引起疾病，医学上称为油烟综合征。作为国内炊具业的行业龙头，爱仕达公司以悉心呵护“家庭煮妇”的身心健康为己任，推出了爱仕达六层无油烟锅，充当了厨房油烟的终结者，掀起爱仕达“家庭煮妇”销烟大行动，从此告别油烟，掀开无烟厨房的炊具消费新时代，敬请选用爱仕达六层无油烟锅。

案例评析

该软文以“爱仕达厨房销烟大行动”为标题，简洁明了，能够准确地传达文章的主题和内容，吸引读者关注。厨房油烟问题，是广大家庭主妇和关注健康的消费者所关注的，能够迅速引起他们的兴趣和共鸣。通过引用中国室内装饰协会室内环境监测中心的环境污染警示，强调厨房油烟对健康的危害，使消费者对于产品特点更加关注，有一定的引导性。

文章结构清晰，使用简单易懂的语言，避免了复杂的术语和长句。合理的段落划分和使用子标题，有助于提高读者的阅读体验。通过讲述厨房油烟对健康的危害，以及爱仕达公司的责任感，激发读者对健康生活的追求和对爱仕达产品的信任。文章巧妙地将爱仕达六层无油烟锅融入其中，强调该产品对解决厨房油烟问题的作用，使读者在不知不觉中产生购买欲望。

总体来说，这篇软文文案具有较强的吸引力和说服力，能够有效地传达爱仕达公司的产品优势和品牌理念。但在某些方面仍有改进空间，如可以提供更多关于爱仕达六层无油烟锅的具体信息，以便消费者更加了解产品的特点和优势。

案例二

天猫购物网店的促销软文

标题：不要错过最后的春光

春眠现已觉晓，
花落凋谢渐少，
梅雨淅淅未晴朗，
×× 春装开始打折，错过此次机会，3 年再难找！
这，是你最后的踏春机会。
即日起，进入天猫 ×× 服饰旗舰店，
一律 8.8 折，部分特价 29 元起，
另打折后买 500 元送 200 元。
活动仅限 3 天，
×× 春季特卖倒计时开始！
这样的优惠，
错过 3 天，再等 3 年。

案例评析

本篇软文的标题引人注目，正文也富有诗情画意。促销店铺的名称、折扣、优惠、促销时限是促销类软文的基本元素，撰写时把握这些要点就可谋篇布局了。

促销类软文以利“诱”人，直接带给消费者优惠。没有心动的“利益驱使”，哪有消费者的行动。

撰写促销类软文要促销有名，可以借节日、庆典、周年庆、公司让利、感恩回馈、重大活动、慈善募捐等名目进行撰写。同时，软文要根据促销产品实际情况，提炼出最吸引目标消费者的要素。

项目实训

1. 请你为湖南的助农项目“石门红茶”撰写一篇发布在小红书的营销推广软文，要求产品特色突出且富有创意。
2. 以抖音为发布平台撰写一篇推广长沙夜经济的社媒软文。

思考与练习

1. 社媒软文与广告的区别有哪些？
2. 社媒软文的主要特点有哪些？
3. 如何才能写好社媒软文的标题？

项目十六
Chapter Sixteen
会展策划方案

学习要求

了解会展行业，掌握会展策划方案结构及构成要素，如市场分析、目标设定、活动内容、时间安排、预算分配等，并能够根据实际需求调整和优化方案结构。掌握市场调查的方法，掌握如何收集、整理和分析相关信息。熟悉会展执行细节，确保策划方案的可行性。

通过学习，引导学生深入了解会展所涉及的各类文化背景，增强学生的文化自信；在会展策划过程中，鼓励学生互相协作，共同完成任务，培养团队协作精神和沟通能力。

任务导入

为了顺利参与展会，达到推广预期，一份可执行的会展策划方案应该主要包括哪些方面？

第一节　会展策划方案基本概述

一、会展策划方案的概念

会展策划方案是策划者针对即将举办的展览活动所撰写的关于策划与营销的应用性文书。会展策划方案要求内容全面规范，能有效指导会展的一切活动流程与操作。

二、会展策划方案的作用

撰写会展策划方案是会展筹备阶段一项十分重要的工作，它体现了主办方与承办方关于整个会展活动的构想与安排，是举办会展活动不可缺少的文件。会展策划方案主要具有以下四个方面的作用。

（一）决策规划作用

由于会展策划方案是建立在科学预测、理智分析和大胆创意的基础上的，同时还要经过严格的咨询和论证的程序才能产生，因此，会展策划方案的内容十分科学、合理，能为会展活动提供决策依据。

（二）进程制约作用

会展策划方案中对会展的举办时间和具体的活动流程都做出了安排。会展一般进行2–3天，每天都有不同的活动安排，因此会展策划方案一旦制定并通过，对会展流程的制约作用就比较明显。

（三）规范运作作用

会展策划方案会对整个会展的进行流程做出严格的安排与把控，不管是主持流程还是嘉宾、观众进场等，都有专人引导和时间限制。在筹备阶段和会展现场，也有专门负责相关事宜的人。因此，按照会展策划方案的内容进行安排，能更好地把控会展活动进程，维护会场秩序。

（四）战略指导作用

一个全面的会展策划方案包含从会展构想到方案确定、具体实施以及事后评估的全过程，一经确定，就能指导且引导会展的筹备，展开各项具体活动。

三、会展策划方案的类型

会展策划方案可以分为以下三种类型，下面分别进行介绍。

（一）按会展策划方案的内容分类

可将会展策划方案分为涉及会展策划的所有文案内容的整体方案，或针对会展活动某一部分的专项方案。

（二）按会展策划业务的工作阶段分类

可将会展策划方案分为调查业务策划、实施业务策划以及分析、判断业务策划等。

（三）按策划频率分类

可将会展策划方案分为一定周期内必须重复进行的周期性策划，如半年性会展策划、季度会展策划等；一定时间阶段内必须重复进行的阶段性策划，如公司不同发展阶段中的战略策划和战术策划等；或一次性的单独策划三种类型。

第二节　会展策划方案写作要求

一、会展策划方案的基本结构

一份完整的会展策划方案应包含以下部分，以确保内容的完整性和结构的清晰性。

（一）标题

标题一般由“会展名称＋文种”组成，如“贵州茅台酒展览会策划书”“旅游会展策划方案”，也可在具体会展前加上时间信息，如“202× 年广交会参展策划方案”。总之，要尽可能具体地写出策划的名称。

（二）目录

会展策划的内容较多，设立一个目录可以使读者更清楚地了解到文章的框架与结构，使其对策划内容有一个大概的了解。

（三）正文

首先是引言部分，简要介绍会展活动的背景、目的和意义以及策划方案的主要内容。此部分应简明扼要，为整个策划方案奠定基础。接下来就是正文的核心内容，主要包括以下七个方面。

1．市场分析

进行市场分析，了解目标市场的需求、竞争态势和潜在机会。通过分析市场趋势和参展者的需求，为策划方案的制定提供依据。此部分应包括数据收集、分析和结论。

2．主题和目标

明确会展活动的主题，并设定具体的活动目标。主题应具有吸引力和独特性，目标则应具体、可衡量。此部分应详细阐述主题和目标的制定依据及意义。

3．展会内容策划

详细规划会展活动的内容，包括展示形式、展位设计、展品选择等。根据主题和目标，制定具有吸引力的展示内容，确保满足参展者和观众的需求。此部分应注重细节，突出特色和创新。

4．宣传和推广

制定有效的宣传和推广策略，通过多种渠道提高会展活动的知名度和影响力。此部分应包括宣传渠道、推广方式和预算分配，以确保最佳的宣传效果。

5．预算和筹款

制订详细的预算计划，包括各项费用支出和筹款渠道。预算应合理、可行，并注重成本控制。同时，筹款策略应考虑活动的影响力和可持续性。此部分应提供详细的预算表格和筹款计划。

6．日程安排

制订合理的日程安排，包括活动时间、流程、人员分工等。确保日程安排紧凑、有序，并充分考虑参与者的需求和期望。此部分应明确标注时间节点和关键任务。

7．风险管理和应急计划

评估潜在的风险并制订相应的管理和应急计划，确保活动顺利进行。此部分应包括风险识别、评估和应对措施，以及应急预案的制定。

二、会展策划方案的基本要求

在撰写会展策划方案时，应遵循一定的写作要求，以确保方案的有效性和可行性。

（一）展会开始前的策划要求

1．目的明确

清晰阐述会展活动的目的和意义，确保所有参与者对活动的核心目标有共同的理解。强调活动的核心价值和期望成果，为后续的策划和执行工作提供明确的指导。

2．市场分析

进行深入的市场调研，了解行业趋势、竞争态势和目标受众的需求。分析市场数据，识别潜在的机会和挑战，为制订有针对性的策划方案提供依据。

3. 主题创意

主题应独特、吸引人，并能反映活动的核心价值和目标。创新思维，挖掘新颖的主题和呈现方式，增强活动的吸引力和影响力。

（二）展会过程中的策划要求

1. 活动策划

策划环节需考虑周全，注重细节，确保活动的顺利进行。结合主题和目标，制订具体、可行的活动内容，包括但不限于展示形式、互动环节、嘉宾邀请等。

2. 宣传推广

制定有效的宣传策略，利用多种渠道进行活动的推广和宣传。创意宣传材料，如海报、视频等，提高活动的知名度和吸引力。

3. 预算与资源

制订详细的预算计划，合理分配各项费用，并考虑可能的风险因素。根据预算和资源需求，合理安排物资采购、场地租赁、人员配置等事项。

4. 风险控制

对潜在的风险进行预测和评估，制订应对措施。制订应急预案，确保在突发情况下能迅速、有效地应对，保障活动的顺利进行。

（三）展会后的策划要求

评估与反馈，设计合理的评估指标和方法，对活动的效果进行客观、全面的评估。收集参与者的反馈意见，分析活动的优点和不足，为今后的策划提供改进依据。

三、会展策划方案写作的注意事项

在撰写会展策划方案时，有几个关键的注意事项需要特别关注，以确保方案的针对性和有效性。

（一）根据目标与定位策划鲜明的主题

在开始策划之前，首先明确会展的目标和定位。考虑活动的目的、主题、参展群体以及期望达到的效果。选择一个独特、有吸引力的主题，以期吸引参展者的关注并引起兴趣。策划方案与组织的目标和定位相一致，主题与会展的目标和定位相一致，并能贯穿整个活动。

（二）深入研究参展群体制订有效的宣传计划

深入了解参展群体的需求和兴趣是策划的关键。通过市场调研，了解参展群体的行业趋势、关注点和期望。调研结果可作为策划相关的活动和内容的依据。同时策划方案应包括多样化的活动。这些活动可以包括研讨会、展览、互动环节等，以满足不同参展者的参与需求。

（三）充分考虑场地、时间及预算安排，确保策划案顺利执行

在策划过程中，考虑场地的设施和布局。根据活动的需求，合理规划展位分布、人流流动路线等，确保场地得到充分利用，并为参展者提供良好的参展体验。

合理安排活动的日程和时间，确保活动进度紧凑有序。同时，考虑参展者的时间安排，避免与其他重要事件冲突，以吸引更多的参与者。

制订详细的预算计划，并合理控制成本。确保各项费用支出与预算相符，避免浪费。同时，预留一定的应急资金以应对突发情况。

第三节 典型案例及评析

案 例

参加绿色节能环保家电产品展会策划方案

前言

绿色节能环保家电产品成为各家电卖场的主打牌。随着社会的发展和文明程度，“节约能源，保护环境”的观念已经深入人心。市场上各种节能环保的绿色家电产品竞相出现。随着能源问题的严峻化，节能成为发展经济的潮流。人们日常生活中电器是不可缺少的，节能电器的市场越来越大。节能环保之风在全球劲吹之时，越来越多应用新技术以突出节能、环保优势的家电产品正在走入市场。专家指出，节能环保是家电产品大势所趋，国内相关厂商应尽早布局，加快技术研发，在未来的绿色家电市场中谋得一席之地。普及率最广、使用率最高的家电产品，在全球能耗中处于举足轻重的地位，也是最有节能潜力的方向，因而，近年来，国家在政策上给予了一定的导向。节能标识制度实行后成果有目共睹。珍爱环境，节能减排已经成为家电产品，特别是平板电视发展的一大主题。预计，明年年初我国平板电视产品国际强制性能效标准——《平板电视能效限定值及能效等级》标准有望实施。

另外一个不争的事实是，在今年的金融海啸中，家电产品出口遭遇了前所未有的困难。然而，在这样一个经济萧条的背景下，我国节能家电产品的出口量却保持稳步上升。没有经过节能认证的产品，在绿色标准面前全部败下阵来。

对于家电企业而言，顺应全社会节能环保的大方向，才是企业生存的出路，也是体现一个企业社会责任感的重要方面。可以说，节能环保方向势在必行。

正文

一、办展市场环境分析

1．宏观市场环境

（1）人口环境。我国是一个人口众多的国家，总人口达十四亿之多。人多意味着对家电的需求量大。

（2）经济环境。全球金融危机以来，世界各国的经济受到很大的影响，经济发展出现倒退现象。然而我国经济发展没有倒退，反而保持了良好的发展势头。

（3）技术环境。我国是一个发展中国家，科学技术发展还比较落后。但国家投入了大量的资金发展科技，并注重节能环保技术的提高。

（4）政治法律环境。中国是一个社会主义国家，拥有比较完善的社会主义经济政治体系，对节能环保系列的家电给予了政策上的大力支持。

（5）社会文化环境。随着社会经济政治和文化的发展，人们的环保节能意识逐步增强。

2．微观市场环境。我国的展馆虽然总面积在国际上排名稍微落后，但总体上已经形成一定的发展规模，办展设施也在逐步完善。我们的目标市场不仅放在国内，也包括国外的市场。在经济全球化的背景下，竞争也越来越激烈，各种服务商相继涌现。社会公众的消费水平不断提高。

3．市场环境评价

（1）内部优势。家电产品是中国目前阶段增长最快和最具国际竞争力的出口产品，并在一定程度上起着改善中国出口产品结构的作用。中国是一个资源丰富的国家，人口众多，对家电的需求量大，国内市场广阔，为中国家电业发展提供了得天独厚的条件。正是中国巨大的国内市场为中国的家电业提供了足够的发展空间，使其在发展初期有牢固的依托，不必一开始便在国际市场上面临比自己强大得多的竞争对手。中国家电产业，其自身已经建立起了相对稳定的抗风险能力。政府在政策上扶持，在方向上引导。我国家电行业已形成全国三大优势产业区。

（2）内部劣势。我国家电行业虽然已经取得了长足的发展，但仍存在一些突出问题。大多数企业在自主创新方面投入不足，核心技术和关键零部件研发能力不强，与世界家电强国相比存在一定差距；产品同质化现象比较突出，附加值低，高档次产品与国际一流企业相比竞争力较差；出口仍以定牌加工为主，在国际市场上缺乏具有较强影响力的品牌，营销渠道建设尚不完善；部分产品的节能和资源综合利用水平落后于发达国家。金融危机爆发以来，国际市场需求的大幅萎缩，导致我国家电行业长期存在的问题充分显现。还有我国的生产力比较落后，人们的总体生活水平不高。节能环保家电的成本较高，故而零售价也高，普通生活水平的人们消费不起。

（3）外部机会。经济全球化有利于中国家电业实现规模效益。经济全球化会加快各国市场与世界融合，从而使企业面对的不纯粹是自己一国或一个地方的市场。中国家电业面对的是一个更为开放、统一、稳健的全球市场。挑战越大，便意味着机会越多，中国家电企业在面对巨大挑战的同时，也敲开了机会的大门。

（4）外部威胁。中国加入WTO以后，既给中国的家电业带来了机遇，也使中国的家电业面临着巨大的威胁。尽管一些专家认为，目前国内家电格局已经形成，新品牌的进入短期内对市场冲击不大。但应该注意到，日本的索尼、德国的西门子、美国的史密斯等发达国家的家电品牌一直占据着国内高端市场。

二、办展的宗旨目的

1．打造中国第一个节能环保品牌家电展览。

2．展示国内各品牌家电先进节能环保产品。

3．在中国各地区推广使用环保节能家电，节约能源，增强人们的环保意识。

三、展会的基本框架

1．名称：国内环保节能家电展

2．地点：南宁国际会展中心

南宁国际会展中心由主建筑、会展广场、民歌广场、行政综合楼等组成，其中主建筑总建筑面积为15.21万平方米，由会议、展览和大型宴会厅三部分组成。会议部分包括会议中心、多功能厅、办公场所等，拥有14个大小不同的会议厅（室），有功能齐全的扩声设备、10+1同声传译系统、电视会议系统、公共广播系统、安防系统、计算机网络系统、新闻中心等，能满足各种国内国际会议、商务谈判和学术报告的要求；多功能圆形大厅使用面积3000平方米，能容纳1500人，是举办大型会议、展览、宴会、文化活动等的理想场所。大型宴会厅由能容纳1000人同时就餐的大厅、34个包厢和明档区组成，装饰格调高雅，环境舒适，是举办各种宴会的理想之地。展览部分有两层展厅，共有15个不同规格的展厅（最大展厅8100平方米），展览面积达4.8万多平方米，可容纳3360个国际标准展位和300多个非标准展位。行政综合楼建筑面积1.58万平方米，由办公场所、多功能展厅、展具加工间、仓储等组成，同时配有可容300人的会议厅。主建筑展厅加上可搭建110个展位的多功能厅、可搭建203个展位的行政综合楼多功能展厅和集会广场，展览面积达8万多平方米。

此外，南宁国际会展中心还有用地面积3.56万平方米、可停放约1000辆小汽车的生态停车场以及占地面积256亩的民歌广场。民歌广场具有文化活动、展览、体育休闲功能，是一年一度南宁国际民歌艺术节的主会场，其主会场可容纳3.5万人。

3．办展机构

（1）主办单位：南宁市人民政府和国家有关部门及有关单位。

（2）承办单位：南宁博盛展览有限公司。

（3）协办单位：南宁环保节能中心。

4．展品范围

节能环保家用制冷器具：冰箱、冷柜等；节能环保家用空调器具；节能环保家用清洁器具：洗衣机、干衣机、洗碗机、吸尘器、扫地机、擦鞋机、熨衣板、电驱蚊器、电熨斗、厕所除臭器等；节能环保厨卫电器设备：电热水器、排油烟机、电饭煲、电烤箱、微波炉、电磁炉、消毒碗柜、电煎锅、节能燃气灶等；节能环保浴室电器：电热水器、浴霸等；取暖电器：电暖器、电热毯、电热炉等；水处理电器：饮水机、净水器、直饮机、软水机等；居室空气调节电器：除湿机、加湿器、空气净化器、负氧离子发生器、小型氧气发生器等；节能环保家用视听产品：电视机（含液晶电视、等离子电视、背投电视、移动电视等）、家庭影院、投影机、组合音响等；绿色IT产品；信息及技术服务：家电相关电子音像出版物、家电相关刊物、设计公司、认证机构等。

时间：10月1日至10月7日

频率：一年一次

规模：大中型

定位：推广中国节能环保品牌家电的使用

展会价格及初步预算方案：

收费标准：室内800元/平方米，室外600元/平方米

5．展会工作人员的分工计划

室内展厅50人、室外展厅50人、停车场20人、仓库20人、服务总站20人。

6．展会招展计划

中国家电品牌排行榜：

（1）海尔；（2）长虹；（3）海信；（4）美的；（5）TCL；（6）康佳；（7）格兰仕；

（8）格力；（9）创维；（10）荣事达；（11）方太；（12）志高；（13）厦华；（14）春兰；（15）帅康；（16）老板；（17）科龙；（18）东莞乐邦；（19）东莞乐邦；（20）亿通

7. 展区安排

分为室内和室外展区。

8. 展位划分

室内展厅划分为 1000 个展位，室外展区划分为 500 个展位。

9. 招商计划

充分利用各种媒介，招揽会展产品提供商与会展服务提供商。

10. 展会宣传推广计划

（1）专业媒体：中国能源网、北京节能环保网、节能与环保杂志、节能杂志、可再生能源杂志、节能工程杂志、新能源杂志、太阳能杂志、中国环境报等。

（2）大众媒体：中央电视台、广西电视台、中央人民广播电台、南宁市广播电台。

（3）展会：用心沟通，展商需求快速应答，及时全面报道展会进展。

（4）展会专刊：全面收录展商信息，完美展示展商风采。

（5）展会特刊：全力报道参展企业，重点发放有效客户。

11. 展会筹备进度计划

会议时间：9 月 20 日至 10 月 7 日。

布展时间：9 月 20 日至 9 月 30 日。

展出时间：10 月 1 日至 10 月 7 日。

展出地点：南宁国际会展中心

主要活动：

（1）开幕式庆典和文艺演出。

地点：南宁市民歌广场时间：10 月 1 日早上 8 点。

邀请上级领导、嘉宾、市级领导、新闻记者、与会客商和社会群众等参加。

（2）大型专业产品展览交易会。

12. 展会服务商安排计划

提前确定展会服务商，并要求展会服务商提前三天做好相关服务准备活动。

13. 展会开幕和现场管理计划

展会定于 10 月 01 日开幕，展会期间配备保安人员进行现场监督，并应用最先进的电子监控系统。

14. 展会期间举办的相关活动计划

结合“十一”国庆长假开展一系列的家电优惠以及“家电下乡”活动。

15. 展会结算计划

展会结算将在展会结束三天内得出最终答案。

案例评析

本次绿色节能环保家电产品展会策划方案，凸显了当前社会对于环保、节能的重视，以及市场对于绿色、健康、低碳生活的需求。从方案中可以看出，组织者对于此次展会的目标、主题、内容、形式等都进行了精心的策划和准备。内容具体翔实，可操作性强。然而，在方案的实施过程中，可能还会遇到一些挑战和风险，例如如何吸引更多的参展商和观众、如何保证展会的质量和效果等。可以在策划方案中补充展会的预警方案和临时危机处理方案等。撰写会展策划书应特别关注细节的处理和可执行性，只有具体事项都落实到位，才能使整个会展活动顺利进行，并有效预防会展现场可能出现的意外状况，同时也能更好地获得主办方的信任。

项目实训

1. 为你的家乡特产撰写一份参加广交会的方案。要求方案参考会展策划方案的基本格式，内容翔实、流程清晰。

2. 尝试补充完整以上案例中所缺少的风险预警及临时危机处理方案。

思考与练习

1. 会展策划方案的作用有哪些？
2. 会展策划方案的主要内容包括哪些？
3. 制订一份翔实可执行的会展策划方案应该关注哪些方面？

第五篇

财经商务类文书

项目十七 招标书

Chapter Seventeen

学习要求

了解招标书的概念、特点、分类和作用；掌握招标书的基本结构、具体写作要求及注意事项。

通过学习显著提升学生的专业素养，具备更强的分析问题和解决问题的能力。同时学习尊重他人的权益，坚守诚信原则，履行自己的职责和义务。帮助学生树立正确的职业道德观念，为未来的职业生涯打下坚实的基础。

任务导入

承包学校食堂的餐饮管理公司合同将于三个月后到期，需要通过招标方式决定是续约还是重新签订餐饮管理公司。你认为招标书的内容需要包括哪些方面呢？

第一节 招标书基本概述

一、招标书的概念

招标书是单位、企业及个人在进行招标时所用的专用文书。招标是指单位、企业或个人在兴建工程或进行大宗商品交易时，先把有关工程或商品的标准、价格、条件、说明等内容以招标书的形式对外发布，以完全公开或邀请的方式招人承建、承卖或承买。

招标书必须写清楚招标的项目名称、投标方法、投标资格、技术要求、投标和开标日期、保证条件、支付办法等内容。每一项内容力求写得简洁明确，从而使投标人能够按照招标书列示的条件和要求填写投标书。

二、招标书的特点及分类

（一）招标书的特点

招标书是招标过程中必不可少的一份文件，它具有以下特点。

1．规范性

招标书通常由权威机构制定，遵循一定的规范和标准，以确保招标过程的公正、公平和公开。招标书中的要求和条件通常是经过深思熟虑的，具有一定的严谨性和科学性，能够有效地保障招标方的利益。

2. 竞争性

招标书发布后，会有多个投标方参与竞标，形成竞争态势。这不仅有助于降低成本，而且还能促进技术的进步和创新。招标方可以通过比较投标方的方案、价格、质量等因素，选择最适合自己的合作伙伴。

3. 公开性

招标书通常会公开发布，以便更多的投标方了解和参与。这有助于打破地域和行业的限制，吸引更多的优质资源，提高整个招标过程的透明度和公正性。

4. 详细性

招标书通常包含详细的技术要求、商务条款、合同条款等内容，以便投标方能够全面了解招标方的需求和要求。这有助于投标方制订更加精准和可行的方案，提高中标的概率。

5. 限制性

招标书会对投标方提出一定的要求和限制，以确保投标方的实力、资质、经验等方面能够满足招标方的需求。同时，招标书还会规定招标的流程、时间、地点等方面的限制，以确保整个招标过程的有序进行。

总之，招标书作为招标过程中的重要文件，具有规范性、竞争性、公开性、详细性和限制性等特点。这些特点有助于保障整个招标过程的公正、公平和公开，促进资源的优化配置和技术进步。

（二）招标书的分类

招标书是招标过程中必不可少的一份文件，其分类方式有多种，以下是一些常见的分类方式。

1. 按项目阶段

根据项目的不同阶段，招标书可以分为前期咨询招标书、设计招标书、勘察招标书、监理招标书、施工招标书、材料设备采购招标书等。

2. 按内容性质

根据招标书的内容性质，可以分为货物招标书、工程招标书、服务招标书等。其中，货物招标书主要是针对货物的采购，工程招标书主要是针对工程项目的建设，服务招标书主要是针对服务的提供。

3. 按招标范围

根据招标的范围，可以分为国际招标书和国内招标书。国际招标书适用于国际招标项目，而国内招标书适用于国内的招标项目。

4. 按标包划分

根据标包的划分，可以分为单个标包招标书和多个标包招标书。单个标包招标书是指整个项目只划分成一个标包进行招标，而多个标包招标书是指将整个项目划分成多个标包进行招标。

5. 按招标形式

根据招标的组织形式，可以分为自行招标和委托招标。自行招标是指招标方自行组织招标工作，而委托招标是指招标方委托专业的招标代理机构进行招标工作。

除了以上几种常见的分类方式外，还有按行业性质、按资质要求等多种分类方式。不同的分类方式有助于更好地理解不同类型的招标书的特点和要求，从而更好地参与招投标工作。

三、招标书的作用及招标基本程序

（一）招标书的作用

招标书是招标过程中关键的一环，其主要作用体现在以下几个方面。

1. 吸引投标人

招标书通过公开发布的方式，吸引感兴趣的投标方参与竞标。通过展示项目需求、采购内容、技术要求和资格要求等内容，使得有能力的投标人能够了解并响应招标信息，积极参与竞争。

2. 确保公平竞争

招标书规定的规范性和详细性，确保所有感兴趣的投标人都能够获得相同的信息，拥有同等的机会来提交自己的方案。这有助于创造一个公平、透明的竞争环境，防止出现不正当手段和暗箱操作，确保招标结果的公正性和合理性。

3. 指导合同签订

招标书不仅是投标人竞争的依据，同时也是双方后续签订合同的重要指导文件。投标人在提交竞标方案时，需要按照招标书的要求进行响应，这为后续合同谈判和签订提供了基础和依据，减少了误解和纠纷的风险。

4. 降低采购成本

招标书发布后，多个投标方之间的竞争往往能够促使报价更为合理，从而降低采购成本。招标过程还能促进市场信息的交流和竞争机制的形成，有利于促使投标人提供更优质、高效、价格合理的服务和产品。

5. 提高采购效率

通过规范化的招标流程，招标方能够集中收集和处理来自多个投标方的信息，提高采购效率。在竞标过程中，投标人之间的方案对比和选择也有助于筛选出最适合招标方需求的合作伙伴，加快项目推进的速度。

（二）招标基本程序

与招标对应的是投标，招标和投标紧密结合在一起，组成完整的招投标程序。其过程大致如下。

1. 招标人刊登招标通告或发出投标邀请函

竞争性招标（公开招标），招标方须在专业招标刊物《中国招标》周刊或其他有影响的报刊上刊登招标通告。有限竞争性招标（邀请招标），招标方须向潜在的投标者定向发出投标邀请函。

2. 进行投标人的前期资格预审

在发售招标文件之前，要对有投标意向的企业就企业概况和过去履行类似合同的情况、人员、设备和企业方面的承担能力以及财务状况等进行资格预审，以保证将招标文件只给那些能胜任的企业。

3. 招标人准备并发售招标文件

招标文件主要包括：招标通告、投标者须知、投标格式、合同格式、一般和特殊合同条款、技术规格、货物清单或工程量清单、图纸以及必要的附件。

4. 投标人投标并交纳投标保证金

参加投标的企业应购买招标文件，并向招标方提供投标文件。投标文件包括：投标函；投标者资格；资信证明文件；投标项目方案及说明；投标设备数量价目表。

5. 招标人开标

开标应在招标通告或投标邀请函规定的时间和地点以公开方式进行。

6. 招标人评标

招标方负责组建评标委员会。评标委员会负责评标工作。

7. 定标

根据评委会提出的中标企业优选方案，确定中标单位。

8. 签订经济合同

某投标人中标后，招、投标双方及时签订经济合同。中标人缴纳履约保证金。

第二节 招标书写作要求

一、招标书的基本结构

（一）招标通告的内容及结构

招标通告是在招标过程中使用的第一个文件，相当于招标开始的一份通知，邀请有能力的企业参加投标和报价。招标通告的目的是引起一定数量的国内外企业参加公平竞争。

招标通告主要包括五项内容。第一，招标项目名称和项目情况介绍；第二，招标开始的时间和投标截止的日期；第三，投标的方法；第四，招标文件发售方法；第五，招标机构或联系机构的名称、地址及联系办法。招标人应在指定专业刊物或其他有影响的报刊上刊登招标通告，以保证信息传播的可靠性和广泛性。

招标通告的结构一般由标题、正文、落款三部分组成。

1. 标题

招标通告通常采用公文式的标题，全称标题应写明招标单位、招标的项目和文种三项内容，如“×× 大学体育馆大楼建筑设计招标通告”，简称标题可省略招标的项目或招标单位，也有的只写“招标通告”。如果是招标公司的公告，为便于归档和查对，还须在标题之下加上编号。

2. 正文

招标通告的正文一般包括前言、主体两层内容。前言就是正文的开头，招标项目的名称（如工程、产品名称等）、规模（或批量）、招标的目的和招标范围，是前言的四要素。该部分要简短，表述应具体、明确。主体是招标通告写作的重点，要用准确无误的文字将招标项目的基本情况、对投标方的条件要求、招标步骤等交代清楚。招标项目的基本情况，如名称、数量、质量要求、价款等；对投标方的条件要求，如投标主体的企业性质、投标资格、投标方应具备的其他必要条件等；招标步骤，要写明招标的起止时间，发售文件的日期、价格与地点，开标日期及开标地点等。本部分要重点突出，层次清晰，表述准确，便于操作。

3．落款

落款应写清招标单位的名称、法人代表、成文日期，并加盖印章。此外，还要把招标单位地址、联系人、邮编、联系电话或网址等一一写清，必要时还要写明招标单位的开户银行及其账号。若是两个以上单位联合招标，应依次写明上述相关内容。

总之，写好招标通告的基本要求是重点突出、文字准确、篇幅短小。必须以公开广告的方式予以通告，使所有合格的投标者都有同等的机会了解投标要求，以形成尽可能广泛的竞争局面。

（二）招标通告与招标书的异同

招标通告和招标书均属招标文书。招标通告一般刊登在报刊媒体上，仅起招请投标人参加投标的广告作用。

招标通告一般篇幅短小，内容简略，不可能也不必要将招标项目各种情况和要求介绍完备，因此具体的条件就必须另用招标文件发送（或出售）给投标人。这种比较具体详细的招标文件即招标书。

（三）招标书的内容与结构

招标书的结构也是由标题、正文和落款三个部分构成，其主要内容包括：①概述（招标的范围、招标资金来源、招标人情况介绍等）；②招标项目的详细要求（本项一般要附具体的明细表）；③投标、开标和评标的方式、方法；④联系地址。在一个复杂的招标项目中，除了招标书外，还有投标者须知，详尽地解释招标文件中各项指标的含义和要求。

二、招标书写作的基本要求

标书是受到国家和地方法律监督与保护的文书，只有熟悉招投标的程序，清楚招投标的来龙去脉，才能写好各种标书。

（一）明确招标目标

开始编写招标书之前，必须明确招标的目的是什么，是为了采购物资、寻求合作伙伴、还是为了推广某个项目？只有明确了目标，才能确保招标书的内容和要求与目标保持一致，从而确保整个招标过程的有效性。

（二）规范招标文件

招标文件是整个招标过程中最重要的文件之一，因此必须保证其规范性。首先，要遵循国家法律法规和相关规定，确保招标文件的合法性。其次，要制定统一的文件格式和标准，以便投标者更好地理解和参与招标过程。此外，还需要对招标文件的内容进行详细的规定和说明，避免产生歧义和误解。

（三）严谨编制标书

标书是投标者参与投标的依据，因此必须严谨编制。首先，要确保标书的内容完整、准确、清晰，符合招标文件的要求。其次，要对标书中的技术和商务条款进行严格的审查和核实，避免出现差错或漏洞。此外，还需要注意标书的语言和表达方式，确保其专业性和严谨性。

（四）保密措施

招标过程中涉及商业机密和敏感信息，因此必须采取有效的保密措施。首先，要对招标文件和标书进行加密处理，确保其安全性和保密性。其次，要对参与招标过程的人员进行严格的筛选和审查，避免出现信息泄露或不当行为。此外，还需要制定严格的保密制度和管理规定，确保保密工作的有效施行。

三、招标书写作的注意事项

（一）招标书写作之前要做好准备工作

首先，招标书的起草要经过上级主管部门的批准。只有经过上级主管部门的批准，招标单位才能起草招标书，而且在招标书中一般应写清楚经过什么单位批准，这样不仅可以使招标书具有权威性，而且能够使投标者产生信任感。其次，在起草招标书之前要做好相关的市场调研工作，掌握市场信息，这样才能根据实际情况，准确确定招标项目的标准、条件、标底等各项招标书内容，使之后的招标程序顺利进行。

（二）招标书的内容要遵纪守法、翔实周全

招标活动是法人之间进行的一种经济活动。国家和地方政府都为此颁布了一系列法律法规，因此招标书的各项内容必须遵守这些法律法规，不得违法。另外，招标书的各项内容都要书写周全，不得有任何疏漏，各种规格的测算要科学合理，写得越具体越好。这样才能使投标者参照招标书的内容，并根据自己的实际情况，作出正确的判断。除此之外，招标单位在招标书的文字表达上也要考虑周全，无论是技术规格还是数据表述都要准确无误，避免含混不清，以致产生歧义；文字表述要简洁明了，与招标无关的字句应予删除，做到让有意投标者一目了然。

总之，招标书写作是一项严谨的工作，需要注意多方面的问题和细节。只有在明确了目标、规范文件、严谨编制和保密措施的基础上，才能确保招标过程的有效性和顺利进行。

第三节　典型案例及评析

案　例

××× 大学附属中学学校食堂劳务外包服务项目公开招标书

招标公告信息

采购项目名称	学校食堂劳务外包服务
品目	
采购单位	××× 大学附属中学
行政区域	湖南省
获取招标文件	2021 年 6 月 18 日起至 2021 年 6 月 25 日止，每日 8：00-17：00（北京时间），双休日及节假日除外

续表

采购项目名称	学校食堂劳务外包服务
招标文件售价	××× 元
获取招标文件的地点	投标人应在本项目获取招标文件截止时间前登录湖南省公共资源交易中心服务平台（http：/www.hnsggzy.com/），进入“办事大厅”—“场地预约”再进入“湖南省公共资源交易中心进场交易系统”进行“填写信息”“下载文件”操作，获取电子版招标文件。逾期将不能获取文件。修改、澄清后的招标文件请投标人按以上方式登录网站自行下载，恕不另行通知，如有遗漏，投标人自行承担全部责任
开标时间	2021 年 7 月 9 日 9：00
开标地点	湖南省公共资源交易中心（长沙市雨花区万家丽南路二段 29 号）相应开标室（详见当天电子显示屏）
预算金额	×××××××（人民币）
联系人及联系方式	
项目联系人	×××
项目联系电话	0731-×××××××
采购单位	××× 大学附属中学
采购单位地址	湖南省长沙市 ×××××××
采购单位联系方式	××× 0731-×××××××
代理机构名称	××××××××××
代理机构地址	湖南省长沙市 ××××××××××
代理机构联系方式	×××0731-×××××××

××× 大学附属中学学校食堂劳务外包服务项目公开招标公告公告时间：2021 年 6 月 18 日。受 ××× 大学附属中学的委托，本代理机构对学校食堂劳务外包服务项目进行采购，现将采购事项公告如下：

一、采购项目信息

项目名称：学校食堂劳务外包服务

政府采购计划编号：湘财采计【2021】001376 号

采购项目编号：1022790-20210618-78

项目负责人：×××

联系电话：0731-×××××××

合同履行期限：自合同签订生效之日起三年，合同一年一签

采购方式：公开招标

采购预算：××××××× 元（人民币）

包名	品目分类	标的名称	简要技术要求	数量
1	C0702- 餐饮服务	学校食堂劳务外包服务项目	详见招标文件	1

本采购项目拒绝进口产品。

二、投标人的资格要求

1．投标人的基本资格条件：应当符合《中华人民共和国政府采购法》第二十二条第一款的规定，即：

（1）具有独立承担民事责任的能力；

（2）具有良好的商业信誉和健全的财务会计制度；

（3）具有履行合同所必需的设备和专业技术能力；

（4）有依法缴纳税金和社会保障资金的良好记录；

（5）参加政府采购活动前三年内，在经营活动中没有重大违法记录；

（6）法律、行政法规规定的其他条件。

2．供应商特定资格条件：

1）单位负责人为同一人或者存在直接控股、管理关系的不同投标人，不得参加同一合同项下的政府采购活动。

2）为本采购项目提供整体设计、规范编制或者项目管理、监理、检测等服务的，不得再参加此项目的其他招标采购活动。

3）列入失信被执行人、重大税收违法案件当事人名单，列入政府采购严重违法失信行为记录名单的，拒绝其参与政府采购活动。

4）本次招标不接受联合体投标。

三、获取公开招标文件的时间、地点及方式

1．本次招标期限为，2021年6月18日起至2021年6月25日止，每日8：00–17：00（北京时间），双休日及节假日除外。有意参加投标者应在本项目获取招标文件截止时间前登录湖南省公共资源交易中心服务平台（http：/www.hnsggzy.com/），进入“办事大厅” – “场地预约”，再进入“湖南省公共资源交易中心进场交易系统”进行“填写信息”“下载文件”操作，获取电子版招标文件。逾期将不能获取文件。修改、澄清后的招标文件请投标人按以上方式登录网站自行下载，恕不另行通知。如有遗漏，投标人自行承担全部责任。

2．招标文件每套售价×××元，售后不退。可选择现金、金融机构转账方式购买招标文件，发票当场领取或在开标时领取。

招标书编号：长招2021——0001

×××大学附属中学学校食堂劳务外包服务项目招标文件

编号：长招2021——0001

根据后勤服务社会化的发展思路，本着办好食堂、方便师生、服务教育的宗旨，决定将学校食堂经营权向社会公开招标。现将本次招标事项说明如下。

一、学校基本情况：（略）

二、招标范围：学生、教工食堂

三、食堂设施：设备及学校提供服务以及承包方职责详见合同范本

四、经营承包期限为：（2021年9月1日—2024年8月30日）

五、招标形式：本次招标采用向社会公开招标形式。

六、招标要求

1．投标企业资格

应当符合《中华人民共和国政府采购法》第二十二条第一款的规定，即：

（1）具有独立承担民事责任的能力；

（2）具有良好的商业信誉和健全的财务会计制度；

（3）具有履行合同所必需的设备和专业技术能力；

（4）有依法缴纳税金和社会保障资金的良好记录；

（5）参加政府采购活动前三年内，在经营活动中没有重大违法记录；

（6）法律、行政法规规定的其他条件。

2．供应商特定资格条件

1）单位负责人为同一人或者存在直接控股、管理关系的不同投标人，不得参加同一合同项下的政府采购活动。

2）为本采购项目提供整体设计、规范编制或者项目管理、监理、检测等服务的，不得再参加此项目的其他招标采购活动。

3）列入失信被执行人、重大税收违法案件当事人名单，列入政府采购严重违法失信行为记录名单的，拒绝其参与政府采购活动。

4）本次招标不接受联合体投标。

3．供应商的行业资格要求

1）具备独立法人资格的餐饮企业，持有国家规定从事餐饮行业的各种执照。

2）注册资金20万元以上。

3）有学生食堂餐饮服务经营经验、效果好。

4）在以往餐饮经营中信誉良好，未发生过食物中毒事故、安全生产责任事故和债务纠纷。

5）投标企业必须是自行提供服务，不得将食堂经营管理项目进行任何方式的分包、转租。

4．报价

参与投标者，直接在合同范本上写明投标金（承包租金）多少。

5．其他要求

中标单位在接到中标通知后，应按通知书上的内容要求在24小时内与招标单位签订承包合同，并交纳履约保证金、设备押金。逾期不签合同或违反招标文件要求和投标时的承诺的，招标方有权取消中标方资格并没收投标押金。

七、投标须知

1．参加投标人必须符合承包人基本要求方可参加投标。

2．为保证招标工作的严肃性和有序性，投标人在投标前交纳投标押金5000元。不中标者当场归还；中标者的投标押金在与校方签订合同后可转为履约保证金。

3．投标材料必须在规定时间内送达指定地点。超过投标截止时间，作自动放弃论处。

八、中标人的确定及评标办法

1．初选：评标小组对投标单位及委托人的资质等情况进行审查，初选出符合要求的投标单位。对于落选原因不作解释。

2．入围：学校设置最低标的，最低标的在开标前确定。投标低于最低标的的算废标。高于最低的进入入围名单。

3．定标：评标小组根据承包人提出的经营思路、服务承诺等因素进行综合评价。也可以根据需要跟入围者当场交流，在综合评审的基础上选定最后的中标人。

九、承包款支付办法

中标人必须按签订合同支付承包金。

十、招标日程安排

报名及领取招标文件：2021 年 6 月 18 日至 2021 年 6 月 25 日，每日 8：00—17：00（北京时间），双休日及节假日除外。

标书送达时间：2021 年 7 月 9 日 9：00 前。

开标时间：2021 年 7 月 9 日下午 9：00。

十一、投标文件组成

1．营业执照副本复印件加盖红章；

2．企业法人代表证明书；

3．投标书、银行保函；

4．投标报价单、食堂经营思路、人员安排、服务承诺。

2021 年 6 月 17 日

食堂承包合同书

签约地：湖南省长沙市

甲方：

乙方：

为加强对学生及教工食堂的综合管理，提高学生及教工膳食标准，甲、乙双方通过友好协商，本着平等互利的原则，同意和平校区学生及教工食堂由乙方承包经营。为明确双方的权利和义务，特订立本合同。

一、承包内容及经营范围

承包经营甲方学生及教工食堂，负责供应甲方学生（早、午、晚、夜宵）以及教工（早、午）餐饮服务。在确保上述就餐正常供应后，可根据学生及教工需要和能力许可，兼营小炒，承接接待餐业务，烟酒饮料等零售。严禁在食堂区域内（包括宿舍）进行非法经营、活动和作其他用途。

二、餐费标准：

甲方食堂餐费标准按每人每天单价计：

学生人员：早餐 ×× 元 / 人；午餐 ×× 元 / 人；晚餐 ×× 元 / 人；夜宵餐 ×× 元 / 人；

教工：早餐 ×× 元 / 人；午餐 ×× 元 / 人；

三、承包期限

自 2021 年 9 月 1 日起至 2024 年 8 月 31 日止，承包期为 3 年。合同一年一签。期满后双方要求续签，在同等条件下，乙方有优先权。

四、场地使用及有关费用

1．甲方免费向乙方提供目前属于甲方厨房所有的场地和用具的使用权。进场前甲方负责将基础设施破烂部分及厨房用品一次性维修保养好配齐，交付乙方使用。上述物品经清点（按清单双方签名）后，交乙方使用。承包期满后，乙方应将上述物品交还甲方。如有遗失，损坏，乙方负责赔偿。(自然损耗除外)。

2．承包期内，食堂内的用具维修发生的一切费用，由乙方自行承担。承包区内外的设施维修整改费用由甲方承担。

3．承包期内，甲方（乙方）负责（水、电、燃料面议），其费用标准需根据本市自来水公司、供电局、燃料供应商统一标准核算，水每吨 ××× 元，电每千瓦时 ××× 元，燃料每公升 / 斤 ××× 元。随着每年市场的价格调整收取费用。

4．如乙方要占用甲方承包区以外的其他地方扩大经营，乙方须向甲方提出正式书面申请，并征得甲方同意。

5．乙方每年向甲方提交承包租金 ××× 元。

五、膳食供应及有关服务

1．饭菜供应分类：a．刷卡进餐；b．凭现金进餐；c．凭饭卡进餐；d．凭饭卡进餐。

2．凭 ××× 进餐，每餐价格 ××× 元。荤素两米饭，汤自取。

3．菜式备选品种每餐不少于 ××× 个（其中荤菜类不少于 ××× 个），经常轮换。早、夜餐品种不少于 ××× 个。

4．膳食供应时间：早餐：×××—×××；午餐：×××—×××；
晚餐：×××—×××；夜宵：×××—×××；

甲方可根据需要，向乙方提出变更就餐时间，乙方应积极配合。做到准时开餐，饭热菜香。

5．夏季期间，根据劳动部门的规定，当气温在 35℃及以上时，应甲方要求，乙方应向甲方学生及教工供应消暑饮料（冬瓜汤、凉茶、粥品等），供应数量由甲方确定。乙方只收回物料成本。

6．乙方销售的食品，应做到价廉物美。在原材料进货价格的基础上获取利润应控制在 25% 以下。

六、卫生管理和环境保护

1．承包期内，乙方应搞好辖内的环境卫生工作，噪声、污水、烟尘排放应符合国家标准，饭堂内外保持卫生整洁。

2．垃圾污物应按指定地点放置，不得随便丢弃。

3．应按有关规定自觉接受卫生管理部门对辖区内工作检查、监督。

4．厨房用品严格实行“一洗、二过、三消毒”的规程。

5．不得出售任何变质或受污染的食物。

6．乙方所有工作人员上岗前必须通过劳动部门指定医院（或防疫站）的体检，并领取饮食行业健康证。

7．乙方在实际操作中有违反上述规定者，所导致的后果由乙方全部承担。

七、制度的建立

1．承包期内，乙方应建立健全各项规章制度及有关岗位责任制和操作规程，并严格按制度和操作规程工作。制度建立主要包括防火、防毒、防盗、卫生管理、物流采购和供应等方面。食堂全天均应有员工值班。

2．乙方应切实做好防火、防盗、饭菜食品的卫生安全工作，若发生责任事故，后果由乙方全部承担。甲方有权进行监督和检查。

3．甲方有义务负责对厨房水、电管线路的维修保养。小故障三小时内完成处理工作，大故障不超过八小时，不可抗力的不在此限。

八、结算方式（与甲方行政或财务负责人面议）

九、违约责任

1．乙方在承包期内与外界发生的一切债权、债务等纠纷均与甲方无关。

2．甲方保证乙方的经营环境不受内部或外来部门的干扰，一旦出现上述情况由甲方负责理顺。

3．除不可抗力事件外，乙方不得以任何理由不及时或不充足供应学生及教工膳食。

4．由于甲方原因造成乙方未能按合同要求供应膳食（如故意切断乙方的水电供应），而造成乙方经济损失，由甲方负责赔偿。

5．甲、乙双方对应付对方的有关费用、补助等，应按合同规定要求按时计付，逾期未付的每天加罚 1% 滞纳金，逾期最多不得超过十天，超过十天视作违约，违约方应向对方赔偿一切损失。

6．甲方或乙方违反本合同或单方面无正当理由终止本合同者，应向对方赔偿一切损失。

十、仲裁

本合同发生争议时，双方应协商解决。协商不成时，可向工商行政部门申请仲裁，或向人民法院提出上诉审理。

十一、本合同如有遗漏和未完善之处，在补充协议中明确。补充协议作本合同的组成部分，具有同等的法律效力。

十二、合同自双方签订之日起生效。合同正本一式四份，双方各持两份。

十三、甲方同意在双方签字之日生效后，乙方须在合同规定承包日 2 日内进入甲方食堂正式承包运作。本合同的承包期限从乙方正式进入甲方食堂承包运作之日起生效，此条款与本合同一同生效。

甲方（章）： 乙方（章）：

代表人： 代表人：

签约日期：××××年××月××日

案例评析

这份学校食堂招标文案结构完整，内容详细。首先，招标目标明确。文案在开头部分就明确阐述了本次招标的目的是根据后勤服务社会化的发展思路，本着办好食堂、方便师生、服务教育的宗旨。这种明确的招标目标为投标者提供了清晰的方向，确保整个招标过程围绕这一核心目标进行。其次，招标文件规范完整。详细列出了对于投标人的资格要求、投标时需要提交的资格证明文件及其他文件均有明确规定等。这种规范完整的招标文件有助于确保投标者充分理解并遵循招标要求，同时也方便评标委员会进行评审。最后，标书编制严谨。文件对承包商的技术实力、设备配置、食品安全管理体系等方面进行了详细规定，确保中标者在技术方面具备足够的能力。对承包商的报价、付款方式、交货期等进行了明确规定，以保障学校的利益。

项目实训

1. 学校国际贸易实训室应教学要求，需要引进一套教学实训软件。请你以实训室负责人的身份撰写一份针对该项目的招标书。

2. 请你以校方后勤管理人员的身份，撰写一份教学楼日常清洁承包项目的招标书。

思考与练习

1. 招标通告与招标书有何异同？
2. 招标书的写作要点有哪些？
3. 招标书的基本结构包括哪些？

项目十八 投标书

Chapter Eighteen

学习要求

了解投标书的概念、特点、分类和作用；掌握投标书的基本结构、具体写作要求及注意事项。

通过学习，培养学生的法治意识，避免触犯法律底线。同时本着诚实守信的态度真实反映企业的实力和技术水平，不得虚假夸大，做到言行一致。

任务导入

你作为一家餐饮公司的负责人，打算投标学校食堂外包管理项目，制作投标书之前需要准备哪些资料呢？

第一节　投标书基本概述

一、投标书的概念

投标书就是单位、企业或个人对招标项目投标时所用的专用文书。投标是指承包人或购销者按招标公告的标准和条件，在投标书中报出价格、填写投标书的各项内容，投函招标方。

招投标是在市场经济下引入竞争机制的产物。近年来，我国一些重大建设项目都采用了招投标的方式选择承建人。不仅如此，招投标方式已经进入各个经济领域。不管项目大小、购买量大小，招投标方式已经成为交易双方实现双赢的明智选择。

投标书主要有投标商业条件表、投标企业资格表、投标价格表等三种表格。投标人利用这些表格项目向招标人提出订立合同的建议，提供给招标人备选的方案。

二、投标书的特点及分类

（一）投标书的特点

投标书是一份具有法律约束力的文件，用于向招标方提出要约，以争取成为中标者。投标书的特点主要包括以下几个方面。

1．针对性

投标书是针对特定的招标文件而编写的，必须严格按照招标文件的要求和格式。投标书的内容、方案和报价等方面都需要针对招标方的需求和条件进行定制，以最大限度地满足招标方的要求。

2. 竞争性

投标书是在竞争的环境下编写的，需要与其他投标者进行竞争，以争取成为中标者。因此，投标书需要突出自己的优势和特点，展示出与竞争对手不同的方案和报价，以获得招标方的认可和信任。

3. 要约性

投标书是一种要约文件，需要明确提出招标方所需的服务、产品或工程的具体内容和要求，并按照招标文件的规定进行报价。投标书一旦提交给招标方，就具有法律约束力，不能随意更改或撤销。

4. 密封性

投标书需要密封递交，以确保其内容的保密性和公正性。在递交投标书时，需要将标书装入密封信封或标书袋中，并在封口处加盖投标方的印章或签字，以确保其真实性和合法性。

5. 具体性

投标书需要具体详细地描述招标方所需的服务、产品或工程的内容和要求，包括技术方案、实施方案、质量保证措施等方面的具体内容。同时，投标书中的报价也需要具体明确，不能含混不清或随意涂改。

6. 一次性

投标书只能提交一次，不能重复提交或更改。如果投标书有错误或遗漏，需要在规定的期限内进行更正或补充说明，但不能对原有的内容进行更改。

7. 确定性和有限性

投标书的提交需要在规定的期限内完成，不能逾期提交。此外，投标书的要约内容需要在投标书中明确规定，不能在招标过程中随意更改或扩大范围。如果需要对要约内容进行更改或补充说明，需要在规定的期限内进行书面通知或说明。

（二）投标书的分类

投标书可以根据不同的分类标准进行划分，以下是常见的分类方式。

1. 按招标类型划分

根据招标类型，投标书可以分为货物采购投标书、工程承包投标书和服务提供投标书。货物采购投标书主要是针对货物的采购，需要提供货物的名称、规格、数量、价格、交货期等详细信息；工程承包投标书主要是针对工程项目的承包，需要提供工程的具体方案、工期、质量保证措施等；服务提供投标书主要是针对服务项目的提供，需要提供服务的具体内容、方式、质量标准等。

2. 按投标形式划分

根据投标形式，投标书可以分为单信道投标书和多信道投标书。单信道投标书是指投标方将投标书直接提交给招标方，不需要经过其他中介机构；多信道投标书是指投标方需要通过中介机构将投标书提交给招标方，例如通过招标代理机构进行提交。

3. 按标段划分

根据标段划分，投标书可以分为整体标段投标书和分项标段投标书。整体标段投标书是指对整个项目或工程的整体方案进行投标，分项标段投标书是指将整个项目或工程划分为多个子项或多个标段，分别进行投标。

4. 按招标方式划分

根据招标方式，投标书可以分为公开招标投标书和邀请招标投标书。公开招标投标书是指通过公告形式向不特定多数人发出的招标，邀请招标投标书是指向特定的人或单位发出的邀请进行投标的招标方式。

5. 按采购方式划分

根据采购方式，投标书可以分为集中采购投标书和分散采购投标书。集中采购投标书是指由采购方统一进行采购的投标方式，分散采购投标书是指由各个使用单位自行采购的投标方式。

6. 按支付方式划分

根据支付方式，投标书可以分为现金支付投标书和信用支付投标书。现金支付投标书是指以现金方式进行支付的投标方式，信用支付投标书是指以信用方式进行支付的投标方式。

三、投标书的作用

投标书在商业活动中扮演着重要的角色，特别是在招标过程中。一份精心准备的投标书可以帮助竞标方展示自身实力，提升中标率，同时也能展现竞标方的优势，树立良好形象。此外，投标书还能确保投标方的正当利益，规避潜在风险。以下是投标书的具体作用。

（一）展示竞标实力，提升中标率

投标书是竞标方展示自身实力、方案和报价的重要文件。通过投标书，招标方可以快速了解竞标方的综合实力、技术方案、实施方案、质量保证措施等方面的具体内容。一份内容翔实、专业、有针对性的投标书能够吸引招标方的眼球，提升竞标方在中标过程中的竞争力，从而提高中标率。

（二）展现竞标方的优势，树立良好形象

投标书是竞标方展示自身优势的重要平台。通过投标书，竞标方可以突出自身的核心竞争力、技术特长、专业人才等方面的优势，向招标方展示自身的实力和价值。同时，投标书的质量和规范性也能够体现竞标方的专业素养和诚信度，树立良好的企业形象。

（三）确保投标方的正当利益，规避潜在风险

投标书是竞标方与招标方之间合同关系的重要法律依据。在投标书中，竞标方需要明确提出招标方所需的服务、产品或工程的具体内容和要求，并按照招标文件的规定进行报价。一旦投标书提交给招标方并被接受，它就具有法律效力，能够保障竞标方的正当利益。此外，投标书还能够规避潜在的风险，如报价错误、方案失误等，确保竞标方的利益得到有效保护。

第二节 投标书写作要求

一、投标书的基本结构

投标书的制作根据招标书所要求的内容及标准制作，一般包括封面、投标声明、目录、正文、结尾、附件及保证金七个部分。

（一）封面

封面是投标书的第一印象。封面上一般写“投标书”或“××项目投标书”，标明项目名称、投标单位名称、日期等重要信息。设计简洁明了，颜色搭配合理，给评审人员留下良好的印象。

（二）投标声明

投标声明是投标书的重要组成部分，主要阐述投标人的资格、能力、经验等方面的信息，证明投标人有足够的能力履行合同。该部分内容必须真实可靠，不能有虚假夸大成分。

（三）目录

目录是投标书的导航图，列出了投标书的各个部分和页码，方便评审人员快速找到所需信息。目录应简洁明了，层次分明。

（四）正文

正文是投标书的核心部分，包括技术方案、商务条款、售后服务等方面的内容。技术方案应详细阐述投标产品的技术优势、特点和使用效果；商务条款应明确各项条件和要求，如交货期、付款方式等；售后服务应说明保修期限、维修响应时间等。

（五）结尾

结尾部分通常是对整个投标书的总结，再次强调投标人的优势和承诺，表达对项目的信心和期望。结尾部分应简洁明了，语气诚恳。

（六）附件

附件是投标书的重要组成部分，包括营业执照、税务登记证、组织机构代码证等相关证明文件，以及技术图纸、财务报表等详细资料。附件应按照顺序排列，并在文中注明。

（七）保证金

保证金是投标书的一部分，用于保证投标人在中标后能够按照合同履行义务。保证金的金额和缴纳方式应在投标书中明确说明。如果投标人未中标或未按规定履行合同，保证金可能会被扣除作为违约金或损失赔偿。

二、投标书写作的基本要求

撰写投标书是一项需要细致和精确的工作，它不仅关系到企业的中标率，也涉及企业的形象和利益。以下是投标书写作的基本要求。

（一）明确性

投标书应当明确、具体、清晰地阐述投标方的资质、经验、技术能力和项目实施计划等关键信息。避免使用模糊或含糊其词的语言，确保评审人员能够全面了解投标方的实际情况。

（二）准确性

在撰写投标书时，要确保所提供的数据和信息准确无误。对标书中提到的任何事实和数据，都应经过认真核实，以避免出现误差或虚假信息。这有助于建立投标方的信任度和专业形象。

（三）针对性

投标书应根据招标文件的要求和特定项目需求进行撰写。要仔细研究招标文件，明确招标要求，并针对这些要求提供相应的解决方案和承诺，确保投标书与项目需求紧密相关，以满足采购方的期望。

（四）合规性

投标书应符合相关的法律法规和行业标准。在撰写投标书之前，应了解相关的法律、法规和规范，以确保投标书在合法性、安全性和质量保证等方面符合要求。此外，还要注意招标文件中可能存在的特殊要求或限制，以确保投标书不违反任何规定。

（五）完整性

投标书应确保内容的完整性，不应遗漏任何重要信息或细节。除了按照招标文件要求的格式和内容撰写标书外，还要自行检查和核实各项内容，以确保投标书涵盖所有必要的信息和细节。同时，要注意在标书中提供有效的联系方式和必要的附件，以便招标方在需要时能够及时联系到投标方。

三、投标书写作的注意事项

第一，投标书写作之前要对招标情况有深入了解。投标单位在起草投标书之前要深入了解招标书的具体内容，主要包括招标范围、具体要求、招标方法、投标截止时间等。全面了解招标书，并抓住一些关键问题，将有助于投标书的起草。除了了解招标书的内容，投标单位还要对招标项目做周密调查和精确计算，合理核算成本，了解市场信息，恰当报出价格，为形成一份具有竞争力的投标书做最充分的准备工作。

第二，投标书的内容要符合投标单位实际，表述准确。投标单位对自身所具备的条件和能力应实事求是，投标书中做出的任何承诺都应是自身可以达到的，切忌夸夸其谈。因为在夸大的情况下即使中标，最后也只能给招标方和投标方带来经济损失。另外，投标书内容的表述要准确规范。投标书的内容一定要注意与招标书的内容相对应，对招标的要求要给出明确的回答和说明，无论单价、数量还是总报价均应仔细核对。除此之外，投标单位要注意投标书的保密性，在送达招标方之前一定要密封保存；否则投标书就可能成为无效投标书，浪费投标单位的人力、物力和财力。

总之，撰写一份好的投标书需要注意多方面的要求和细节。投标方需投入足够的时间和精力，以确保投标书的质量和竞争力，提高中标率。

第三节　典型案例及评析

案　例

×××学校食堂承包管理项目投标书

封面（略）

投标声明：

我们，[投标人全称]，在此郑重声明，本公司具备提供食堂服务外包所需的所有条件和能力，并对投标过程中的真实性和准确性承担全部责任。以下是我们的投标声明，涵盖了食堂承包管理项目的各个方面。

一、公司资质与经验

我们具备从事食堂服务外包的合法资质和经营许可，拥有丰富的行业经验和成功案例。我们具备完善的管理体系和专业的服务团队，能够确保服务的专业性和可靠性。

二、服务质量承诺

我们承诺提供高质量的食堂服务，确保食品卫生、口感和营养价值。我们将根据客户需求，提供个性化的餐饮服务方案，满足不同口味和需求。同时，我们将持续改进服务质量，提升客户满意度。

三、价格与费用

我们将在公平合理的基础上确定食堂服务外包的价格，并详细列出各项费用及收费标准。我们将根据合同约定，按时收取相关费用，并为客户提供发票或收据。

四、人员配备计划

我们将根据食堂规模和服务需求，配备足够数量的服务人员，包括厨师、服务员、清洁工等。我们将确保服务人员的专业素质和良好的职业道德，为客户提供满意的服务。

五、食品卫生与安全措施

我们将严格遵守食品卫生和安全法规，确保食品的卫生和质量。我们将采取一系列安全措施，包括食材采购、食品储存、加工制作等环节的管理和控制，确保食品的安全与营养。

六、服务流程和时间安排

我们将制定详细的服务流程和时间安排，确保食堂服务的顺利进行。我们将根据客户需求和实际情况，合理安排供餐时间、餐品种类和服务方式等，确保服务的高效性和及时性。

七、风险控制和应对措施

我们将制定并实施风险控制和应对措施，确保食堂服务的稳定性和可靠性。我们将在食品供应、食品安全和服务质量等方面加强监控和管理，降低潜在的风险和影响。

目录（略）

投标书正文

一、公司简介（略）

二、经营理念和方式

以服务教工和学生为核心，靠优质服务和不断翻新饭菜品种花样，赢得信誉。以实惠、卫生、可口为目的，力求达到科学配餐，营养配餐，提高膳食质量。坚持预防为主，确保饮食安全。服从校方的管理，遵守各项法律、法规和规章制度，按照《中华人民共和国食品卫生法》严格执行操作规程。

1．经营目标

我们的服务理念是：密切配合校方，不断追求品质的提高与菜式的创新，使教职工及学生们生活满意，管理者工作省心。

我们的服务承诺是：奉献优质服务，提供全面营养，保持清洁卫生，提高膳食质量。

2．经营管理理念

1）企业精神：忠诚　团结　实干　创新　高效

2）员工修养要求：对上以敬　对下以慈　对人以和　对事以真

3）入职理念：团队精神　纪律观念　服务精神　服从观念

4）管理人员素质要求：

要工作热情，有强烈的事业心和工作责任感，要有做不好工作决不罢休的工作精神。

要以身作则，身先士卒，做员工的榜样

要清正廉洁，做员工和社会的模范

要公正，公平，处理问题要公正、公开、公平，不徇私情

要不断学习进取，善于总结，汲取知识，努力提高自已的水平

5）管理十要素：

要坚持实事求是的思想路线，一切从实际出发，力戒教条主义

要相信员工，团结员工，依靠员工

要有“议大事，懂全局，管本行”的管理理念，把自己的本职工作做好

要把主要工作做好，兼顾一般性的工作

要做到既坚持原则，又灵活解决问题，处理问题不能绝对化，搞一刀切

要不断总结经验教训，发扬优点纠正不足，避免犯重复性的错误

要合理授权，实行层级管理，分级负责，不搞一言堂，越级指挥

要以激励为主，鞭策为辅，尊重员工的首创精神，工作以表扬为主，批评为辅

要勇于承担责任，不能将功诿过，出现问题按权限分担责任，不搞上推下卸

要关心员工工作，生活和学习中的实际问题，做员工的贴心朋友

6）餐饮管理“十标准”：

服务标准：做到顾客满意

工作标准：要精益求精

质量标准：稳定　精细　新颖

管理标准：要敢管　严管　会管

用人标准：德才兼备，突出特长

学习标准：勤学，活用

培训标准：满足工作需要，兼顾长远发展

质检标准：严格　公平　公正

协作标准：从公司整体利益出发，全力配合

营销标准；培育友谊　实现双赢

3．规范化的管理

公司统一化管理：实行 5S 管理，同时引入 ISO9000 国际质量管理体系，使质量管理程序化、规范化、标准化。

1）原料的标准化：对所使用的原料从外观、切配、卫生、营养等方面建立严格的监管标准。

2）加工生产的标准化：对每一道加工程序（包括原料的称取），加工的原料（如时间、温度等）都制定出详细的要求标准和操作规范。

3）出品质量的标准化：所有出品均制定严格的质量标准，包括规格、质量、保鲜时间等，都有严格规定和相应的监管方法。

4）卫生标准化：厨房操作人员的个人卫生和厨房的布局以及操作时的卫生均制定科学、详细的规范标准。

4．规范的厨房运作计划（略）

5．严格的监管措施（略）

三、经营思路

1．经营思路

以下是我们针对此次项目拟定的供餐清单。一旦中标，我公司将结合招标方的要求进行调整拟定。

早餐档

早点档口	价格	饼类档口	价格	粥类档口	价格
豆浆	1 元 / 份	葱花饼	2 元 / 个	八宝粥	4 元 / 份
油条	2 元 / 根	鸡蛋饼	2 元 / 个	红枣粥	4 元 / 份
鸡蛋	2 元 / 个	土豆饼	1.5 元 / 个	绿豆粥	3 元 / 份
豆腐脑	1.5 元 / 份	酸菜饼	1.5 元 / 个	银耳粥	4 元 / 份
小笼包	1 元 / 个	南瓜饼	1.5 元 / 个	红豆薏米粥	4 元 / 份
菜包子	1.5 元 / 个	豆沙饼	1.5 元 / 个	花生粥	3 元 / 份
馒头	1 元 / 个	肉饼	3 元 / 个	黑米粥	4 元 / 份
花卷	1 元 / 个	春卷	2 元 / 个	燕麦粥	4 元 / 份
韭菜合子	4 元 / 个	菜包子	1.5 元 / 个	玉米粥	3 元 / 份
		肉包子	2 元 / 个	小米粥	3 元 / 份
		肉夹馍	5 元 / 个	白粥	3 元 / 份

午餐及晚餐档

面类档口	价格	砂锅档口	价格	干锅、锅仔类档口	价格
西红柿鸡蛋面	6 元 / 份	砂锅土豆粉	8 元 / 份	干锅土豆片	15 元 / 份
猪肉白菜水饺	10 元 / 份	砂锅宽粉	8 元 / 份	干锅虾	28 元 / 份
猪肉芹菜水饺	10 元 / 份	砂锅米线	8 元 / 份	干锅素三样	15 元 / 份
猪肉三鲜水饺	10 元 / 份	砂锅方便面	8 元 / 份	干锅排骨	20 元 / 份
韭菜鸡蛋水饺	8 元 / 份	砂锅馄饨	8 元 / 份	干锅肥肠	18 元 / 份
		砂锅丸子	8 元 / 份	巫山烤鱼	22 元 / 份

小炒类档口	价格	盖饭类档口	价格
青椒肉丝小炒	10 元 / 份	辣子鸡丁盖饭	9 元 / 份
孜然肉片小炒	10 元 / 份	麻婆豆腐盖饭	6 元 / 份
木耳肉片小炒	10 元 / 份	干煸豆角盖饭	7 元 / 份
尖椒肥肠小炒	10 元 / 份	鱼香肉丝盖饭	8 元 / 份
宫保鸡丁小炒	10 元 / 份	快餐（四素）	8 元 / 份
酸辣土豆丝小炒	7 元 / 份	快餐（一荤三素）	9 元 / 份
韭菜鸡蛋小炒	7 元 / 份	快餐（二荤二素）	10 元 / 份
红烧茄子小炒	7 元 / 份	快餐（三荤一素）	12 元 / 份
酸辣白菜小炒	7 元 / 份	快餐（四荤）	14 元 / 份
茄子豆角小炒	7 元 / 份		
手撕包菜小炒	7 元 / 份		

人员配备表

序号	岗位	拟投入人数	持证情况	备注
1	主管	1	健康证	
2	库管	1	健康证	
3	财务	1	会计证	
4	厨师长	1	二级厨师，健康证	
5	早点档口	3	二级厨师，健康证	2 人售卖，1 人制作
6	饼类档口	2	二级厨师，健康证	1 人售卖，1 人制作
7	粥类档口	2	二级厨师，健康证	1 人售卖，1 人制作
8	面食类档口	3	二级厨师，健康证	1 人售卖，2 人制作
9	小炒档口	4	二级厨师，健康证	1 人售卖，2 人制作，1 人切配
10	砂锅档口	2	二级厨师，健康证	1 人售卖，1 人制作
11	干锅、锅仔类档口	3	二级厨师，健康证	1 人售卖，2 人制作
12	保洁、消毒	6	健康证	3 人保洁，3 人消毒
	合计	29		

附：人员资格证书（略）

3．岗位分工和职责（略）

四、经营管理制度

1．员工管理制度（略）

2．卫生管理制度（略）

3．财务管理制度（略）

4．烹调加工餐饮安全管理制度（略）

5．食品留样管理制度（略）

五、经营成本及利润控制（略）

1．食堂成本的组成（略）

2．成本控制步骤（略）

3．成本控制方法（略）

六、应急方案

1．制定的目的及依据

为加强餐厅突发事件的应急管理工作，预防和杜绝突发事件的发生，在发生突发事件时能及时、有效地组织救援，把损失减少到最小，根据《中华人民共和国突发事件应对法》和有关部门的要求，本着“预防为主，防消结合”的原则，结合餐厅实际情况，特制定本预案。

2．应急组织机构与职责

为了充分保证本预案的实施，把责任落实到各责任人，特成立突发事件应急处置小组，全面负责组织、指挥、协调处理突发事件、应急疏散预案的具体实施，确保能够按照预案顺利进行。

（1）突发事件应急处置小组成员名单

组长：餐厅主管

副组长：值班经理

成员：餐厅各档口员工

（2）小组成员职责分工

组长：负责突发事件应急处置小组的组织、指挥、协调；

副组长：负责突发事件应急措施落实情况的检查、指导；

成员：负责所辖部门应急措施的落实、救援组织和善后处置，协助小组处置各类突发事件。

发生突发事件时，在处置小组成员到达之前，由值班人员负责前期处理。

突发事件的范围

①消防：火灾、技防失效

②自然灾害：水灾、雷击、暴风、地震

③食品卫生：中毒

④触电伤亡事故

⑤机械人员伤亡事故

⑥突发传染性疾病

3．日常工作

（1）餐厅主管：负责督促检查、落实应急计划；负责潜在的事故或紧急情况发生后，所采取纠正预防措施的处理及监督检查；定期进行防火技能检查，指导消防演习；负责应急设备的保障；负责与市消防部门、防汛指挥部、安全生产监督局等单位的联络。

（2）值班经理：负责应急救援物资的保障。

（3）成员：负责抢险工具的保障应急现场人力投入。

4．突发事件的应急措施（略）

七、经营资质及招标文书中要求的附件（略）

八、公司投标联系人、电话、邮箱及日期（略）

案例评析

这篇学校食堂承包管理项目投标书文案，整体上展现出专业、规范和有针对性的特点。这份投标书格式规范，各部分结构清晰，层次分明。按照标准的投标书格式进行撰写。该投标书的内容非常完整，包含了公司资质、经验、技术实力等方面的详细说明，以及针对学校食堂的特殊需求提出的解决方案，同时在正文中列明了公司的相关管理制度和应急方案，增强了说服力。此外，投标人还针对学校关心的食品卫生安全、服务质量等方面提出了明确的承诺和保障措施，具有很强的针对性。

从投标书中可以看出，投标人对学校食堂承包管理项目有深刻的理解。他们不仅提出了总体的管理方案，还针对学校的具体需求制订了详细的实施计划。此外，投标人还对可能出现的风险和问题制订了应对措施，表现出对项目的责任心和承诺。这种对项目的深入理解和承诺，有助于提高学校对投标人的信任度。

综上所述，这份学校食堂承包管理项目投标书文案在格式规范、内容完整性和针对性，以及对项目的理解与承诺等方面都表现出较高的水平。

项目实训

1. 请你以某软件公司项目经理的身份针对学校国际贸易实训室引进教学实训软件项目撰写一份投标书。

2. 请你以某保洁公司项目经理的身份，撰写一份针对教学楼日常清洁承包项目的投标书。

思考与练习

1. 投标书的主要分类有哪些？

2. 投标书的写作要点有哪些？

3. 投标书的作用有哪些？

项目十九 商务函电

Chapter Nineteen

学习要求

了解商务函电的含义和特点，理解商务函电的作用和类型，掌握商务函电撰写的结构、要求和注意事项并应用于写作实践。

通过撰写商务函电，提升对交易磋商过程各个阶段的认知，培养礼貌、谦逊、积极的优良品质。

任务导入

如果需就“咨询供货商商品信息”这一主题撰写商务函电，你认为需完成哪些工作？

第一节　商务函电基本概述

一、商务函电的含义

商务函电是指在商业活动中，企业与企业之间、企业与个人之间通过书信、电子邮件等形式进行的信息交流和沟通。它包括询价函、报价函、订购函、发货函、支付函等各种类型的商务信函。商务函电是商业活动中不可或缺的一部分，它不仅能够及时、准确地传递商业信息，还能够有效地维护和发展商业关系。

二、商务函电的作用

商务函电在商业活动中扮演着至关重要的角色，其主要作用可以概括为以下几个方面。

（一）促进有效沟通

商务函电是企业之间沟通的基本工具，它能够确保信息的快速、准确传递。无论是询价、报价、确认订单、发货通知还是处理投诉，商务函电都能够提供明确的书面记录，减少口头沟通可能导致的误解和遗漏。这种沟通方式有助于提高工作效率，加快决策过程，并确保所有相关方都对交易的各个方面有清晰的理解。

（二）建立和维护商业关系

商务函电不仅是信息交流的媒介，也是建立和维护良好商业关系的重要手段。一封礼貌、专业的商务函电可以展现企业的专业性和对合作伙伴的尊重，从而增强信任感和合作意愿。例如，通过发送感谢信来表达对客户或合作伙伴的感激之情，或者在节假日发送问候信来加强联系，都是商务函电维护关系的体现。在处理冲突或争议时，商务函电的礼貌性和专业性更是显得尤为重要，它们能够帮助企业在保持专业形象的同时，以建设性的方式解决问题，避免冲突的升级。

（三）提供法律和合同依据

在商业交易中，商务函电往往具有法律效力，可以作为合同的一部分或证据使用。书面的商务函电如报价单、订单确认、支付条款等，常常被视为具有约束力的合同内容。因此，商务函电的撰写需要非常谨慎，确保所有的条款和条件都清晰明了，以避免未来的法律纠纷。在发生争议时，商务函电也可以作为解决争议的依据，帮助企业维护自己的权益。

（四）支持决策制定

商务函电是企业内部决策制定的重要支持工具。内部函电如备忘录、报告和指示等，是上下级沟通、部门间协调和政策传达的有效手段。管理层可以利用这些函电来发布新的公司政策、宣布重要决策或请求部门报告。这些函电有助于确保所有相关人员都能够获得一致的信息，从而做出基于相同事实的明智决策。例如，销售团队可能会收到来自上级的业绩目标通知，而产品开发团队可能会通过内部函电接收到新项目的启动指令。

三、商务函电的特点

商务函电在商业活动中扮演着至关重要的角色，它具有以下主要特点。

（一）正式性

商务函电的正式性是其最显著的特点之一。这种正式性不仅体现在遵循一定的格式和结构，如信头、称呼、正文、结尾敬语和签名等，还包括使用正式和专业的语言。商务函电避免使用非正式的词汇、俚语或缩写，以确保沟通的专业性和适当的礼仪。此外，正式性还体现在遵守行业特定的术语和规范，确保信息的准确传达。

（二）准确性

商务函电涉及的信息必须高度准确，因为任何错误都可能导致合同纠纷、财务损失或信誉问题。这包括对数字、日期、条款和条件的仔细核对。准确性还要求使用清晰无误的语言，避免歧义和误解。为了确保准确性，撰写商务函电时常常需要跨部门核实信息，甚至可能需要法律团队的审查。

（三）简洁性

商务函电应该追求简洁明了，避免不必要的赘述和复杂的表述。这有助于接收者快速理解信息的核心内容，提高沟通效率。简洁性要求撰写者能够精练语言，去除冗余，确保每个词都有其存在的必要性。这不仅节省了读者的时间，也减少了误解。

（四）礼貌性

即使在争议或冲突的情况下，商务函电也应保持礼貌和尊重的语气。礼貌性不仅是良好商业关系的基础，也是有效沟通的关键。通过使用恰当的称呼、感谢语和委婉的表达，商务函电展现了专业素养和对合作伙伴的尊重。即使在拒绝请求或提出批评时，也应该用建设性和积极的方式表达，以维护良好的合作关系。

四、商务函电的类型

商务函电是商业沟通的重要工具，它涵盖了一系列文书，用于处理日常商务事务、建立和维护商业关系以及促进决策和合作。商务函电的分类可以从不同的角度进行划分，主要可以分为以下几类。

（一）按照功能和目的分类

1. 商洽函

商洽函是一种用于商业往来、洽谈合作事宜的书信形式。它主要用于商业活动中，与对方进行沟通、协商、讨论合作事项，以达到实现双方共同利益的目的。商洽函通常包括合作意向、合作内容、合作方式、合作期限等方面的具体内容，以便双方明确合作意向，达成共识。

2. 询问函

询问函是当企业对某个产品或服务感兴趣，希望获取更多信息时所使用的函电。这类函电通常包括对所需商品的规格、价格、供货能力和交货时间的询问。撰写询问函时，应该尽量具体和明确，以便供应商能够提供准确的信息。

3. 答复函

答复函用于对收到的询价、投诉、合作提议或其他商业函件给予明确的回应。它应当针对来函的内容提供具体、准确的信息或立场，确保沟通顺畅，有助于双方建立和维护良好的商业关系。

4. 请求函

请求函用于正式地向其他企业或组织提出特定的请求或需求。这可能包括请求报价、寻求合作机会、要求对方确认订单、支付款项等。请求函应当明确、礼貌地表达所求事项，并提供必要的详细信息，以便收件方能够有效地理解和回应。

5. 告知函

告知函是一种用于传递信息、通知事项的书信形式。它主要用于商业活动中，向对方传达某种信息或者通知某项事宜，以便对方了解相关情况并作出相应处理。告知函通常包括具体事项、相关要求、处理方式等方面的内容，以便对方明确了解所需采取的措施。

6. 联系函

联系函是一种用于建立或维护商业联系的书信，通常用于初次接触潜在客户、供应商或其他商业伙伴。它的目的是介绍发件人及其业务，并说明联系的目的，比如寻求合作机会、建立业务关系或提供产品服务信息等。

（二）按照形式和媒介分类

1. 纸质信函

纸质信函是指以纸张为载体，通过手写或打印方式制作的信件，用于个人或企业间的正式沟通。它通常包括信封、信纸和可能的附件，可通过邮寄方式发送。

2. 电子邮件

电子邮件是现代商务沟通中最常用的形式，允许用户以数字形式快速、方便地交换信息，通常包括文本、图片和附件，并支持即时通信，同时还能够保留电子记录。

3. 传真

传真是一种快速、高效的信息传递方式。它通过将文件、图表等资料以扫描的方式转换成电子信号，然后通过电话线路或其他通信手段传输到对方接收设备上，实现即时的信息交流。在商务活动中，传真常用于传递合同、订单、报价单等商业文件以及紧急通知、确认事项等需要迅速处理的信息。

4. 电报

电报是一种迅速传递信息的方式，通过电报网络发送编码信息，能够跨越远距离，实现即时或几乎即时的信息传递。在商务中，电报常用于发送紧急通知、确认交易和传递简明的指示或决策。虽然随着科技的发展，电报的使用已大幅减少，但在某些紧急情况下仍然是一种快速的通信方式。

（三）按照内容性质分类

1. 贸易性函电

贸易性函电是在国际贸易和商务活动中，用于沟通交易细节、协商条款、处理订单、解决争议或维护客户关系的书面文件。这些函电包括询价、报价、订单确认、合同协议、投诉处理等各种形式。它们必须遵循商业礼仪，确保信息的准确性和专业性，以便于双方有效沟通，顺利完成贸易活动。

2. 社交性函电

社交性函电是指在个人或组织间进行非正式交流的书信，主要用于建立或维护社交关系。这类函电包括感谢信、邀请函、祝贺信等，通常用于表达个人情感、感谢、祝贺或邀请对方参加特定活动。

3. 内部函电

内部函电是指在组织内部用于沟通信息、传达指令或建议、协调工作以及处理内部事务的书面文件。这类函电通常包括备忘录、通知、报告和内部指示等。它们有助于确保组织内部运作的顺畅和效率，通常具有一定的保密性和针对性，仅限于组织内部人员阅读和使用。

第二节　商务函电写作要求

一、商务函电的基本结构

商务函电的基本结构通常包括以下几个部分。

（一）信头

信头位于信件的顶部，包括发件人的名称、地址、联系方式以及日期。这些信息应清晰可见，使收件人能够快速识别发件人和时间。在某些情况下，还可以包括邮件的编号或引用，以便于归档和追踪。

（二）封内地址

封内地址是收件人的信息，包括其名称、职位、公司名称和地址。这一部分应准确无误，以确保信件能够送达到正确的接收者。封内地址通常位于信头的下方，略靠左边。

（三）称呼

称呼是对收件人的正式问候，通常使用“尊敬的”加上收件人的姓氏和职位。在商务函电中，保持适当的礼貌和尊重是非常重要的。称呼位于封内地址的下一行，后面通常加逗号。

（四）正文

正文是信件的主体部分，包含了信件的主要信息和目的。正文应该清晰、简洁、有条理，避免使用复杂的句子和专业术语。正文通常分为三个部分：开头、主体和结尾。开头简要介绍信件的目的；主体详细阐述相关的信息、问题或请求；结尾总结信件的内容，并提出期望的回应或下一步行动。

（五）结尾

结尾敬语是对收件人的礼貌结束语，如“诚挚的”“敬礼”等。结尾敬语应与称呼的正式程度相匹配，并位于正文的最后一行的下一行。

（六）签名

签名是信件的结束部分，包括发件人的签名和职位。在某些情况下，还可以包括公司的标语或联系信息。签名应清晰可读，以便收件人识别发件人。

（七）附件标注

如果信件包含附件，应在签名的下方注明。附件标注通常包括“附件”二字，后面加上附件的简要描述。这样可以帮助收件人了解信件包含的额外内容。

（八）抄送

如果这封信还抄送给其他人，应在信件的最后列出这些人的姓名或职位。抄送人通常是与信件内容相关或需要知晓信件内容的人。

二、商务函电撰写基本要求

（一）明确目的

在写作商务函电之前，必须明确信件的目的。这包括了解你想要达成的具体目标、传达的信息以及期望的回应。一个明确的目的有助于构建信件的结构，确保所有必要的信息都被包含在内，并且以合适的顺序呈现。例如，如果目的是请求报价，那么函电应包含所有相关的产品或服务细节，以及期望的报价格式和截止日期。明确的目的也能够帮助收件人理解你的需求，并提供相应的反馈。

（二）专业格式

商务函电应该遵循专业的格式和布局。这包括使用标准的字体、合理的边距、清晰的段落以及适当的标题和编号。一个专业的格式不仅使信件看起来更加整洁和可读，也能够体现发件人的专业性和对交易的重视。例如，对于一封正式的商务提案，可以使用项目符号或编号来列出关键点，以便收件人快速抓住主要优势和条件。

（三）准确无误

商务函电中的信息必须准确无误，包括数字、日期、名称、条款和条件等。任何错误都可能导致误解或法律问题，因此仔细核对所有细节是至关重要的。在提及具体数据或引用合同时，应确保所有信息都是最新和准确的。

（四）礼貌尊重

在商业环境中，保持礼貌和尊重是非常重要的，即使在解决问题或表达不满时也不例外。商务函电中使用的语言应该体现出尊重和合作的态度，避免使用命令式的语气或负面的措辞。礼貌的用语可以帮助建立和维护良好的商业关系，而尊重对方的立场则有助于促进问题的顺利解决。例如，在拒绝对方的提议时，可以表达对他们努力的感激，并尽可能提供建设性的反馈。

三、商务函电撰写注意事项

撰写商务函电时，应注意以下事项。

第一，语言要简洁明了。商务函电的语言应该简洁明了，避免使用复杂的句子和难懂的词汇。这样可以确保收信人能够快速理解你的意思，避免因为语言问题而产生误解。同时，简洁的语言也能够体现出你的专业性和效率，给人留下良好的印象。

第二，关注细节。首先，确保格式规范，包括正确的信头、称呼、分段和签名。其次，语言要精确无误，避免歧义，使用专业术语时需确保对方理解。再次，内容要具体明确，重要信息如数字、日期应反复核对。最后，明确函电目的，必要时提出具体行动要求，并注意时效性，适时跟进反馈。这些细节的把握能够提升函电的专业度，促进有效沟通。

第三节　典型案例及评析

案例一

报价函

×××超级商场：

贵方×月×日询价信收悉，谢谢！

兹就贵方要求，报价详述如下：

商品：君山毛尖茶

规格：一级

容量：每包100克

单价：每包×元（含包装费）

包装：标准纸箱，每箱100包

结算方式：商业汇票

交货方式：自提

交货日期：收到订单10日内发货

我方所报价格极具竞争力。如果贵方订货量在1000包以上，我方可按95%的折扣收款。如贵方认为我们的报价符合贵公司的要求，请早日定购。

恭候佳音。

××茶叶厂

×年×月×日

案例评析

此案例是一份茶叶厂针对超级商场询价的正式报价回复。报价单中明确了商品的名称、规格、容量，以及商品的包装方式和数量。结算方式为商业汇票，这是一种较为安全的支付方式，适合大额交易。交货方式为自提，这意味着买方需自行安排物流到卖方处提取货物，这可能对距离较近或有能力自提的买方来说更为便利。此外，报价单中还承诺在收到订单后10日内发货，显示了卖方对于快速履行订单的承诺。同时，为了促进销售，卖方提出了一个满1000包打九五折的优惠措施。这是一个常见的批量购买激励政策，旨在鼓励客户增加采购量。

整体而言，这份报价单提供了全面而详细的信息，使得潜在的买家能够清晰地了解产品的价格和交易条件。给出的价格具有竞争力，结合优惠措施，显示出卖方在保持利润的同时也在努力吸引顾客。最后，卖方以礼貌的语气表达了期待对方早日定购的愿望，体现了良好的客户服务态度。

案例二

商洽函

尊敬的榆林市汽车销售服务有限公司：

您好！我们是榆林市文化传媒有限责任公司。公司负责人丁富升曾于20××年前在西安经营过近十年广告业。20××年承包榆林广播电视报并着手创新改革为《榆林周刊》，不到一年时间，一纸风行榆林古城。鉴于广电报属于广电局且恰逢非时政类报刊改革，面对关停并转的政策，只能选择放弃。之后，带领团队转向自创品牌。在熟悉榆林市场情势、人文背景前提下，20××年7月底，《××周末》隆重试刊！

《××周末》是信息新报社与榆林地方传媒合力打造的一份高端新闻人文周刊。专注于榆林高端读者市场。报社总部在成都，与文化传媒公司跨地域合作，成立北方频道编辑室，运营中心设在榆林××公司，属国家一级报纸的地方频道、特刊，统一刊号CN51-0084，法定每周二、周五出版。

略

自投放市场以来，本报在本地业内、社会上掀起一波风潮，都在讨论耐读的新锐的《××周末》，尤其是那几句“工作很累，周末必须陪我”“从今天起，您的家庭成员将以下列顺序排列：孩子、妻子、丈夫、××周末”“好报纸、会说话，拿得起、放不下，”一时间被广泛讨论，有人竟在网上公开竞拍本报。

经过不断市场摸索、调研，本报编采团队业已成熟，编采流程磨合到位。为此，我报总编辑丁富升、副主编兼广告部主任宋星辰在20××年与贵公司良好合作的基础上，再次诚邀贵公司一起合作、策划，寻求多赢合作。

致谢！

榆林市文化传媒有限责任公司

× 年 × 月 × 日

案例评析

此封函电是榆林市文化传媒有限责任公司向榆林市汽车销售服务有限公司发出的商洽函。函电首先介绍了文化传媒公司的发展历程和《××周末》新闻人文周刊的创办背景、市场定位以及发行情况。接着，强调了该刊在本地市场的影响力和受众覆盖范围。最后，基于过去的合作基础，再次发出合作邀请。从这些内容中可以看出文化传媒公司市场定位清晰、产品特色鲜明、影响力显著、创新意识强，通过强调过去成功合作的经历，建立信任感，并以此作为合作的桥梁，目的明确，内容充实。函电中的语言表达专业而热情，有效地传达了合作意愿，同时也体现了对过去合作的感激之情。总体而言，这是一份展现出公司实力、市场策略和合作诚意的商业沟通文件，有利于双方建立长期的友好合作关系。

项目实训

1. 请围绕“向供货商咨询商品信息”这一主题撰写询问函。
2. 作为供货商，请撰写一封回复函，用以回复购货商的商品信息咨询。

思考与练习

1. 商务函电的主要结构一般包括哪些部分？
2. 商务函电有什么作用？
3. 商务函电具有哪些特点？

项目二十

Chapter Twenty

商务协议书

学习要求

了解商务协议书的含义和作用，理解商务协议书的特点和类型，掌握商务协议书撰写的结构、撰写要求和注意事项，并应用于写作实践。

通过撰写商务协议书，加强对相关市场、法律法规和行业标准的研究，提升收集信息和分析问题的能力。

任务导入

如果你是一个经销商，想要经销节能电灯，应该如何撰写商务协议书？

第一节　商务协议书基本概述

一、商务协议书的含义

商务协议书是一种契约性文件，用于明确双方或多方在商务活动中的权利与义务。商务协议书通常由社会组织或个人之间就特定的商务问题或事项经过协商后达成一致意见所订立的。它可以涉及各种不同的商务活动，如合作设立公司、开发软件、购销产品等，其内容和条款根据具体的合作方式和项目内容而定。

二、商务协议书的作用

商务协议书不仅是商务活动中不可或缺的法律文件，而且对于促进商业活动的顺利进行、维护市场秩序以及构建良好的商业环境都起到了至关重要的作用。具体体现在以下几个方面。

一是确立权利义务。商务协议书通过书面形式明确双方或多方的权利与义务，为合作提供了明确的法律依据和操作指南。

二是保障合法权益。协议书的签订有助于保障各方的合法权益，确保在商务活动中各方的利益得到保护。

三是提高谈判效率。在商务合作中，协议书可以明确合作双方的意向和规范合作方式，有助于吸引投资者或合作伙伴，增加谈判的效率和信任度。

四是解决纠纷。当商务活动中出现争议时，协议书作为一份具有法律效力的文件，可以作为解决纠纷的依据。

三、商务协议书的特点

（一）明确性

商务协议书的主要功能之一是明确各方的权利与责任。在协议中，当事人会对合作的条款和条件进行详细阐述，包括但不限于合作的范围、期限、支付条款、交付标准等。这些内容需要足够具体，以确保所有相关方对合作的期望和要求有清晰的理解。

（二）灵活性

协议书作为初步共识的表达，为后续更详细的合同谈判奠定基础。在初始阶段不确定的因素较多时，协议书提供了调整和改变的空间，允许双方在未来某个时间点根据具体情况和需求进一步细化条款。

（三）法律效力

一旦签署，商务协议书即具有法律效力，对双方都产生约束力。这意味着签署方必须遵守协议条款，否则可能会面临法律责任。尽管协议书可能没有合同那么详尽的违约条款，但基本原则是，违反协议可能会导致赔偿或其他法律后果。

（四）广泛适用性

商务协议书不仅适用于各种经济和贸易活动，还可扩展到其他领域，如技术合作、文化交流等。其适用范围远大于传统意义上的商品买卖合同。无论是在建立新的业务关系还是在既有合作关系中探索新的合作机会，协议书都是一种灵活且有效的工具。

四、商务协议书的类型

在社会生活尤其是经济生活中，常见的协议书有：

（一）联营协议书

联营协议书即联合经营协议书，是指两个或两个以上的经济组织、个体工商户、农村承包经营户共同出资、共同生产经营、共享所得利益、共担风险而达成的明确相互权利、义务关系及生产经营活动原则的书面协议。

（二）经销协议书

经销协议书是一企业为另一企业销售产品而订立的明确相互权利、义务关系的书面协议。如批发商为工矿企业销售产品，零售商店为工矿企业或批发商行销售商品时约定一定的条件，以书面形式确认下来，即为经销协议书。

（三）国际贸易代理协议书

国际贸易代理协议书是指出口企业与国外代理商之间就双方的共同目标、双方的权利、义务关系、双方的业务关系等进行协商后达成的书面协议。

（四）委托协议书

委托协议书是指当事人双方约定一方为他方处理事务的书面协议。委托的一方称为委托方，为他方处理事务的一方为受托方。当事人约定委托事项为一项或数项事务的称为特别委托协议书；当事人约定委托事项为一切事务的称为概括委托协议书。

（五）仲裁协议书

仲裁协议书是指当事人双方在争议发生前或争议发生后达成的将争议提交某一仲裁委

员会仲裁的书面协议。仲裁协议是仲裁机构管理案件的法律依据。

（六）变更或解除经济合同或原有协议的协议书

它是双方经协商一致、变更或解除原有经济合同或协议书所确立的权利、义务关系的书面协议。

（七）补充协议书

经济合同或协议书签订时，对其中某一特殊而又具有一定独立性的问题需要单独列出，或签订后发现条款有遗漏需要加以补充，或执行到一定时期出现了新的形势、新的情况需要在原有基础上增加新内容，双方或多方经协商一致，可订立补充协议书。补充协议书一经订立，即具有与原经济合同或协议书相同的法律效力。

第二节　商务协议书写作要求

一、商务协议书的基本结构

商务协议书一般包括标题、立约当事人、正文、生效标识等部分。

（一）标题

一般在“协议书”这一文种名称前标明该协议书的性质，如“技术合作协议书”“赔偿协议书”“委托协议书”等。

（二）立约当事人

在标题下方写明协议各方当事人的单位名称或个人姓名。如果是单位，可在单位名称后标明法定代表人姓名、地址、邮政编码、电话号码等内容；如果是个人，可在姓名后注明性别、年龄、职务等内容。注明的项目可视协议书的性质而定。在立约各方当事人的前面或后面，一般应注明“甲方”“乙方”等，以使协议书正文行文简洁方便；“甲方”“乙方”放在立约当事人名称或姓名前面时应在其后加冒号，放在后面时应在前后加括号。

（三）正文

协议书正文一般分为立约依据或缘由、双方约定内容两部分。

1. 立约依据或缘由

此部分一般交代双方签订协议的目的。例如，为发挥双方的优势，共谋发展，并为今后逐步向组成集团公司过渡，双方经过充分友好的协商，特订立本协议。

2. 双方约定内容

这是正文的主体部分，一般用条款式列出双方协商确定的具体内容。不同性质协议书所包括的条款也不一样。因而协议书写作中具体应写明哪些条款要视协议书的性质和双方协商的结果而定。对于少数涉及经济利益的协议书，国家明确规定了应包括的条款的，签约时应当遵守。

（四）生效标识

协议书以交易双方签字盖章为生效条件。

二、商务协议书撰写基本要求

（一）确保协议内容的合法性

商务协议书的内容必须符合相关的法律、法规和行业标准。在起草和签订协议之前，应充分了解适用于协议内容的法律要求，确保所有条款都不违反任何法律规定。特别是在处理跨国交易时，还需要考虑到不同国家的法律差异。此外，协议中的条款应当遵循行业惯例和商业道德，以维护公平公正的商业环境。

（二）明确双方的权利与义务

协议书应详细列出双方的权利和义务，包括具体的服务内容、交付标准、时间表、付款方式等。这些条款的表述应当清晰明了，避免使用可能引起歧义的语言。同时，协议应当公平地反映双方的利益，确保权利和义务之间的平衡。这有助于预防未来可能出现的问题和争议，也有助于维护良好的合作关系。

三、商务协议书撰写注意事项

撰写商务协议书时，应注意以下事项。

第一，内容精确完整。协议书所有条款都必须表述得非常明确，避免任何可能的歧义，确保双方对协议的理解和期望一致。必须符合适用的法律、法规和行业标准，特别是在跨国交易中更应注意不同国家的法律差异。协议应包含必要条款，如合同主体、标的物、履行时间、付款方式、违约责任等，不遗漏任何影响双方权利和义务的细节。此外，条款应切实可行，符合实际操作需求。

第二，表述准确。表达应准确无误，避免使用模糊或含糊不清的措辞，确保专业术语和关键词汇的使用与行业标准一致；尽量使用简短直接的句子，避免不必要的赘述，这有助于提高文档的清晰度和易懂性；保持语言中立，避免情感色彩和主观判断，以确保协议的专业性和公正性。正确的语句表达能够有效地传达协议内容，减少误解和争议。

第三节　典型案例及评析

案例一

销售代理协议书

甲方（供货方）：×××

乙方（购货方）：×××

甲、乙双方本着“诚信合作，互利双赢”的经营理念，在公正、公平、平等互惠的基础上经友好协商，就乙方销售甲方代理的“汤臣倍健”系列营养保健品达成如下协议：

甲方提供的“汤臣倍健”系列产品只限在乙方自身零售系统销售，乙方不得私自对自身零售系统外的终端进行销售。如乙方违规，甲方有权终止合作。

二、商品管理

甲方保证提供的产品符合国家相关质量标准，并提供全部合法的证照。因产品质量引发的问题，按双方的《产品质量保证协议》执行。

三、供货方式及价格

甲方按统一零售价折现款供货。因厂方价格变动，需调整供货价格和零售价格，甲方须及时以书面形式通知乙方。甲方保证在收到乙方货款后3天内发出货物到乙方城市。

四、商品经营

乙方保证在其零售门店内按“汤臣倍健”统一零售价销售产品，不私自打折、降价销售，维护市场价格体系，否则甲方有权终止合作。

乙方将“汤臣倍健”列入A类主推，全员销售，并给予积极的店员激励政策。甲方有义务协助乙方开展终端促销活动，乙方保证妥善管理甲方的配送赠品和物料，并真实有效运用于门店促销及宣传。

五、销售辅助

甲方赠品配送：首批进货（不低于万元）按配送赠品，三个月内按配送赠品，以后甲方一般情况下按乙方每次进货数量4 ：1比例配送赠品（特殊情况和促销套装除外），用于终端促销（买赠活动），提高顾客购买兴趣。

甲方促销支持：每三个月甲方健康快车到乙方1–2个门店开展场外促销活动一场（2~4天），帮门店吸引顾客，营造人气，提升销量。

店员培训支持：甲方在乙方进货40天内安排一次系统培训，今后每季度对乙方店员进行一次营养知识和销售技巧培训，提升店员销售能力，实现乙方销售快速增长。

消费者教育支持：每年两次，甲方专业营养讲师为乙方的终端会员进行“营养健康讲座”，并免费提供会议用礼品袋、小礼品和《健康手册》。

宣传物料支持：甲方在乙方每次进货配时送《产品手册》、彩页、海报、礼品袋等若干，用于吸引客户和产品功能讲解，取得顾客信赖。

终端包装支持：乙方免费提供橱窗、立柱等宣传平台。甲方负责喷制“汤臣倍健”广告，利用姚明良好形象，打动顾客，提高终端导购成功率。

店内形象专柜：甲方可以在乙方主要大店内免费提供“汤臣倍健”专柜，用于产品陈列和形象，促进销售。

虹膜师培训：甲方负责培训乙方虹膜师，直至能够熟练操作并独立诊断。

促销活动沟通：甲方及时通知乙方汤臣倍健公司所有促销活动、促销组合、促销政策等，便于乙方选择参加。

甲方配备专职经理为乙方提供售后服务，维护市场，沟通情况，解决乙方需求。

六、产品运输及退换保障

1. 甲方负责托运至乙方城市所在地并承担区间长途运费，乙方承担市内短途运费并及时验货入库。如属甲方运输过程的破损、产品效期过短或数量不符需退换补的产品，乙方在收到货物的3个工作日内告知甲方，由甲方全额承担退换补。

2．因产品销售周期过长或进货选择不当，导致产品滞销或库存较大，甲方无条件退换货。

乙方须先将退货品种发至甲方城市所在地，甲方验收后，根据退货金额和乙方需要，更换等值其他品种。

3．因产品质量等合理理由的其他退换货，甲方认同后无条件退换。

4．乙方验收入库后，因保管、配送运输、终端陈列等原因造成的丢失、破损等由乙方负责，甲方不承担退换补的责任。

5．甲方承担效期产品退换货，乙方退换的效期产品，按甲方一年三次的统一退换时间和效期规定完成退换，逾期甲方有权拒绝更换。

6．所有退换补程序，甲方承诺在收到货物10天内处理完毕。

7．因产品质量问题而引起的乙方直接损失，甲方全额承担。

七、其他

本协议未尽事宜，双方协商解决。

本协议一式两份，双方各执一份。

本协议期限：自双方签字之日起至××××年××月××日有效，到期后双方无异议，本协议自动延续一年。

甲方（签章）: 乙方（签章）:

202×年×月×日 202×年×月×日

案例评析

本商务协议书是一份供货商和购货商双方本着诚信平等互利原则，就“汤臣倍健”系列营养保健品的代理销售达成的协议书。协议书目的明确。正文部分首先交代了签订本协议书的缘由，然后对商品质量、供货方式、价格、经营方式、运输方式及退换货方式作了明确的规定，从而使交易双方的权利和义务得以明确，避免了以后产生法律纠纷的可能性。另外，从销售辅助和退换保障的内容可以进一步看出交易双方处于一个平等的地位。本协议书内容准确，符合法律要求，结构完整，要素齐全，条理清晰，表述准确，没有歧义，所规定的各项条款切实可行，符合实际合作需求。

案例二

代理协议书

委托方：（以下简称“甲方”）×××

受托方：（以下简称“乙方”）×××

甲、乙双方为更好地开展海运进出口业务，双方经友好协商，根据《中华人民共和国民法典》和《中华人民共和国海商法》等法规的有关规定，现甲方委托乙方作为其代理人代理货物出口的配舱、装船、进栈、报关等一系列货运代理工作，达成如下协议，以便共同遵守。

一、甲、乙双方均持有有效营业执照，并且严格按照营业执照中的营业范围开展业务。由于甲方的违法经营行为给乙方所造成的一切损失与不利后果，甲方应当承担赔偿责任。

二、甲方同意将其揽取的或其生产的货物委托乙方代理安排运输。

三、订舱时，甲方应正确填写由乙方提供的规定格式的订舱委托书，并加盖公章或订舱专用章，以书面的形式传真或派人送交乙方，保证委托书内容的完整性，其中应当包括但不限于所托运货物之件数、重量、体积、目的港、装船日期、货物品名（中英文品名）。甲方对于在装卸、储存、保管或运输中有特殊要求的货物应在委托书中明确提出并随附相关文件。如果委托书内容未注明，由此可能产生的一切风险、责任和费用均由甲方承担。同时，甲方需于委托书上注明本协议编号，以免丧失协议内容之权利。

四、订舱内容要求更改或取消时，甲方必须最迟于货物装入集装箱的当天以书面形式通知乙方，并与乙方的相关操作人员书面确认，并承担由此产生的一切风险和额外费用；若货物已进港或已离港，则乙方有权视情况决定拒绝更改。

五、甲方应当保证每月向乙方委托出口运输业务量不少于 × TEU。乙方及时向甲方提供有关承运人的船期及运价变动信息。

六、甲方同意按以下第 x 种方式确认费用，本协议运价（由我司代收代付承运人，费用由运费和佣金组成）可根据市场价格的变动作相应调整，经双方确认后生效。乙方为甲方垫付的额外费用实报实销。乙方在甲方保证上述委托运输业务量的前提下，乙方按下述优惠价向甲方结算普通干货箱包干定额费：自拖箱：人民币 ×× 元 /20，人民币 × 元 /40；报关费：人民币 × 元 / 票，其他费用：（注：每票限一张报关单。如因报关内容较多需增加报关单，每张报关单增收电脑预录费人民币 × 元，报关后退关收人民币 × 元。）海运费 ×××，订舱费 ×××，其他费用 ×××。

七、海洋运费按双方确认运价（甲方可以在委托书上标明）或甲方得到船公司的确认价（应随附优惠协议号或确认件）执行，但仍应履行本协议第十一条之规定。

八、费用结算。

1．经甲方要求，乙方同意按以下方式结算运费：甲方每月 × 准时付费。乙方有权将甲方的结费方式改为见款放单。如甲方要求退回全部核销退税单、运单，则甲方必须结清迄今为止在乙方发生的全部费用并到账。

2．经双方协议按以下第 × 种方式支付费用：

A. 现金的付款方式；

B. 电汇，并及时把银行汇款水单复印件送交给乙方；

C. 采取同城托收无承付的办法结算外汇海洋运费，双方另签订外汇同城托收无承付结算协议。

3．甲方应当及时确认乙方之结算清单，于收到结算单后七日内未予书面回复确认的，视为对于费用之确认。

九、甲方付清上述费用和报酬，乙方应及时将海关退还的核销单、退税单等有关单证交付甲方。

十、略。

十一、略。

十二、略。

十三、略。

十四、略。

十五、因甲乙双方中一方的原因导致合同预期利益不能实现，无责任方有权以书面形式通知解除本合同，同时有权要求过错方承担违约责任。

十六、因本协议项下委托所产生的任何争议，双方应友好协商解决；无法协商或协商不成的，双方同意提交乙方所在地的海事法院审理。

十七、本协议自双方授权的如下代表签字或盖章之日起生效，有效期至 × 年 × 月 × 日。本协议一式两份，双方各持一份，具有同等效力。

甲方（公章）: 乙方（公章）:

202× 年 × 月 × 日 202× 年 × 月 × 日

资料来源：https：//www.douhua.net/zhichang/hetongxieyishu/92872.html

案例评析

本商务协议书是一份关于国际贸易的代理协议书。协议签订的依据是《中华人民共和国民法典》和《中华人民共和国海商法》，协议内容合法合规。正文部分首先交代了本协议书签订的缘由是为了更好地开展海运进出口业务，目的明确。接着就包括订舱、业务量、各类费用及其支付方式、风险划分、不可抗力等在内的条款进行了详细规定，内容明确具体，条款切实可行，符合实际操作需求，充分体现了交易双方的权利和义务，有助于预防以后发生纠纷。协议书内容表达准确无误，所使用的专业术语和关键词汇与行业标准一致，语言中立，内容客观，体现了本协议书的专业性和公正性。

项目实训

1. 请围绕“经销节能电灯”这一主题撰写商务协议书。
2. 如果你有一处不动产，想委托中介公司代为出售，请撰写一份委托协议书。

思考与练习

1. 商务协议书主要包括哪些部分？
2. 商务协议书的作用有哪些？
3. 请比较商务协议书与合同的异同。

Chapter Twenty-one

项目二十一 经济合同

学习要求

了解经济合同的含义和类型，理解经济合同的作用和特点，掌握经济合同撰写的结构、基本要求和注意事项，并应用于写作实践。

通过撰写不同类型的经济合同，了解不同领域的相关法律知识，培养求真务实、遵纪守法的职业素养。

任务导入

如果需就“房屋出租”这一主题撰写经济合同，你认为需完成哪些工作？

第一节　经济合同基本概述

一、经济合同的含义

经济合同是法律上对特定类型合同的总称，它涵盖了法人、其他经济组织、个体工商户和农村承包经营户等平等主体间，为达成经济往来而设立、变更或终止民事权利义务关系的各种协议。这类合同通常包括购销合同、建设工程承包合同、加工承揽合同、货物运输合同、供用电合同、仓储保管合同、财产租赁合同、借款合同、财产保险合同等多种形式。

需要注意的是，在理解经济合同的概念时，应当区分它与政府或法律授权机构作为一方的合同，后者更多体现公共政策要求或其他公共利益要求，并且可能涉及政府采购程序等行政管理活动。

二、经济合同的作用

经济合同是现代市场经济中不可或缺的一部分，它对于维护市场秩序、促进经济发展和保护当事人合法权益都具有重要作用。

（一）保障经济活动

经济合同为交易双方提供了明确的合作框架，确保了经济活动的顺利进行。通过合同，双方可以明确各自的权利和义务，从而在法律的保护下进行商业活动。

（二）促进专业化与协作

经济合同有助于推动生产的专业化和协作。在复杂的市场经济中，企业之间通过签订合同，可以在各自的专业领域内发挥优势，实现资源的优化配置。

（三）提升经营管理

合同的签订和执行过程中，企业需要对市场进行分析、预测和管理，这有助于提高企业的经营管理水平，增强企业的市场竞争力。

（四）强化法律意识

市场经济条件下，在经济合同的签订和履行过程中，双方都需要遵守相关法律法规，这有助于提高人们对法律的重视，促进法治精神的普及。

（五）促进对外开放和经济协作

经济合同是国际贸易和经济合作的基础，它有助于促进国与国之间的经济交流与合作，推动经济的全球化发展。

此外，经济合同还具有约束力，它规定了双方的责任和义务以及在违约情况下的处理方式，为双方提供了解决争议的法律依据。

三、经济合同的特点

（一）合法性

经济合同的签订必须依据国家的法律法规和政策，一旦签订便具有法律效力，受到国家法律的保护。

（二）约束性

经济合同是双方为实现经济目的而制订的制约性文书，双方都必须遵守合同内容，不得随意违反，否则需承担法律责任。

（三）对等性

在签订经济合同时，无论单位的大小或级别的高低，双方在协商过程中的地位是平等的，承担法律责任时的法律地位也是平等的。

（四）一致性

经济合同中的所有条款都必须经过当事人双方协商一致后才能确定，任何一方都不能将自己的意志强加给另一方。

（五）双向性

经济合同明确了双方互相的权利和义务，体现了合同双方的利益交换和互惠互利的原则。

（六）明确性

经济合同通常明确指出了标的物、数量、质量、价款或酬金等关键条款，以减少因误解而产生的纠纷。

四、经济合同的类型

经济合同的类型繁多，涵盖了商业和贸易中的各个方面。以下是一些常见的经济合同类型。

（1）销售合同：涉及商品或产品从卖方到买方的转移。
（2）采购合同：企业之间为购买原材料、商品或服务而签订的合同。
（3）租赁合同：涉及资产（如房地产、设备）的使用权的授予。
（4）服务合同：一方为另一方提供服务，如咨询、维修或培训。
（5）加工承揽合同：委托方将材料提供给承揽方，后者负责加工成特定产品后交付。
（6）建设工程合同：涉及建筑项目的建设、改造、装修等。
（7）运输合同：涉及货物或人员的运输服务。
（8）仓储保管合同：涉及物品存储和保管的服务。
（9）借款合同：涉及资金借贷和还款义务。
（10）保险合同：保险公司承诺在特定条件下对被保险人或财产提供赔偿。
（11）技术合同：涉及技术开发、转让、咨询和服务。
（12）劳务派遣合同：涉及劳务人员由派遣公司派往用工单位工作的安排。
（13）股权转让合同：涉及企业股份或股权的买卖。
（14）合资合作合同：两个或多个主体为共同投资项目而建立的合作框架。
（15）进出口合同：涉及跨国界的货物或服务的买卖。

这些合同类型各有其特定的法律要求和条款，它们在商业活动中起到了规范双方权利和义务的作用。在签订任何类型的经济合同之前，了解合同的具体条款和条件是非常重要的，以确保所有相关风险得到妥善管理，并保护各方的合法权益。

第二节　经济合同写作要求

一、经济合同的基本结构

（一）合同首部内容的设计

合同的首部包括了合同正文之前的所有内容，大多数由合同名称、当事人身份栏、合同引言组成。

1. 合同的名称设计

合同的名称应当能够准确归纳交易的本质，也即具体法律关系。对一般的小、微经营者而言，可以参照《中华人民共和国民法典》中有关“典型合同”的规定来确定自己的合同性质和名称。

2. 合同的身份栏

合同的身份栏一般放在引言之前，列举合同当事人名称的身份。身份栏最基本的功能在于确定合同参与人的主体信息，因此身份栏信息必须明确、具体。参与人为法人的，一般应当写明法人的全称、住所和统一社会信用代码；参与人为自然人的，应当列明自然人姓名、身份证号码和住所。

3. 合同引言

合同引言一般在身份栏之后，序言之前。其功能常见为描述合同签订的背景，开宗明义说明合同签订的目的或者前提。对合同正文的内容起到辅助的描述作用，对于确定合同目的而言具有相当的积极意义。

（二）合同正文

从第一个条款到最后一个条款都是合同正文的内容。合同正文应当描述交易的全部内容，并尽可能将诚实信用原则在权利义务中具体体现出现。一般而言，正文至少应当包括如下内容。

1. 交易内容条款

（1）商品或者服务的具体内容：在签订经济合同时，交易的商品或服务必须要明确，若不明确则容易产生纠纷，尤其在交易商品时，一定要注明商品的名称、花色、型号、规格、产地、质量等因素。

（2）商品或者服务的对价：为有效减少合同产生争议的空间，商品或者服务提供商应当在合同中约定指定的收款账户，明确开户行、户名、账户等具体信息，这样只要购买方未将对价打入指定账户即没有履行付款义务。

（3）交易的履行地点、期限和方式：条款的设计应根据交易的具体内容和诚实信用原则予以明确，重点在于条款应足以囊括交易的全部内容，同时在主合同义务之外重视附随义务的明确；交付的时间点事关货物风险的转移，尤其是在运输和存储过程中货物可能存在的毁损、灭失风险。因此，交付手续和时间点的明确具有重要的法律意义。如有必要，应当明确卖方办理运输的合同何时为交付、卖方将货物运输到指定地点后买方怠于履行接收义务时的费用承担等内容。

（4）商品或者服务的数量及质量：数量是以数字和计量单位来衡量的尺度，一定要具体明确；质量是内在的特征，如成分、效用、等级等需要在经济合同中明确。

2. 违约责任条款

现代的市场交易错综复杂，市场环境也随时在变化，一个微小的不慎可能导致的后果就是商业机会的丧失。因此，任何违背诚实信用原则，导致合同目的不能实现的行为都可能构成违约。在具体合同撰写中，必须根据具体的交易情况来设计违约条款，才能有效控制风险。违约金的计算方法必须明确、具体，通过增加可能的违约成本来促使合同双方履行合同义务。应尽可能考虑到违约的全部情况，并不局限于合同相对人不履行主合同义务，还包括迟延履行、拒不履行附随义务致合同目的不能实现的情况。

3. 争议解决条款的设计

争议解决条款一般包括仲裁和诉讼，同时约定仲裁条款有排除诉讼管辖的效果，但约定的仲裁机构必须明确、具体、唯一。还包括了管辖地的选择。根据法律规定当事人可以协议选择被告住所地、合同履行地、合同签订地、原告住所地、标的物所在地等与争议有实际联系的地点的人民法院管辖。

（三）合同的尾部

合同尾部为合同正文结束后的所有内容，主要有合同的签署栏、附件清单、声明和承诺等内容，但不包括附件本身。从实用性角度出发，合同的尾部应有如下内容：

一是当事人的通信地址、签订时间，在授权代表签字的合同中，还应当有授权代表及其联系方式、电话号码等联系方式。二是应当有附件清单，附件清单有明确的附件的名称，这样当事人在签字之时就确认了清单的存在。三是在清单之后才应当是合同双方的签署栏，这样确保以上内容均经过合同双方的确认。

（四）合同附件

合同的附件不是必须存在的，但从风险控制的角度，建议在签署合同之时至少将合同当事人的主体信息（身份证复印件、营业执照复印件）、经营资格的信息（行政许可复印件、资格证复印件）、授权信息（授权委托书、授权代表的身份证复印件）、交易细节（产品的技术说明、质量说明）等内容作为附件在合同中进行确认。

二、经济合同撰写的基本要求和注意事项

第一，经济合同的内容必须合法。经济合同所涉及的内容必须符合国家的有关法律、法规和有关职能部门或行业的管理规定，这样，合同的内容才可能建立在合法的基础上。同时，合同的内容应是当事人意愿的共同体现。

第二，经济合同的格式必须规范。可向当地工商行政管理机关或业务主管部门购买合同纸，也可按照示范文本格式自行印刷使用。撰写经济合同时，一定要按规定的文本格式和要求进行。合同的撰写，要严肃认真，不得随意涂改。合同如有错误或遇到特殊情况确需修改时，应将双方同意的意见作为附件附上。如在原件上修改，应加盖双方印章。

第三，经济合同的语言必须准确。不允许出现含混不清或模棱两可的句子或语言，以避免在合同的履行中出现争执和纠纷。合同中使用的概念，当事人应该有一致的理解，忌用模糊概念，以防歧义产生。经济合同的语义应该准确，应避免使用“希望”“尽可能”“争取”等模糊性用语，不说空话、套话。经济合同应叙议结合。叙是讲情况，议是分析原因、摆明观点。既强调用事实说话，又保证结论来自对情况的深入分析。

第三节　典型案例及评析

案　例

房屋买卖合同

甲方（出卖人）	乙方（买受人）
本人姓名：×××××	本人姓名：×××××
（身份证号码）××××	（身份证号码）××××
地址：××××	地址：××××
邮政编码：××××	邮政编码：××××
联系电话：××××	联系电话：××××

根据国家和××省（市）法律、法规和有关规定，甲、乙双方在平等、自愿、协商一致的基础上就下列房地产买卖达成如下协议：

第一条　房屋的基本情况

甲方房屋（以下简称该房屋）坐落于××××；位于第×层，共×（套/间），房屋结构为×，建筑面积×平方米（其中实际建筑面积×平方米，公共部位与公用房屋分摊建筑面积×平方米），房屋用途为×；房屋所有权证号、土地使用权证号/房地产权证号为××××××。

第二条　房屋面积的特殊约定

本合同第一条所约定的面积为产权登记机关实际测定面积。

第三条　价格

按总建筑面积计算，该房屋售价为每平方米×元，总金额为×元整。

第四条　付款方式

1．乙方应于本合同生效之日向甲方支付定金×元整，并应于本合同生效之日起×日内将该房屋全部价款付给甲方。

2．已付定金将在最后一期付款时冲抵，支付方式为以下第×种：

（1）现金

（2）支票

（3）汇款

第五条　交付期限

甲方应于本合同生效之日起×日内，将该房屋的产权证书交给乙方，并应收到该房屋全部价款之日起×日内，将该房屋付给乙方。

第六条　乙方逾期付款的违约责任

1．乙方如未按本合同第四条规定的时间付款，甲方对乙方的逾期付款有权追究违约利息。自本合同规定的应付款限期之第二天起至实际付款之日止，月利息按×计算。

2．逾期超过×天后，即视为乙方不履行本合同。届时，甲方有权按下述第X种约定，追究乙方的违约责任。

（1）终止合同，乙方按累计应付款的×%向甲方支付违约金。甲方实际经济损失超过乙方支付的违约金时，实际经济损失与违约金的差额部分由乙方据实赔偿。

（2）乙方按累计应付款的×%向甲方支付违约金，合同继续履行。

第七条　甲方逾期交付房屋的违约责任

1．除人力不可抗拒的自然灾害等特殊情况外，甲方如未按本合同第五条规定的期限将该房屋交给乙方使用，乙方有权按已交付的房价款向甲方追究违约利息。按本合同规定的交付期限的第二天起至实际交付之日止，按×%向乙方支付违约金。

2．逾期超过×个月，则视为甲方不履行本合同，乙方有权按下列第×种约定，追究甲方的违约责任。

（1）终止合同，甲方按乙方累计已付款的×%向乙方支付违约金。乙方实际经济损失超过甲方支付的违约金时，实际经济损失与违约金的差额部分由甲方据实赔偿。

（2）甲方按乙方累计已付款的×%向乙方支付违约金，合同继续履行。

第八条　略。

第九条　略。

第十条　略。

第十一条　略。

第十二条　略。

第十三条　略。

第十四条　略。

第十五条　略。

第十六条　略。

第十七条　合同的解释

本合同未尽事宜或条款内容不明确，合同双方当事人可以根据本合同的原则、合同的目的、交易习惯及关联条款的内容，按照通常理解对本合同作出合理解释。该解释具有约束力，除非解释与法律或本合同相抵触。

第十八条　合同的效力

1．本合同自双方法定代表人签字盖章之日起生效。

2．本协议一式 × 份，甲方、乙方各 × 份，具有同等法律效力。

甲方（公章）	乙方（公章）
法定代表人（签字）	法定代表人（签字）
202× 年 × 月 × 日	202× 年 × 月 × 日

案例评析

案例中的合同是房屋买卖合同。合同标题简单明确，交代了标的物，身份栏简单介绍了买卖双方的相关信息，引言部分注明了本合同是在遵守法律法规和双方自愿平等的前提下签订的。合同正文部分明确了合同标的的详细信息，比如说房屋的面积、位置等，规定了包括总价、支付方式、交付期限等在内的价格条款。为了确保交易的安全性，该合同还规定了违约责任、合同争议解决的方法、不可抗力及其解决方式，最后规定了合同生效的条件，双方当事人签字加盖印章使得合同生效。该合同要素齐全、内容完整、文字简洁、条理清晰、表述清楚，为双方当事人认真有效地履行合同内容提供了有力的法律保障。

项目实训

1. 请围绕“房屋出租”这一主题撰写经济合同。
2. 如果你需要向中国农业银行贷款，请就贷款事宜撰写一份经济合同。

思考与练习

1. 什么是经济合同？经济合同有哪些特点？
2. 经济合同正文应该包括哪些内容？
3. 签订经济合同应注意哪些问题？

第六篇

财经交际类文书

项目二十二 邀请函

Chapter Twenty-two

学习要求

了解邀请函的概念和特点，理解邀请函中礼貌用语的重要性，掌握邀请函撰写的结构、要求和注意事项并应用于写作实践。

通过邀请函的撰写，掌握在邀请函中运用谦恭和尊重的措辞，恰当地表达邀请意愿的能力，学会在人际交往中秉持真诚的态度，对人以诚，处事以信。

任务导入

假设你是一家公司的市场部经理，计划在下个月举办一个新品发布会。你需要给一些潜在客户和合作伙伴发送邀请函，希望他们能够参加这个活动。你将怎样撰写这封邀请函？

第一节 邀请函基本概述

一、邀请函的概念

邀请函是党政机关、企事业单位和各种团体在举行各种纪念活动、重要会议、宴会、酒会、茶话会时常用的一种应用文样式。邀请函既能对被邀请者表示尊重，表明邀请者的郑重态度，又能作为参加活动的凭证。邀请函实际上就是一种比较复杂的请柬，它除了起请柬的作用外，还有向被邀请者交代需要做的事情的作用。一般邀请函多用于集体，很少用于个人。个人一般是用请柬。

二、邀请函的特点

邀请函的特点主要表现在以下四个方面。

（一）礼貌性强

礼貌性是邀请函最显著的特征和基本原则。这体现在内容的完全的赞美肯定和固定的礼貌用语的使用上，强调双方和谐友好的交往。

（二）感情诚挚

邀请函是为社交服务的专门文书，这使得它能够单纯地、充分地发散友好的感情信息，适宜于在特定的礼仪时机、场合，向邀请对象表达专门诚挚的感情。

（三）语言简洁明了

邀请函是现实生活中常用的一种日常应用写作文种，要注意语言的简洁明了，看懂就行，文字不要太多太深奥。

（四）适用面广

邀请函使用于国际交往以及日常的各种社交活动中，而且适用于单位、企业、个人，范围非常广泛。

第二节　邀请函写作要求

一、邀请函的格式

邀请函的结构通常由标题、称谓、正文、敬语和落款五部分组成。

（一）标题

一般只写文种“邀请函（书）”即可，字号比通常标题要略大。有时也可以加事由，如“关于参加研讨会的邀请函”。有时还可包括个性化的活动主题标语，如“沟通无限：中部六省城市信息化高级论坛邀请函”。

（二）称谓

称谓是对邀请对象的称呼。要顶格写被邀请者（个人或单位）的姓名或名称，即要写明主送对象，称呼后加冒号。要写明对方姓名、职务、职称、学衔。也可以用“同志”“经理”“教授”“先生”“女士”“小姐”称呼。通常还要加上“尊敬的”之类的定语。单位名称要用全称，以示尊敬。

（三）正文

正文是邀请函的主体。开头可向被邀请人简单问候，位置在称谓下一行，空两格。通常要求写出举办活动的内容、目的、时间、地点、方式、邀请原因、邀请对象，以及邀请对象所做的工作等。务必把活动的各种事宜写清楚、写周详，如差旅费及活动经费的开销来源，以及被邀人所应准备的材料、文件、节目、发言等。为了方便安排活动，如有必要，可注明“请对方回复”“能否应邀”及“还有哪些要求”等。若附有票、券等物也应同邀请函一并送给邀请对象。有较为详细出席说明的，通常要另纸说明，避免邀请函写得过长。

（四）敬语

末尾一般要写常用的邀请惯用语。如“敬请光临”“敬请参加”“请届时出席”之类的敬语。有些邀请函可以用“此致敬礼”“顺致节日问候”等敬语。

（五）落款

在正文右下方写上邀请人的姓名或邀请单位的名称，并签上年、月、日。发出邀请的单位还应加盖公章，以示庄重。

二、写作邀请函的注意事项

第一，“邀请函”三字是完整的文种名称，与公文中的“函”是两种不同的文种，因此不宜拆开写成“关于邀请出席 ×× 活动的函”。

第二，被邀请者的姓名应写全，不应写绰号或别名。在两个姓名之间应该写上“暨”或“和”，不用顿号或逗号。网上或报刊上公开发布的邀请函，由于对象不确定，可省略称呼，或以“敬启者”统称。

第三，严格遵守写作格式，称谓、邀请事由、具体内容、活动时间、活动地点、相关事宜、联系方式、落款等是必不可少的部分，不能丢漏信息。

第四，邀请事项务必周详，使邀请对象可以有备而来，也会使活动举办的个人或单位减少一些意想不到的麻烦。

第五，邀请函需提前发送，使受邀方有足够的时间统筹安排。

总之，邀请函属于社会生活使用文书，具有社会公关及礼仪功能。措辞应得体、委婉、礼貌，给对方一种热情、周到的感觉。它不仅表示礼貌庄重，也有凭证作用，要写得简明得体，准确文雅。

三、请柬、邀请函的联系与区别

请柬、邀请函的相似之处都是邀请某人、某单位参加某项活动。

请柬、邀请函之间的区别主要表现在：从作用上来说，请柬公私兼用，多用于隆重的庆典仪式场合，邀请对象一般只需出席、捧场即可，不承担具体的工作任务；邀请函多用于公务活动，对邀请对象有具体的工作任务与要求。从内容上来说，请柬只需用一句话点明会议的内容或名称，而邀请函邀请对方参加某项实质性的活动，即是有具体内容、事项的，而不是例行的礼仪活动，因此为了真诚地邀请对方，也为了使对方对活动有一个了解，邀请函往往对活动本身的作用、意义作介绍，这是两者最大的区别。

第三节　典型案例及评析

案例一

邀请函

×× 大学校长：

今年是我校建校 ×× 周年。兹定于 × 月 × 日上午 × 时，在我校大礼堂举行校庆庆典。敬请光临！

×× 学校 ×× 周年校庆筹备组

×× 年 × 月 × 日

资料来源：根据相关资料整理编写。

案例评析

首先，这封邀请函的格式非常标准，清晰地列出了邀请人、受邀人、邀请事由、时间和地点等关键信息，充分展示了正式和专业的态度。这种结构使收信人能够迅速了解活动的性质和重要性。在语言运用上，邀请函选择了礼貌和正式的表达方式。如“敬请光临”表达了尊重和恭敬的态度，给受邀者留下良好的印象。这种措辞不仅展现了学校的礼仪和文化，更凸显了对参与者的尊重。在内容上，邀请函简洁明了，没有冗余的信息。它直接点明了校庆的主题，并明确了时间和地点，使受邀者能够快速做出决定。此外，结尾处的署名和日期也确保了信息的完整性和时效性。总体来说，这封邀请函展示了清晰的结构、礼貌的措辞和有效的信息传递。它既体现了学校的正式氛围，又展示了学校对参与者的尊重和关心。这种平衡的写作风格确保了邀请函的正式性和友好性，有助于提高学校的形象和加强与受邀者之间的关系。然而，尽管这封邀请函在结构和措辞上都很出色，但它在情感表达上略显不足。虽然校庆是一个值得庆祝的大事，但邀请函中并没有体现出太多的热情和期待。在某些情况下，适当地加入一些情感元素可以增强邀请的感染力，使受邀者更加期待参与其中。综上所述，这封邀请函是一份优秀的财经应用文写作样本，它在结构和措辞上都做得很好。然而，为了更好地吸引受邀者的注意并激发他们的兴趣，可以考虑在邀请函中加入更多的情感元素。

案例二

新春晚会邀请函

×× 先生：

仰首是春、俯首成秋，×× 公司又迎来了她的第 × 个新年。我们深知在发展的道路上离不开您的合作与支持，我们取得的成绩中有您的辛勤工作。久久联合、岁岁相长。作为一家成熟、专业的 ×× 公司，我们珍惜您的选择，我们愿意与您一起分享对新年的期盼。故在此邀请您参加 ×× 公司举办的新年酒会，与您共话友情、展望将来。如蒙应允，不胜欣喜。

地点：××××××××××××

时间：×× 年 × 月 × 日

备注：其间抽奖，请随赐名片

×× 公司

×× 年 × 月 × 日

案例评析

这封邀请函是一封典型的新春晚会邀请函。首先，这封邀请函的格式非常标准，包含了邀请人、受邀人、事由、时间和地点等基本要素，语言准确、条理清晰。邀请人的表述也体现了对受邀人的尊重和关心，让受邀人感到很温暖。其次，邀请函的内容非常完整，除了基本的邀请信息外，还增加了对受邀人的感谢和对新年的期盼等情感因素，让受邀人感到非常贴心。同时，邀请函中的备注也提醒受邀人其间有抽奖环节，并要求随赐名片，这一点既体现了邀请人的细心周到，也为受邀人提供了方便。最后，从整体上看，这封邀请函的语气和措辞都非常得体，既体现了邀请人的专业性，也展现了受邀人的重要性和尊贵性。可以说是一封非常出色的邀请函。当然，这封邀请函也有一些可以改进的地方。例如，可以在邀请函中增加一些公司的特色元素，让受邀人更加了解公司的文化和价值观。同时，可以在邀请函中加入一些祝福语或者寓意吉祥的图案等元素，增加邀请函的趣味性和人情味。综上所述，这封新春晚会邀请函是一封非常优秀的邀请函，既有专业的态度和严谨的措辞，又体现了人文关怀和情感表达。如果能够在一些细节上加以改进，相信会更加完美。

案例三

新产品发布会邀请函

尊敬的 ××× 先生 / 女士：

此次发布会将展示我们公司最新的产品线，并向各位来宾详细介绍产品的特点及优势。我们相信，这些新产品将为您的业务带来新的机遇和发展。为了更好地了解您的需求，我们将安排一对一的交流环节，让您有机会与我们的团队深入探讨合作机会。

您的出席将是我们极大的荣幸，我们期待着与您共同见证这一时刻。如果您有任何问题或需要进一步的信息，请随时与我们联系。我们将竭诚为您服务。

敬请回复告知您是否能够出席，以便我们为您安排相关事宜。再次感谢您的关注与支持！

××× 公司市场部

×××× 年 ×× 月 ×× 日

案例评析

这份邀请函格式规范，内容完整，语言得体，体现了专业性和尊重。邀请函开头明确表明了邀请人和受邀人，接着明确了事由、时间、地点等关键信息，最后以敬语结束，符合商务邀请函的基本格式要求。邀请函中详细介绍了新产品发布会的相关信息，包括发布会的主题、时间、地点等，同时表达了希望受邀人参加的愿望，还为受邀人提供了进一步了解和交流的机会，内容完整丰富。邀请函中的措辞礼貌、谦逊，没有使用过于商业化的语言，而是以诚恳的语气表达了希望与受邀人建立良好关系的愿望，体现了对受邀人的尊重和关心。邀请函中提到了公司的新产品线和产品的特点及优势，展现了公司的专业能力和技术实力，符合商业礼仪的要求。同时，邀请函的语气和措辞也体现了公司的形象和价值观，展现了公司的专业性和严谨性。邀请函中提到了为受邀人安排一对一的交流环节，让受邀人有更多机会与公司团队深入探讨合作机会，增强了邀请函的沟通性和互动性。这种设计不仅有助于建立良好的合作关系，也有助于增强受邀人对公司的信任感和认同感。

案例四

学术研讨会邀请函

尊敬的 ××× 教授 / 博士：

您好！我是 ××× 学术研究机构的负责人，诚挚地邀请您参加我们即将举办的学术研讨会。本次研讨会将聚焦环境保护领域的最新研究成果和前沿议题，为相关领域的专家学者提供一个交流与合作的平台。

本次研讨会将于 ×××× 年 ×× 月 ×× 日至 ×× 日在 ××× 大学举行。我们将安排一系列精彩的演讲和研讨环节，届时将有多位国内外知名专家学者发表演讲，分享他们的研究成果和经验。此外，我们还为参会者提供了与同行深入交流和建立合作的机会。

您的出席将为本次研讨会增添光彩，并为与会者提供宝贵的学术见解和实践经验。我们深信，您在此次研讨会上的参与将有助于推动环境保护领域的发展。为了方便您的参与，我们已经为您安排了住宿和交通等方面的服务。如果您有任何其他需求或问题，请随时与我们联系。

我们期待您的回复，并希望有机会与您共同探讨环境保护领域的未来发展。再次感谢您的关注与支持！

××× 学术研究机构
×××× 年 ×× 月 ×× 日

案例评析

这份学术研讨会的邀请函非常专业和诚恳。邀请函包含了所有的关键要素，包括邀请人、受邀人、事由、时间、地点等，格式规范，易于阅读和理解。邀请函详细介绍了研讨会的主题、时间、地点以及活动安排，让受邀人全面了解研讨会的内容和形式。同时，还为受邀人提供了相关的服务和安排，体现了邀请人的细心和周到。邀请函中多次提到环境保护这一主题，强调了研讨会的专业性和重要性。同时，也提到了将有多位知名专家学者发表演讲，进一步突出了研讨会的学术性和高水准。邀请函中多次表达了对受邀人的尊重和邀请的诚挚意愿，语言谦逊、诚恳，让受邀人感受到邀请人的诚意和热情。同时，也体现了对受邀人的重视和认可，增强了受邀人参加研讨会的意愿和信心。邀请函中使用的语言和措辞都非常专业和严谨，符合学术研讨会的氛围和要求。同时，也展现了邀请人的专业素养和对学术研究的重视程度。

项目实训

1. 请根据以下情境，撰写一封邀请函，并确保格式规范、准确无误。

学校将于 ×× 月 ×× 日在 ×× 体育馆举办一场大型运动会，邀请全校师生参加。活动内容包括开幕式、比赛项目和颁奖典礼等。请根据以下要求撰写邀请函。

（1）标题：运动会邀请函

（2）称谓：全校师生

（3）正文：详细介绍运动会时间、地点及活动内容。提出具体要求，如着装、携带物品等。

（4）结语：敬请光临、期待与您共度运动会盛宴。

（5）落款：×× 学校学生会

2. 参考本项目中学术研讨会邀请函的案例，请根据不同的受邀对象（如教授、同行学者、潜在合作方等），对邀请函的措辞进行修改和完善，确保语言得体、表达真诚，能够吸引受邀人的关注。

3. 请设计一份具有创意和个性化的邀请函，以吸引受邀人的兴趣（可以通过添加图案、色彩、个性化语言等方式，使邀请函与众不同。完成后，请与你的同学进行互评，讨论各自创意的优缺点，并选出最具创意的邀请函）。

思考与练习

1. 邀请函中应包含哪些基本要素？
2. 在邀请函中，使用礼貌用语的主要目的是什么？
3. 如何在邀请函中表达诚挚的邀请意愿？
4. 在邀请函中，如何展现对受邀人的尊重和关心？

项目二十三 介绍信

Chapter Twenty-three

学习要求

了解介绍信含义和分类，理解介绍信的特点和适用范围，掌握介绍信撰写的结构和要求并应用于写作实践。

通过介绍信撰写练习，认识到在财经工作中遵守规范、尊重事实的重要性，培养沟通技巧和表达能力，掌握清晰、准确地传达信息的能力，树立良好的职业道德。

任务导入

假设你是一家公司的财务部助理，你的部门经理需要出差到另一座城市，与一家合作伙伴进行重要会晤。作为部门助理，你需要为经理撰写一封介绍信，向合作伙伴介绍部门经理的基本情况以及此次出差的目的。你将怎样撰写这封介绍信？

第一节　介绍信基本概述

一、介绍信的含义

介绍信是机关团体、企事业单位的人员与其他单位或个人联系工作、了解情况、处理公务、洽谈业务、参加各种社会活动使用的一种专用书信。介绍信除推介作用外，还有证明的作用。

二、介绍信的分类

介绍信通常可以分为以下两种：印刷式介绍信和手写式介绍信。

（一）印刷式介绍信

这是一种比较正式、规范的介绍信，内容、格式等已事先印刷出来，使用者只需填写姓名、单位，加盖公章即可。

印刷式介绍信又可以细分为有存根的介绍信和无存根的介绍信两种。

（1）有存根的介绍信：通常一式两联，存根联由开介绍信一方留档备查，正式联由被介绍人随身携带。此类介绍信分左右两联，左联为存根部分，保留在单位内部；右联为使用部分，由持介绍信人保留。使用时，只需在空白处填上恰当的内容即可。使用此类介绍信，为了确保它的有效性、真实性，发文单位和持介绍信人需注意几个问题：首先，介绍信的字号要填写清楚，以备存档后查；其次中间虚线内容要填好，章印压在虚线中间，撕开时，存根与使用部分，都应有字号笔迹和章印痕迹。

（2）无存根的介绍信：内容格式同带存根的介绍信在正文的印制上无甚差别，也是随用随填，只是未留存根而已。

（二）手写式介绍信

手写式介绍信一般采用公文信纸书写，或书写在机关、团体、单位自制的信笺上，最后加盖公章。这是一种比较便捷的介绍信，但因其用纸、书写没有严格的要求，容易被人伪造，所以在比较正规的场合下很少使用。

三、介绍信的特点

（一）证明性

介绍信是机关团体必备的具有介绍、证明作用的书信。介绍信最显著的特点是具有证明作用。持有介绍信的人，可以凭借此信同有关单位或个人联系，洽谈一些具体事宜；而收看介绍信的一方可以从对方的介绍信中了解来人的职业、身份、要办的事情、要见的人、有什么希望和要求等。介绍信是联结双方关系的一个桥梁，旨在证明来人的身份，以防假冒。

（二）时效性

介绍信相当于在一定时间内有效的证件，它在帮助对方了解被介绍者的身份、来历的同时，也赋予了被介绍者一定的责任和权利，所以介绍信一般注明了期限，是一种在限期内才具备有效性的专用文书。

四、介绍信的适用范围

介绍信主要适用于以下情况：

第一，单位派人到某单位实习或搞活动时，由所在单位开具介绍信。

第二,一些单位在同其他单位进行业务交流时，若派新手前往接洽，须带上介绍信。

第三，推荐他人入学、为他人推荐工作或向他人求教问题而相互并不认识时，可写一封介绍信。

第四，国家机关人员外出调查或前往其他单位商讨大事时要带上介绍信。

第五,一些商业单位在派人到别的单位宣传推销自己的产品时，也要带上介绍信。

第二节　介绍信写作要求

一、介绍信的格式

（一）手写式介绍信的写法

手写式介绍信包括标题、称谓、正文、结尾、署名五部分。

1．标题

一般是在信纸的第一行居中写上“介绍信”三个字，有些也可省略。

2. 称谓

称谓在第二行顶格写明联系单位的名称（全称）或个人的姓名，称呼后要加上冒号。

3. 正文

另起一行，空两格写介绍信的内容，正文要写明如下几点：

（1）被介绍者的姓名、年龄、政治面貌、职务等。如被介绍者不是一人，还需注明人数。其中，政治面貌和被介绍者的年龄有时可以省略。

（2）接洽或联系的事项以及向接洽单位或个人所提出的希望和要求等。

（3）注明本介绍信的使用期限。

4. 结尾

结尾要写上“此致敬礼”等表达祝愿和敬意的话。

5. 署名

出具介绍信的单位名称写在正文右下方，并署上介绍信的成文日期，加盖单位公章。这种介绍信写好之后一般装入公文信封内。信封的写法同普通信封的写法相同。

（二）印刷式介绍信的写法

不带存根的印刷式介绍信印刷的内容、格式同手写式介绍信大体一样，这里主要介绍带存根的介绍信。带存根的印刷式介绍信一般由存根联、正联和间缝三部分组成。

1. 存根部分

（1）存根部分的第一行正中写“介绍信”三个字，字体要大，紧接“介绍信”之后，用括号注明“存根”两个字。

（2）第二行，在右下方写“××字××号”字样。如果是市财政局的介绍信就写“市财字××号”，“××号”是介绍信的页码编号。

（3）正文。正文要另起一行写介绍信的内容。具体由以下几项构成：①被介绍对象的姓名、人数及相关的身份，还要写明前往何处、何单位。②具体说明办理什么事情、有什么要求等。

（4）结尾。结尾只注明成文日期即可，不必署名，因为存根仅供本单位在必要时查证。

2. 介绍信的间缝部分

存根部分同正文部分之间有一条虚线，虚线上印有“××字第××号”字样。这里可照存根第二行“××字××号”的内容填写。数字要大写，如“壹佰参拾肆号”，字体要大些，便于从虚线处截开后，字迹在存根联和正文联各有一半，同时应在虚线正中加盖公章。

3. 正联部分

（1）第一行正中写有“介绍信”字样，字体较大。

（2）第二行在右下方有“××字××号”字样，内容照存根联填写。

（3）称谓。称谓要顶格写，写明所联系的单位或个人的称呼或姓名。

（4）正文。正文应另起一行空两格，再写介绍信的具体内容。内容同存根内容一样，主要写明被介绍人的姓名、人数、要接洽的具体事项、要求等。

（5）结尾。写明祝愿或敬意的话，一般要写些诸如“请接洽”“请指教”“请协助”等类的话，后边还要写“此致敬礼”。最后要注明该介绍信的有效期限。

（6）署名。在右下方要署上本单位的名称全名，并加盖公章，同时另起一行署成文日期。这类介绍信写好后，也应装入公文信封内。信封的写法同普通信封相同。

二、介绍信撰写的基本要求

（一）信息准确

介绍信中涉及的信息，如被介绍人的姓名、职务、单位等，必须准确无误。这是介绍信的基本要求，也是对撰写者的最低要求。

（二）语言简练

介绍信的文字要简练，不要冗长烦琐。要用最简洁的语言，准确传达被介绍人的关键信息。

（三）内容完整

介绍信的内容应完整，包括被介绍人的姓名、职务、所在单位、派遣事由等。如果内容不完整，可能会给接收方带来困扰。

（四）格式规范

介绍信的格式要规范，符合一般的写作习惯。开头要有称呼，结尾要有落款和日期。各个部分的内容也要按照一定的顺序排列，便于阅读。

（五）用词得体

介绍信的用词要得体，既要体现尊重，也要符合实际。不要使用过于夸张或过于随意的语言。

（六）避免歧义

介绍信的内容要明确，避免产生歧义。在表达派遣事由时，要尽可能具体明确，避免模糊不清地表达。

（七）及时送达

介绍信应在需要时及时送达接收方，以免耽误工作。在发送介绍信前，应仔细核对内容，确保无误。

总之，写作介绍信时，应注意信息的准确性、语言的简练性、内容的完整性、格式的规范性、用词的得体性、避免歧义以及及时送达等方面。这样才能写出一份合格、规范的介绍信。

三、介绍信写作注意事项

第一，被介绍人的真实姓名、身份等信息必须如实填写，不得虚假编造，冒名顶替。要坚持实事求是的原则，优点要突出，缺点不避讳，用成就和事实替代华而不实的修饰语，恰如其分地进行介绍。

第二，所接洽办理的事项应交代清楚，与此无关的应当不写。介绍信篇幅不宜过长，言简意赅，在有限的篇幅中突出重点，同时文字要顺畅，字迹要工整。

第三，介绍信的用语应当态度诚恳，措辞得当。用语应委婉而不隐晦，自信而不自大。

第四，介绍信务必加盖公章，以免以后造成麻烦。查看介绍信时也要核对公章和介绍信的有效期限。

第五，有存根的介绍信，存根联和正式联要内容完全一致。存根底稿要妥善保存，以备今后查考。

第六，介绍信书写不得涂改，有涂改的地方可加盖公章，否则此介绍信将被视为无效。

第三节　典型案例及评析

案例一

存根式介绍信

介绍信存根　　　　　　　　　　　　　　　　第 012 号

兹介绍我单位　　　×××　　　同志等　　2　　人前往

世纪城电脑公司　　联系有关

学习财务软件操作技术事宜。

（有效期三天）　　　　　　　　　　　2023 年 10 月 18 日

介绍信　　　　　　　　　　　　　　　　　　第 012 号

世纪城电脑公司：

兹介绍我单位<u>×××</u>同志等<u>2</u>人前来你处联系以下事宜：

学习财务软件操作技术

请予以接洽并协助。

此致

敬礼

（有效期三天）　　　　　　　　　　　2023 年 10 月 18 日

资料来源：根据相关资料整理编写。

案例评析

首先，这封介绍信采用了存根式的格式，这种格式在应用文中较为常见，尤其在需要留存底稿或证明的场合。存根部分和正式介绍信部分分离，使得接收方和留存方都能获取完整的信息，同时也提高了正式文本的保密性。其次，存根部分内容翔实，包含了介绍信的基本信息，如被介绍人的姓名、事由、有效期限等。这部分为存根留底提供了全面的资料，方便后续的查证和核实。同时，存根部分还具备了编号，增强了文本的规范性和专业性。再次，存根和正式介绍信之间的衔接自然，没有出现信息的断裂或重复。这种设计确保了整体文本的连贯性和一致性，使接收方在阅读时能够流畅地获取信息。最后，正式介绍信部分格式规范、内容完整、语言简练，符合财经应用文的写作要求。在保留了存根部分的基本信息后，还补充了与被介绍人相关的其他详细信息，如派遣人数、具体联系事宜等，使得信息更为丰富和完整。最后，整体而言，这封存根式介绍信的格式设计科学、合理，既方便了文本的管理和查阅，也确保了信息的准确传递。综上所述，这篇存根式介绍信使用的语句恰如其分，避免了华而不实的修饰语。同时言简意赅，措辞得当，态度诚恳，不卑不亢，体现了介绍信简明扼要、直截了当的特点。

案例二

实习介绍信

××单位：

兹介绍我校××学院××专业××班×××同学，将前往贵单位进行为期××周的实习。希望贵单位能予以接洽，并为其提供实习机会。该生在实习期间会遵守各项规定，认真学习，切实提高自己的实践能力和水平。在此，谨向贵单位推荐。

此致

敬礼！

（有效期三十天）

××大学（校或院系盖章）

××年×月×日

案例评析

该介绍信格式规范，内容明确，语言简洁。首先，从介绍信的开头可以看出开信单位对接收单位的尊重和正式的态度。接下来，明确了介绍信的有效期，让接收单位清楚地知道需要在多长时间内做出回应或行动。然后，详细地说明了被介绍人的身份和事由，接着表达了希望贵单位接洽并提供实习机会的请求，最后对贵单位的支持表示感谢，结尾处的感谢语句也充分体现了开信单位的诚意和礼貌。整个介绍信条理清晰，层次分明，有利于接收单位迅速了解被介绍人的目的和背景，并给予相应的帮助和支持。此外，该介绍信还注意到了礼貌用词的使用，表达了尊重和感激之情。

案例三

介绍信

敬爱的×××慈善机构：

兹介绍我单位×××同志，系我单位社会项目部主任，具有丰富的社会项目管理和实施经验。此次前往贵机构，旨在进一步了解和探讨帮扶弱势群体的合作可能性。×××同志将与贵机构的相关人员进行深入交流，内容主要涉及合作模式、资源整合和项目推进等方面。希望贵机构能予以接洽，并为其提供必要的支持和协助。

此致

敬礼！

（有效期三十天）

（单位公章）

××年×月×日

案例评析

该介绍信案例内容翔实，针对性强。介绍信开篇即明确了与弱势群体的帮扶工作有关的背景，这使得接收单位能够迅速理解此次交流的背景和目的，有助于提高沟通效率。派遣人员的职务、经验和专长都被详细介绍，增强了接收单位对派遣人员的信任感，也凸显了派遣单位对此次交流的重视。信中详细列出了希望与接收机构探讨的合作事宜，包括合作模式、资源整合和项目推进等，显示了合作的诚意和对未来合作的期望。有效期限的明确设定，既显示了行文的规范性，又体现了派遣单位对工作效率的追求。从“敬爱的”称呼到“此致，敬礼”的结尾，整封介绍信都充满了尊重和礼貌，展现了派遣单位的良好形象。信中提到的“长期稳定的合作关系”和“共同为弱势群体做出更大的贡献”，突出了此次合作的深远意义，表明这不仅仅是一次简单的交流，更可能是一个合作的起点。综上，这是一篇优秀的介绍信案例，无论是从格式、内容还是从语言的运用上，都体现了较高的专业水准和人文关怀。

项目实训

1. 假设你要向某公司推荐一名你曾经指导过的优秀实习生。请你撰写一封实习推荐信，介绍该生的教育背景、实习经历、个人品质和能力，并说明为什么认为他/她是适合该公司的优秀人选。

2. 石柱县人民政府需要派遣多位同志到所属三益乡联系发展两种柑橘树苗的事宜，现需要撰写一篇介绍信。请根据以下材料来撰写。

背景材料：

称谓：三益乡委员会；派遣人员：李嘉华等3人；联系事宜：发展良种柑橘树苗；有效期限：3天；发文单位：石柱县人民政府办公室；成文日期：2023年4月2日。

3. 假设你是一家生产高端家具公司的市场部经理，最近你得知另外一家公司，名为“华美家居”，正在寻找合作伙伴以拓展其产品线。华美家居主要销售中档家居用品，并希望与你们公司合作，将你们的高端产品引入其销售渠道。

请你撰写一封介绍信，向华美家居介绍你们公司的基本情况、业务范围、竞争优势和市场表现，并表达对双方合作的期望和展望。信中需要明确说明派遣人员的姓名和职务，联系事宜的具体内容，以及此次介绍信的有效期限。

思考与练习

1. 介绍信中应包含哪些基本要素？并请说明每个部分的要点。
2. 在撰写介绍信时，如何使用简洁的语言表达出完整的信息？
3. 如何根据不同的情境和目的，选择合适的措辞和语气撰写介绍信？

项目二十四 证　明

Chapter Twenty-four

学习要求

了解证明的基本概念和种类，理解证明的撰写原则，掌握证明的基本结构和写作技巧。

通过证明的写作练习，培养良好的思想道德素质，保持诚实守信的品质，明确在撰写证明文件时的法律责任，杜绝任何形式的虚假和欺诈行为，培养职业道德感。

任务导入

如果需就“证明某人的工作经历与所申请的职位相关”这一主题撰写证明，你认为需要从哪些方面入手？

第一节　证明基本概述

一、证明的概念

证明是以企业或个人名义，凭着确凿的证据证明某人的身份、经历、收入，或者证明有关事项，或者证明代理的权限范围的专用书信，又称证明信。证明的内容一定要真实、可靠，出具的证明具有法律效力。

二、证明的特点

（一）凭证的特点

证明信的作用贵在证明，是持有者用以证明自己的身份、经历或某事真实性的一种凭证，所以证明信的第一个特点就是凭证作用。

（二）书信体的格式特点

证明信是一种专用书信，尽管证明信有好几种形式，但它的写法与书信的写法基本一致，大部分采用书信体的格式。

从以上内容可以看出，介绍信和证明信都有类似证明的作用，其主要区别在于使用范围的不同。证明信的使用范围主要包括以下情况：某人要入团入党，组织在进行调查时，原单位或有关人员要为其开具证明信；有些真相模糊不清的历史事实或事件，由于被人歪曲，而需要当时亲身经历的人写出证明以澄清事实；公安机关需要某些案件的目击者写出证明信，以说明案发时的真实情况；个人在为单位办理某些事项，或者个人由于具体情况而必须向单位做出解释说明时，也可以请有关人员出具证明。而介绍信主要用于组织间业务工作的接洽。

三、证明的分类

证明信按照不同的分类标准，可以进行如下分类。

（一）按证明信内容分类

按证明信内容的不同，可以将证明信分为证明某人身份的证明信、证明某人某一时期工作经历的证明信和证明某件事情真相的证明信等。

（二）按证明信存在方式分类

按证明信具体存在方式的不同，可以将证明信分为公文式的证明信、书信式的证明信和便条式的证明信等。

（三）按开具证明的主体分类

按开具证明主体的不同，可以将证明信分为以组织名义所开具的证明信和以个人名义所开具的证明信两种。

以组织名义所开具的证明信还可根据证明信的样式再细分为普通书写的证明信和印刷式的证明信两种。下面基于这一分类进行进一步说明。

1. 以组织名义所开具的证明信

这种证明信多数是证明某人曾在或正在该单位工作的证明信。它可以证明此人的身份、经历、职务以及同该单位的所属关系等真实情况。这种材料一般源于该单位的档案或来自调查研究。

以组织名义所开具的证明信可采用普通书信形式，一般是单位的负责人或文书根据真实的档案或调查的材料组织书写的一种证明信。这种证明信的篇幅可长可短，视具体情况而定。

以组织名义所开具的印刷式的证明信则是一种较方便的已事先把格式印好，只需填写主要内容的一种证明信。这种证明信一般留有存根，以备今后查看，是一种较为正规的证明信。

2. 以个人名义所开具的证明信

这种证明信由个人书写。证明信的内容完全由个人负责。书写这样的证明信，个人一定要严肃认真、仔细回忆，不得信笔胡来、马马虎虎。以个人名义所开具的证明信一般采用书信体格式。

四、证明的适用范围

证明信主要适用于以下情况。

第一，申请加入某个组织或团体时，原单位或有关人员要为申请人开证明信。

第二，有些真相模糊不清的历史事实或事件，由于被人歪曲，而需要当时亲身经历的人写出证明以澄清事实。

第三，公安机关需要某些案件的目击者写出证明信，以说明案发时的真实情况。

第四，为单位办理某些事项，或由于具体情况而必须向单位作出解释说明时，需要相关人员出具证明。

第二节　证明的写作要求

一、证明的基本结构

证明信一般由标题、称谓、正文和落款四部分构成。

（一）标题

证明信通常单独以文种名为标题，即在第一行中间冠以“证明信”“证明”字样，或者标题由文种名和事由共同构成，如“关于 ××× 同志 ×× 情况的证明”。

（二）称谓

称谓指受文单位的名称或受文个人的称呼，在第二行顶格写，后面加冒号。供有关人员外出活动证明身份的证明信因没有固定的受文者，开头可以不写受文者称呼，而是在正文前用公文引导词“兹”引起正文内容。

（三）正文

正文是证明信的主体部分，在称谓下面另起一行，空两格书写。具体书写的内容因证明的事项不同而有所差异，但都要针对对方所要求的要点写，需要证明什么问题就证明什么问题，其他无关的内容不写。例如，证明的是某人的历史问题，则应写清人名、何时、何地及所经历的事情；若要证明某一事件，则要写清参与者的姓名、身份，及其在此事件中所处的地位、所起的作用和事件本身的前因后果，也就是要写清人物、事件的本来面目。

正文写完后，要另起一行，顶格写上惯用语“特此证明”四个字，也可直接在正文结尾处写出。

（四）落款

落款即注明署名和写明成文日期。一般在正文的右下方写上证明单位的名称或个人的姓名，成文日期写在署名下另起一行，然后由证明单位或证明人加盖印章；否则证明信将是无效的。

二、证明撰写的基本要求

证明信是用来证明某人身份、经历或事情真相的，一般由单位或熟悉情况的个人书写。首先，证明信的各项内容要填写齐全。其次，如果是以个人名义所开具的证明信，则要写明撰写者本人的政治面貌、工作情况等，以便审阅证明信的人了解证明人的情况，从而鉴别证明材料的真伪与可信程度。若所开具证明信的内容本人不太熟悉，则应注明“仅供参考”的提示性语言。最后，要开宗明义地表达需证明的事项或内容，用词要准确，切忌用词含混不清。此外，对于随身携带的证明信，一般要求在证明信的结尾注明有效时间，过期无效。

三、证明写作注意事项

一是证明信的语言表达要准确、言之有据，不可含糊其词；二是写作态度要实事求是、严肃认真。此外，证明信不能用铅笔、红色笔书写。若有涂改，则必须在涂改处加盖公章。

第三节　典型案例及评析

案例一

证明信

×× 中学党支部：

×× 年 × 月 × 日来信收到，根据信中要求，现将你校 ×× 同学的父亲，×× 同志的情况介绍如下：

×× 同志，现年 ×× 岁，中共党员，是我院计算机系副教授，其本人和家庭历史以及社会关系均清楚。该同志对教学工作认真负责，近年来多次被评为市模范教师。

特此证明。

×× 学院人事处（盖章）
×× 年 × 月 × 日

案例评析

该证明是一份关于 ×× 中学 ×× 同学父亲 ×× 同志的情况介绍，由 ×× 学院人事处出具。首先，从内容上看，该证明涵盖了 ×× 同志的基本信息、政治面貌、职称、工作表现等方面的内容，表述清晰，信息完整，符合证明的基本要求。其次，从格式上看，该证明格式规范，条理分明，有明确的标题、证明单位、日期等，没有发现格式上的错误或遗漏。最后，从逻辑上看，该证明的叙述逻辑严密，没有出现自相矛盾的情况，所提供的信息都是真实可靠的。综上所述，这封证明信内容简短，开篇说明了写作证明信的目的，并用精练的语句将需要证明的内容做了陈述，再以“特此证明”结尾，是一份格式规范、内容完整、逻辑严密的证明材料，符合证明的基本要求，是典型的证明信写作结构，值得借鉴。

案例二

证明

兹有______大学______学院学生 ×××，身份证号：________________________。现在我公司进行实习，其间参与工作，情况属实，特此证明。

公司地址：________________________

联 系 人：________________________

联系电话：________________________

××公司（公章）

××年××月××日

案例评析

该证明内容简洁明了，包含了必要的信息，是一份有效的证明材料。首先，该证明明确了被证明人的身份信息，包括所在学校、学院和身份证号，这些信息有助于确认其身份和实习资格。其次，证明中提到了被证明人在该公司实习并参与工作的情况，这是证明的主要内容。再次，还提供了公司的地址和联系信息，这些细节有助于进一步核实证明的真实性和可靠性。最后，该证明加盖了公司公章，这是对证明内容的一种官方确认，提高了证明的可信度。总体来说，这份证明内容简洁、条理清晰、格式规范，是一份有效的实习证明材料。然而，这份证明也有一些可以改进的地方。例如，可以添加被证明人的实习起止时间、具体部门和职位等信息，以提供更详细的实习背景和经历，进一步核实证明的真实性。

案例三

证明

兹证明××先生/女士/小姐自 2020 年 1 月 1 日入职我公司担任人力资源部人力资源助理职务，至 2022 年 7 月 31 日因个人原因申请离职。在此期间无不良表现。经公司研究决定，同意其离职。已办理离职手续。

因未签订相关保密协议，遵从择业自由。

特此证明。

××公司（公章）

2023 年 8 月 01 日

案例评析

这份证明内容完整，格式规范，是一份有效的离职证明。首先，该证明明确了被证明人的入职时间、离职时间、职务以及离职原因，这些信息有助于了解被证明人在公司的职业历程和离职状况。其次，证明中提到了被证明人在公司期间的表现，包括无不良表现和已办理离职手续等，这些信息有助于说明被证明人离职的合法性和合理性。此外，该证明还提到了未签订相关保密协议，遵从择业自由，这表明公司对被证明人的离职并无限制，被证明人可以自由择业。最后，该证明加盖了公司公章，这是对证明内容的一种官方确认，增强了证明的可信度。总体来说，这份证明内容翔实、条理清晰、格式规范，是一份有效的离职证明。不过，这份证明也有一些有待改进的地方。例如，可以补充被证明人的工作表现和成就等信息，以提供更全面的评价。此外，可以添加公司的联系方式和联系人等信息，以方便进一步核实证明的真实性和目的。

案例四

证明

××学校：

兹有××身份证号：××××××，为我县××乡××村村民。其父×××，职业：×××，年收入×××；其母：×××，职业：×××，年收入×××。其（兄/弟/姐/妹/）：×××，职业×××，年收入×××。由于××原因，该家庭生活一直比较贫困。又××年××月××日发生了（××自然灾害），该家庭受灾严重，属于重灾户，生活更加贫穷。

特此证明。

证明单位（公章）

××年××月××日

案例评析

这份证明内容充实，对××家庭的贫困状况和受灾情况进行了详细描述。首先，该证明明确了××的家庭成员及其职业和年收入情况，这些信息有助于了解家庭的经济状况和生活水平。其次，证明中提到了家庭生活贫困的原因和发生自然灾害的情况，以及灾害对家庭造成的影响，这些描述都是基于实际情况的，有助于增强证明的说服力。最后，该证明加盖了证明单位的公章，这是对证明内容的一种官方确认，增强了证明的可信度。总体来说，这份证明内容翔实、条理清晰、格式规范，是一份有效的贫困证明。不过，这份证明也有一些有待改进的地方。例如，可以补充家庭成员的健康状况、教育支出等信息，以提供更全面的贫困状况背景。此外，可以添加证明单位的联系方式和联系人等信息，以方便进一步核实证明的真实性和目的。

项目实训

1. 张××同学系××职业技术学院××级数控专业1班学生，现在××电机有限公司顶岗实习。由于毕业证书还未发放，该同学进入××电机有限公司实习时，对方要求出具证明信。请根据以上材料，以学校的身份为该同学撰写一封证明信。

2. 假如你的一个朋友需要申请贷款，但是银行要求提供担保人。你需要撰写一封证明信，向银行证明自己有能力为朋友提供担保（在信中需要说明自己的经济状况、收入来源和工作经历等内容，以便银行了解你的担保能力）。

3. 你是一位在职人员，想要申请某公司的职位，但该公司需要你提供前雇主的推荐信。请模拟撰写一封来自前雇主的证明信，证明你在该公司的工作表现和专业技能。信中需包含你的工作表现、专业技能、对公司的贡献等方面的描述。语言要客观、具体，避免使用过多的主观评价。

思考与练习

1. 证明中应包含哪些基本要素？撰写说明信时需要注意哪些要点？
2. 在撰写证明时，如何使用简洁的语言表达出完整的信息？
3. 请举一个实例，说明证明在实际工作中的应用和作用。

项目二十五 感谢信

Chapter Twenty-five

学习要求

了解感谢信的基本概念和种类，理解感谢信的特点与撰写原则，掌握感谢信的基本结构和写作注意事项。

通过感谢信的写作练习，培养感恩的良好美德，成为一个懂得感恩、尊重他人的人。学会通过感谢信传递真诚的情感，弘扬正气，树立良好的社会风尚，促进社会主义精神文明建设。

任务导入

在我们的日常生活中，我们总会遇到一些人，他们为我们提供了帮助、关心和支持。无论是家人、朋友、老师还是同事，他们让我们的生活更加美好。现在，请你回想一下，有没有那么一个人，因为他/她的帮助或支持，让你在某个阶段或某个事情上取得了成功或进步？如果有，如何通过一封感谢信向他/她表达你的感激之情呢？

第一节　感谢信基本概述

一、感谢信的概念

感谢信是为了答谢对方的邀请、问候，或对于支持、帮助、关心过自己的党政机关、企事业单位、社会团体或个人表示感谢的公关礼仪书信。感谢信具有感情鲜明、强烈的特点。感谢信对于弘扬正气、树立良好的社会风尚、促进社会主义精神文明建设有着重要意义。

二、感谢信的特点

确指性：被感谢者是特定的单位或个人。

事实性：写感谢信的缘由为已成事实，时间、地点和事件都是真实的。

感激性：感谢信中主要表述的就是对对方的感激之情。

三、感谢信的分类

感谢信依据不同的内容可以有不同的分类法。

（一）从感谢对象的特点来分

（1）给集体的感谢信。这类感谢信，一般是个人由于在困难时，受到了集体的帮助，使自己渡过了难关，走出了困境，所以要用感谢信的方式表达自己的感激之情。

（2）给个人的感谢信。这类感谢信，可以是个人，也可以是单位、集体为了表达某个人曾给予的帮助、照顾而写的。

（二）从感谢信的存在形式上来分

（1）公开张贴的感谢信。这种感谢信包括登报、电台广播或电视台播报的感谢信等，总之是一种公开的感谢信。

（2）寄往单位或个人的感谢信。这种感谢信直接寄给单位和个人。

第二节　感谢信的写作要求

一、感谢信的基本结构

感谢信通常由标题、称谓、正文、结尾和落款五部分构成。

（一）标题

感谢信的标题写法通常有以下三种形式。

（1）单独由文种名称组成。如“感谢信”。

（2）由感谢对象和文种名称共同组成。如“致某某剧院的感谢信”。

（3）由感谢双方和文种名称组成。如“×× 街道致 ×× 剧院的感谢信”。

（二）称呼

写在开头顶格处，要求写明被感谢的机关、单位、团体或个人的名称或姓名，然后加上冒号，如“×× 交警大队”“××× 同志”。

（三）正文

感谢信的正文从称呼下移一行空两格开始写，要求写上感谢的内容和感谢的心情。应分段写出以下几个方面：

1．感谢的事由

精练地叙述事情的前因后果，叙述对方的好品德，好作风。叙述时务必交代清楚人物、事件、时间、地点、原因和结果，尤其重点叙述关键时刻对方的关心和支持。

2．揭示意义

在叙事的基础上指出对方的关心支持和帮助对整个事情成功的重要性以及体现出的可贵精神，同时表明向对方学习的态度和决心。

（四）结尾

结尾要写上敬意的、感谢的话。如“此致，敬礼”“致以诚挚的敬意”等。

（五）落款

感谢信的落款署上发文单位名称或发文者的姓名，并且署上成文日期。

二、感谢信撰写的基本要求

感谢信的正文务必写清得到了哪些帮助，这些帮助又产生了哪些效果。叙述事件时，要准确无误地叙述时间、地点、发生的事件及其他详细情况。

感谢信以感谢为主，感谢应真诚、朴素，表达谢意时要符合实际，说到做到。同时感谢时要照顾到感谢对象的身份、年龄、性别、学历、修养等情况，使自己的感谢恰到好处。

感谢信在语言上要求简洁，遣词造句要把握好度，不可过分雕饰，否则会给人虚伪之感。在篇幅上切记不可太长。

三、感谢信写作注意事项

（1）感情抒写要真诚朴素、恰如其分，不可漫无边际地空发议论。

（2）在叙述对方对自己或本单位的帮助时，要把人物、时间、地点、原因、结果和经过写清楚。

（3）语言要热情洋溢，诚恳地表达自己的感激之情。

（4）要写得短小精悍。叙事要概括，议论要缘事而发，切莫不着边际。

第三节　典型案例及评析

案例一

感谢信

××派出所：

我母亲××多岁，今年×月×日从老家送我的小儿子到××，在××转车时，她去厕所迷了路，找不到孙子了。贵所所长刘××同志了解这种情况后，立即发动所有同志寻找。据我母亲说，你们找了一个多小时，在离火车开车前几分钟终于找到了我的小儿子，并将他们祖孙二人送上火车。我母亲要给大家买点水果表示感谢，也被你们谢绝了。你们这种精神真值得我学习。在此，我代表我们全家向贵所及全体同志表示衷心的感谢！

我是一名司机，在今后的工作中，我一定要像你们那样兢兢业业、热情周到地做好我的服务工作。

此致

敬礼！

李××

××××年×月×日

案例评析

这封感谢信充分体现了写信者对派出所及其工作人员的感激之情，并对他们的精神和工作态度给予了高度评价。首先，写信者通过具体的事例，生动地描述了派出所所长刘 ×× 同志及其同事们为寻找其小儿子所付出的努力和时间，突出了他们的工作认真和责任心。同时，也表达了对派出所全体同志的感谢。言辞恳切、情感真挚。其次，写信者表示自己是一名司机，在今后的工作中要向派出所同志们学习，努力做好自己的服务工作。这不仅是一种自我激励，也是对派出所工作的一种肯定和赞扬。这种积极向上的态度对于促进社会和谐、推动工作进步具有良好的示范作用。最后，写信者以“此致、敬礼”等传统书信结束方式表达了对派出所及其工作人员的敬意和感激之情。这封感谢信在行文上条理清晰、逻辑严密，格式规范、书信礼仪得当，符合感谢信的写作要求。

案例二

致全市人民的感谢信

尊敬的市民朋友们：

为应对 ×× 年 × 月 × 日至 × 日的空气重污染过程，本市依据新修订的空气重污染应急预案，及时启动了红色预警。此次空气重污染持续时间长、影响范围广、污染程度重，给全市人民工作生活带来严重不便和影响。对此，全市人民克服许多困难，并以实际行动积极参与治污减排行动，展现了顾全大局、无私奉献的良好精神风貌。有关企业和施工单位自觉落实主体责任，严格执行停限产和停工措施，为遏制空气重污染进一步加剧作出了积极贡献。

据初步分析，应急措施有效降低了本地污染物排放强度，减缓了累积速度，削减了浓度峰值。与此同时，应急预案的实施，也进一步凝聚起全社会众志成城、同心协力参与治污的强大正能量。在此，市委、市政府对全市人民的奉献精神和全力支持表示衷心的感谢，并致以崇高的敬意！

我们深深感到，治理大气污染离不开全市人民的支持和参与。我们将牢固树立绿色发展理念，把生态文明建设放在更加突出的位置，紧紧依靠全市人民，以更加有力的措施，持续改善空气质量，坚决打赢大气污染防治攻坚战。

再一次感谢全市人民！

中共 ×× 市委
×× 市人民政府
×× 年 × 月 × 日

案例评析

这是一篇政府向全体市民写的感谢信。这类感谢信的语言更为理性，但感谢之情同样溢于言表。结构上看，此感谢信首先说明了事情的背景，进一步说明了感谢的原因，然后自然过渡到对市民表达感谢，用语规范、自然且真诚。最后还对以后的工作进行了展望，表达了完成工作的决心，也再次对市民表示了感谢。全文循序渐进，没有过多地进行修饰，但丝毫没有减弱情感。

案例三

感谢信

尊敬的领导：

您好！我是×××，是××月×日60位面试者中来自××大学的大四本科生。感谢贵公司给了我一个面试的机会。这次面试，从各方面开阔了我的视野，增长了见识，给予我全方面不同的改进，相信您对我各方面能力的肯定，一定能增强我的竞争优势，让我在求职的路上更加坚定自己的信心。感谢公司对我的关爱，感谢公司给我的这次毕生难忘的经历！

无论这次我是否能被公司录用，我都坚信选择贵公司是明智之举。无论今后我会在哪个单位上班，我都将尽心尽责做一位具有强烈责任感，与单位荣辱与共的员工，一位扎根于单位，立志为社会创造最大价值的攀登者，一位积极进取，脚踏实地而又极具创新意识的新型人才。

大千世界，芸芸众生，如我者甚众，胜我者恒多。虽然我现在还很平凡，但勤奋进取永不服输。如蒙不弃，惠于录用，必将竭尽才智，为公司鞠躬尽瘁！

感谢的同时，祝贵单位事业蒸蒸日上，一帆风顺！

此致

敬礼！

×××

××××年×月×日

案例评析

这封感谢信体现了作者对面试机会的感激之情，同时也表达了对公司的深厚敬意。在信中，作者首先对领导的关注表示感谢，并强调了面试经历对自身的积极影响。作者在信中展现了自己的谦虚和进取心，强调了责任感和创新意识等优秀品质，展现了自己的专业素养和人格魅力。此外，作者还表达了对公司的祝福和期望以及对公司事业的敬意。作者在信中使用了适当的措辞和敬语，展现了自己的礼貌和尊重。这封感谢信涵盖了所有必要的元素，包括开头、正文和结尾，内容完整，结构严谨。

项目实训

1. 2013年10月，“菲特”台风重创余姚。凤山街道同光村是受灾最为严重的村之一。在各行各业爱心人士的帮助下，同光村顺利渡过难关。现需要面向社会撰写一篇感谢信。请根据以下材料进行写作。

【背景材料】

（1）受灾情况：2013年10月，“菲特”台风重创余姚。余姚遭受了百年一遇的大洪灾，凤山街道同光村是受灾最为严重的村之一，水淹面积将近100%，农业、企业和基础设施等各个领域普遍受损，经济损失巨大。

（2）救灾工作：同光村在上级部门的坚强领导和相关部门的帮助支持下，全力组织开展抗灾救灾工作，设置新、老办公楼和同光小学3个灾民安置点，转移受灾群众千余人。兄弟县市有关部门、企事业单位、社会团体及各界人士纷纷伸出援助之手，发扬“一方有难，八方支援”的大爱精神，积极捐款捐物，亲切致电慰问。

（3）特别感谢：镇海红十字会、浙商教导型企业家联合会、东风悦达起亚公司、衢州安监局、宁波安监局、慈溪市万捷电子有限公司、余姚杭越海鲜、上海爱心联盟、宁波红十字会以及兄弟县市慈溪的爱心人士。第一时间赶到同光村，为受灾村民送来应急物资，确保每个灾民有水喝、有食物吃，送来了应急药品，使灾区百姓免受病菌感染。无私的慷慨给了村民莫大的爱心和温暖，极大地鼓舞了老百姓战胜困难、恢复生产的勇气和决心，帮助树立起重建家园的坚定信心。

（4）感谢并表达决心：凤山街道同光村村委会代表全体村民向援助单位和个人表示衷心的感谢和崇高的敬意！感谢无私的关怀和援助，让受灾群众感受到世界的温暖和人间的爱，使大家燃起了希望。也请所有关心灾民的社会各界、朋友们放心，一定不负所望，以自强不息、艰苦奋斗、勇于拼搏的精神，全力做好灾后恢复重建工作。

（5）发文单位：凤山街道同光村村委会。

（6）成文日期：2013年10月31日。

2. 回忆求学生涯中与令你印象深刻的老师交往经历，挑选一个或几个具体事件，描述老师对你的帮助和指导。结合事件，撰写一篇感谢信表达对老师的感激之情，同时也可以提出自己的期望和愿景。注意书信格式和礼仪，确保语言得体、情感真挚。

3. 回想一次得到社会组织帮助的经历，描述这个组织为自己提供的帮助和服务。分析这个帮助对自己产生的影响，以及这个组织在提供帮助时的专业性和效率。撰写一篇感谢信表达对这个组织的感激之情，同时也可以提出自己对未来合作的建议和期望。

思考与练习

1. 感谢信中应包含哪些基本要素？撰写感谢信时需要注意哪些要点？

2. 分析一封你认为写得很好的感谢信，你认为这封信有哪些值得学习的写作技巧？

3. 请反思你在写感谢信的过程中遇到的困难，以及如何克服这些困难。你认为在写感谢信时，哪些因素会影响你的表达效果？

项目二十六

Chapter Twenty-six

慰问信

学习要求

了解慰问信的基本概念和种类，理解慰问信的特点与撰写原则，掌握慰问信的基本结构和写作注意事项，能够在实际生活中，运用所学知识，撰写有深度、有情感的慰问信。

通过慰问信的写作练习，培养关心他人、体贴入微的人文情怀，加强在书面沟通中，尊重他人、注重情感表达的道德素养，提高在实际生活和工作中，运用应用文进行有效沟通的能力。

任务导入

假设你有一位年长的亲戚，如祖父母、叔叔阿姨或其他近亲。这位长辈近期由于健康问题，如高血压、心脏病或其他慢性疾病，需要长时间休息和恢复。虽然他/她正在积极配合医生的治疗和家人的照顾，但病情的反复和担忧，导致他/她情绪低落。如何写一封慰问信，对他/她表示关心和支持呢？

第一节　慰问信基本概述

一、慰问信的概念

慰问信是表示向对方关怀、慰问的信函。用电报形式称慰问电。它是有关机关或者个人，以组织或个人的名义在他人处于特殊的情况下（如战争、自然灾害、事故），或在节假日，向对方表示问候、关心的应用文。

慰问信的作用主要表现在能够体现组织的温暖、社会的关怀和人与人之间深厚的情谊，给人以继续前进和克服困难的力量、勇气和信心。

二、慰问信的特点

慰问信的特点主要表现在以下三个方面。

（1）发文的单向性。慰问信通常是单向进行的，由一方慰问另一方。

（2）内容的针对性。慰问信是根据对象确定慰问信的内容和作用，行文目的和内容都很有针对性。

（3）情感的沟通性。慰问是通过或赞扬表达崇敬之情，或同情表达关切之意的方式来达成双方的情感交流和相互理解的。

三、慰问信的分类

慰问信可分为先进（表彰）慰问、遇灾（同情）慰问和节日慰问三种。

（一）先进慰问

向做出重大贡献以及取得突出成绩的集体或个人表示慰问。这种慰问信侧重赞扬功绩，如对在抗震救灾和保卫国家和人民生命财产安全等重大社会活动中做出卓越贡献的人民解放军、公安干警等的慰问。

（二）遇灾慰问

对遭受意外灾难，蒙受严重损失，遇到巨大困难的集体或个人表示慰问。这种慰问信侧重同情、安抚和鼓励，如对灾区人民的慰问。

（三）节日慰问

这种慰问信侧重强调节日意义，赞扬有关人员取得的成绩或作出的贡献。如春节对英雄模范人物及军烈属的慰问，教师节对教育工作者的祝贺，“三八”妇女节对妇女同志的问候。

第二节　慰问信的写作要求

一、慰问信的基本结构

慰问信由标题、称谓、正文、祝颂语、落款五部分组成。

（一）标题

有三种形式：①用文种“慰问信”作标题；②由慰问对象和文种组成标题，如“致××的慰问信”；③由写信方、慰问对象及文种组成的标题，如“北大学生致北京申奥代表团的慰问信”。

标题的位置在第一行，居中、醒目。

（二）称谓

写慰问对象的名称。如慰问对象是单位，写单位全称或规范化简称；如慰问对象是个人，在个人姓名后加“同志”“先生”“女士”或职务等尊称。称谓后加冒号。在个人姓名前边，往往还要加上“敬爱的”“尊敬的”“亲爱的”等字样，以表示尊重。

称谓的位置在标题下空一行，顶格写。

（三）正文

正文的内容主要有两个方面。

一是先具体叙述慰问信的背景、原因及有关形势和情况。

二是概述对方的先进事迹及其意义，表示赞扬、鼓励；或写对方克服困难，战胜灾害的有利因素，对遭受的灾难和不幸表示慰问，给予鼓励。

不同类型的慰问信的具体写法。

（1）先进慰问。其正文内容主要简述其取得的成绩以及意义，表示赞扬，鼓励其继续努力。常用“欣闻（喜闻）……非常高兴，特表示祝贺并致以亲切的慰问”等概述语句开头；然后写成绩是如何取得的，有什么意义，并赞扬其高尚品德；最后鼓励先进再接再厉，争创更大的成绩。

（2）灾难慰问。表示同情和安慰，勉励其鼓足勇气，战胜困难，夺取胜利。常用“惊悉（获悉）……深表同情，并致以深切的慰问”等概述语句开头；然后描写对方的境遇，鼓励其克服困难，勇往直前，夺取胜利；最后表示良好祝愿和真诚的期望。

（3）节日慰问。其正文开头概述节日意义，对有关人员表示亲切的问候；然后简述其对社会的作用及贡献，阐述其肩负的责任，指出今后的任务；最后提出希望或表示良好祝愿。

（四）结语

又叫祝颂语，以“祝取得更大的成绩”“祝节日愉快”“顺致最美好的祝愿”等作结。

（五）落款

包括署名和日期，在单位名称或个人姓名的正下方，写发信的日期。

二、慰问信写作注意事项

第一，要根据慰问的情况和对象来确定写法。如对死难者用“致以最深挚的哀悼”，对其家属“致以亲切的问候”来慰问；对英雄模范人物或作出重大贡献的集体和个人用“向你们致以亲切的慰问和崇高的敬意”来慰问。

第二，感情要真挚、热切，情深意厚。

第三，语言要亲切，让对方真正感到温暖，受到鼓舞。

第三节　典型案例及评析

案例一

慰问信

亲爱的灾区同胞们：

大家好，×× 月份以来的强降雨，给 ×× 带来了严重洪涝灾害。我们 ×× 遭受了 50 年一遇的特大洪灾。× 月 × 日至 × 日，肆虐的 ×× 水先后两次撕裂了 ×× 大堤，××、×× 等镇顿成一片汪洋。你们的家园被淹，良田被毁，遭受了巨大的损失。灾情发生后，党中央、国务院及我省各级领导高度关注此事，迅即指挥和调动各级政府机关人员、公安干警、特警、交警、民兵预备役等多种社会力量，投入到抢险救灾，安置灾民的工作之中。

×月×日清晨，省委书记××同志紧急约见我校党委书记××、校长××等领导，亲自部署妥善安置灾民的工作。当日，我校立即部署，迅速行动。

学校立即成立了临时党委和安置灾民工作领导小组，各级领导率先垂范，亲临一线；千余名教职员工放下手头工作，全身心地投入安置灾民的工作；万名学生冒雨离校返家，留下了自己的生活用品和情深意切的祝愿；几千名毕业生更是来不及和同窗好友话别，来不及和师长互致临别赠言，甚至来不及在离别前深情告别自己的母校；我们的国防生、志愿者更是义无反顾地投身于救援服务工作。

很快，我们为灾民安置准备了近万张床位，组建起了灾民后勤服务保障系统。策划好了灾民安置期间的心理疏导、文化娱乐和技能培训等系列活动。随着你们入住校园，全新的受灾同胞安置工作模式迅速启动，我校各级领导和师生员工全员参与，力争让遭受巨大自然灾害的你们，在我们学校有如居家的感觉。我们欣喜地倾听到，在大灾大难的悲情中，响起了孩子们稚嫩的歌声，在亲人离散家园破损的愁苦中，响起在露天电影场的会心笑声。整个校园洋溢着尊老爱幼、互相照顾、军民同心，师生同义的主旋律。

亲爱的灾区同胞们，目前××决堤溃口已被成功堵上。随着灾区消杀防疫等工作的顺利完成，乡亲们就要离开我校，重返你们日思夜想的家园。共同度过的时光虽然短暂，但这次的经历让我们共同体会到了“洪水无情，人间有爱”的真谛。

我们坚信，有党中央、国务院和各级党委政府的深切关怀，有社会各界的广泛支持，有你们自己的勤劳勇敢、顽强拼搏，你们一定能够渡过难关，战胜灾难，重建美好家园！

我们衷心祝愿灾区同胞们的明天更加美好，未来的生活更加甜蜜、幸福！

××市××大学党委办公室

××年×月×日

案例评析

这是一篇鼓舞受灾人民的慰问信。首先在开头表述了灾害情况，然后表达对安置灾民、抢险救灾的立场和具体的处理措施，肯定了各种救援行动带来的充满希望的结果，最后表达了大家众志成城、战胜灾难的希望和祈愿。全文用语平实、精练质朴，却情感真挚，令人动容，有一种巨大的鼓舞力量。

案例二

致全市劳模的慰问信

全市广大劳动模范和先进工作者：

在××年五一国际劳动节即将来临之际，市总工会谨向全市各地、各行业的劳动模范、先进工作者、五一劳动奖章获得者，致以节日的问候和崇高的敬意！

劳动模范是劳动群众的杰出代表。长期以来，我市广大劳动模范在市委、市政府的坚强领导下，始终站在时代前列，以高度的政治觉悟和顽强的奋斗精神，积极投身“三市”建设的伟大实践，充分发挥示范引领作用，为全市经济社会发展做出了突出贡献，以实际行动和丰硕成果镌刻了人民伟大、劳动神圣的无尚光荣。你们不愧为时代的精英、×× 的脊梁、人民的楷模。你们的崇高精神和光辉业绩，国家不会忘记、人民倍加崇敬。

劳模精神是宝贵的财富，代表的是一个时代人生观、价值观和道德观，彰显的是中华民族顽强拼搏、自强不息的精神风貌，是新时期激励全市人民团结奋斗、勇往直前的强大正能量。社会各界要大张旗鼓地宣传劳模事迹、弘扬劳模精神，用劳模的高尚情操感召人民群众，用劳模的优秀品质引领社会风尚，用劳模的精神力量助推 ×× 发展，在全社会进一步形成崇尚劳模、学习劳模、争当劳模、关爱劳模的良好氛围。

当前，×× 正处在深化改革、加快发展、追赶跨越的关键时期。新的形势、新的机遇，为广大劳模提供了更加广阔施展才华的舞台。希望广大劳动模范继续发扬工人阶级的光荣传统，带头贯彻落实党的 ×× 大和 ×× 届 ×× 全会精神，积极投身全面建成小康社会、全面深化改革、全面依法治国、全面从严治党的伟大实践，主动适应新常态，奋力展现新作为，坚定地站在时代潮头，做解放思想、与时俱进的模范，艰苦奋斗、无私奉献的模范，勇于实践、锐意创新的模范，勤奋学习、勇攀高峰的模范，学法用法、促进和谐的模范，更好地团结和带动广大职工群众，为 ××“三市”建设作出新的贡献！祝全市广大劳动模范身体健康，工作顺利，阖家幸福，节日快乐！

×× 市总工会
×× 年 × 月 × 日

案例评析

这封慰问信在内容、语言和格式方面都表现出较高的水平，是一篇优秀的写作范例。首先，内容方面，信件充分表达了对全市劳模的敬意和感激之情，同时肯定了劳模们在全市经济社会发展中所做出的突出贡献。信件还强调了劳模精神的重要性和崇高地位，呼吁社会各界进一步形成崇尚劳模、学习劳模的良好氛围。此外，信件还对广大劳模提出了希望和要求，希望他们继续发扬工人阶级的光荣传统，为全市“三市”建设做出新的贡献。其次，语言方面，信件的语言表达流畅、得体，用词准确、规范。在表达敬意和感激之情时，信件采用了富有感情色彩的措辞，让读者感受到工会组织对劳模的真诚关心和崇高敬意。在提出希望和要求时，信件的语言则显得严谨、有力，展现出工会对劳模的期望和信任。最后，格式方面，信件遵循了公文的规范格式，层次分明、逻辑严谨。信件的开头部分简明扼要地表达了问候和敬意；中间部分回顾了劳模们的贡献和崇高精神；结尾部分则再次表达了敬意和祝福。整个信件格式规范、完整，符合公文写作的基本要求。综上所述，这封慰问信在内容、语言和格式方面都表现出较高的水平，是一篇优秀的公文写作范例。

项目实训

1. 1919年，民族危亡之际，中国青年学生掀起了一场彻底反帝反封建的伟大爱国革命运动。1949年，中国人从此站立起来了！新中国青年投身于祖国建设的新征程。1979年，“科学的春天”生机勃勃，莘莘学子胸怀报国之志，汇入改革开放的时代洪流。2019年，青春中国凯歌前行，新时代青年奋勇接棒，宣誓“强国有我”。2049年，中华民族实现伟大复兴，中国青年接续奋斗……

请以青年学生当事人的身份完成写作，题目如下：2049年9月30日，写给某位“百年中国功勋人物”的国庆节慰问信。

2. 近期，我国某地区遭受了严重的自然灾害，如地震、洪水或台风等。这场灾害导致了大量的人员伤亡和财产损失，许多居民失去了家园和生计。灾区的人们面临着重建家园的艰巨任务，同时也需要外界的关心和支持来帮助他们重建信心和勇气。

请基于上述情境，写一封慰问信给灾区的群众。这封信旨在表达你对受灾群众的关心和慰问，同时鼓励他们坚定信心，积极面对困难，努力重建家园。

思考与练习

1. 慰问信中应包含哪些基本要素？撰写慰问信时需要注意哪些要点？
2. 不同情境下，如何选择合适的慰问信风格？
3. 如何恰当地表达慰问和关心，以使收信人感受到温暖与力量？

项目二十七 贺信

Chapter Twenty-seven

学习要求

了解贺信的基本概念和种类，理解贺信的特点与撰写原则，掌握贺信的基本结构和写作注意事项，能够根据不同情境，准确判断并选择适当的贺信表达方式，独立撰写符合要求的贺信。

通过贺信的写作练习，培养学生对传统文化的尊重和传承意识，增强沟通与表达能力，提升人际交往能力。通过贺信写作实践，在贺信中体现出真诚、友善的情感，传递正能量。

任务导入

假设你所在的学院或实验室经过长时间的研究，终于在某个领域取得了重大突破。这是一个具有里程碑意义的成果，不仅为学术界带来了新的认识，还可能为人类社会带来实质性的贡献。作为团队的一员，你深感骄傲和荣幸，并希望通过一封贺信表达你的喜悦与祝贺。你将如何撰写这封贺信呢?

第一节　贺信基本概述

一、贺信的概念

贺信是表示庆贺的书信的总称。有喜事就要庆贺，如会议隆重开幕，科研取得成果，重大比赛获得冠军，庆贺节日、生日等，都可以写信祝贺道喜。

贺信有的是以个人名义写的，有的是以单位的名义写的，有的是同级单位之间或上级机关给下级单位写的，总之它是以组织或个人名义向集体单位或个人表示祝贺的书信。

二、贺信的特点

贺信的特点主要表现在以下两个方面。

（1）间接性。庆贺者发出贺信是因为某些原因不能或不方便当场向受贺者表示祝贺，而是以电子邮件或人工投递的方式送到对方手中，因此具有间接性的特点。

（2）祝贺性。发出贺信的目的是因对方取得的成就而进行祝贺，并增进双方感情。

三、贺信的分类

按作者和行文方向的不同，可以将贺信分为下级给上级的贺信、上级给下级的贺信、平级单位之间的贺信、国家之间的贺信、个人之间的贺信以及对有杰出贡献的知名人士发出的贺信等。

第二节　贺信的写作要求

一、贺信的基本结构

贺信一般由标题、称谓、正文、结尾和落款五部分构成。

（一）标题

贺信的标题通常由文种名构成。如在第一行正中书写“贺信”或“贺电”二字。有些贺信的标题同时也写明发信单位或会议名称。如“××× 给 ××× 的贺信”。

（二）称谓

顶格写明被祝贺单位或个人的名称或姓名。写给个人的，要在姓名后加上相应的礼仪名称如“同志”。称呼之后要用冒号。

（三）正文

贺信可以庆贺家庭、个人婚嫁祝寿一类的喜事；可以庆贺重大的会议或重要的纪念活动、某工程竣工、某科研项目成功、某人物任职等。

贺信的正文要交代清楚以下几项内容。

第一，结合当前的形势状况，说明对方取得成绩的大背景，或者某个重要会议召开的历史条件。

第二，概括说明对方都在哪些方面取得了成绩，分析其成功的主观、客观原因。

第三，表示热烈的祝贺。要写出自己祝贺的心情，由衷地表达自己真诚的祝福。写些鼓励的话，提出希望和共同理想。

（四）结尾

结尾要写上祝愿的话。如“此致敬礼”“祝争取更大的胜利”“祝您健康长寿”“谨寄数语，聊表祝贺与希望”等。

（五）落款

写明发文的单位名称或个人的姓名，并署上成文的时间。

二、贺信写作注意事项

第一，内容要紧扣庆贺对象和庆贺事情，抓住重点，善于概括，充分揭示祝贺内容的意义。

第二，贺信正文的篇幅一般不长。

第三，结语要视不同情况而写。

第四，感情要热烈而真诚，富有鼓舞人心的力量。

第五，贺信要及时，并迅速发出。

第六，文辞要优美。

第三节　典型案例及评析

案例一

致全省新闻工作者的贺信

全省新闻工作者：

值此第24个中国记者节来临之际，谨向全省新闻工作者致以节日的祝贺和诚挚的问候！向长期关心、支持山西新闻事业发展的社会各界人士表示衷心的感谢！

一年来，全省新闻工作者坚持以习近平新时代中国特色社会主义思想为指导，深入学习贯彻习近平文化思想和习近平总书记对山西工作的重要讲话重要指示精神，深刻领悟“两个确立”的决定性意义，增强“四个意识”、坚定“四个自信”、做到“两个维护”，不折不扣落实中央及省委决策部署，聚焦用党的创新理论武装全党、教育人民的首要政治任务，围绕贯彻党的二十大精神关于文化建设的战略部署，围绕省委、省政府中心工作，切实增强做好新时代新征程宣传思想文化工作的责任感使命感，用更响亮的主旋律、更强劲的正能量，奏响了加快高质量发展的三晋强音。

新时代，新征程，新伟业。全省新闻工作者要牢记“高举旗帜、引领导向，围绕中心、服务大局，团结人民、鼓舞士气，成风化人、凝心聚力，澄清谬误、明辨是非，联接中外、沟通世界”的职责使命，坚持正确的政治方向、舆论导向、新闻志向、工作取向，不断增强脚力、眼力、脑力、笔力，俯下身、沉下心，察实情、说实话、动真情，做党的政策主张的传播者、时代风云的记录者、社会进步的推动者、公平正义的守望者，继续推出一批有思想、有温度、有品质的新闻作品，用心用情讲好山西故事、传播山西声音，凝聚起全省广大干部群众牢记领袖嘱托、奋力谱写中国式现代化山西篇章的磅礴力量。

衷心祝愿同志们节日快乐、身体健康、工作顺利、家庭幸福！

中共山西省委宣传部
山西省新闻工作者协会
2023年11月8日

案例评析

该贺信内容充实、条理清晰。首先，贺信表达了对全省新闻工作者的节日祝贺和问候，对新闻工作者的辛勤付出和贡献给予了肯定和感谢。这有助于增强新闻工作者的归属感和自豪感，激发他们的工作热情和动力。其次，贺信中总结了一年来的新闻工作成果，强调了新闻工作者的职责使命，并提出了对新闻工作者的期望和要求。这有助于引导新闻工作者继续发扬优良传统，不断提高自身素质和能力，为新闻事业的发展贡献力量。最后，贺信的措辞得体、语言优美，表达了诚挚的祝福和问候，充分体现了对新闻工作者的关心和关怀。这有助于增强新闻工作者对组织的认同感和归属感，促进组织的凝聚力和向心力。总体来说，该贺信内容翔实、条理清晰、格式规范，是一份优秀的贺信。

案例二

贺　信

×× 杂志社：

我们怀着十分欣喜与钦佩的心情通知您，贵刊在刚刚结束的“中国期刊奖”暨“第二届全国百种重点社科期刊”评选中荣获“中国期刊奖”暨“第二届全国百种重点社科期刊”称号。在此，向贵刊表示衷心的祝贺与诚挚的敬意。

处于世纪之交的“中国期刊奖”与“第二届全国百种重点社科期刊”的评选，是本世纪最后一次对全国期刊界的检阅，承先启后，继往开来，预示着新世纪中国期刊业进一步繁荣、腾飞的灿烂前景。吮吸着悠久历史的芬芳，化育着时代奋进的精神，祝愿贵刊早日成长为中国期刊之林的一棵参天大树。

中国出版杂志社敬贺

×× 年 × 月 × 日

案例评析

这是一篇祝贺杂志社获取荣誉称号的贺信，也是一篇直接由发奖单位发出来的贺信，因此内容首先是通知成绩并对杂志社取得的成绩予以祝贺，表示对被祝贺单位的敬意。其次点明这次评选的重要程度和获奖者的杰出。最后提出鼓励、劝勉和真诚的祝愿。该范文虽然内容简短，但语言简明轻快，又满含感情，处处表现着真诚与衷心的祝贺，是一篇经典的贺信范本。

案例三

2014 年新春贺信

三联书店全体员工、离退休老同志：

经过全店员工拼搏奋斗，2013 年我店喜获大丰收，实现大发展大跨越。一大批好书排闼而出，《邓小平时代》《重启改革议程》《王鼎钧作品系列》《王世襄集》《百年佛缘》《三联经典文库（第二辑）》《故国人民有所思》《陈寅恪的最后二十年（修订版）》《剑桥中国文学史》《凤凰咏》《红蕖留梦》《监狱琐记》等，堪称河面上“活蹦乱跳的鱼”，吸引了读者眼球。年终盘点，获奖众多。在一连串畅销书的拉动下，全店图书销售码洋首次突破3亿元，较上年度的2.1亿元增长46%，《三联生活周刊》《读书》杂志依然在同类刊物中处于领先地位。2014年度邮发订户双双上升，昭示着读者对他们的喜爱。产品营销和经营工作取得突出成绩。发行10万册以上的畅销图书明显增多，创造出多个经典营销案例。年度营业收入达到2.7亿元，较上年度增长18%。利润总额6400万元，增长29%，是1995年的20倍，2008年的7倍多，经济实力显著增强。三联书店品牌影响力明显提升。生活书店恢复设立，《新知》杂志创刊，品牌群扩容；和沪港三联深化合作，“打造大三联”迈出新步伐；社店战略合作更加紧密，品牌影响力向发行下游延伸；韬奋图书馆对外开放、捐建云南彝良地震灾区云落希望小学建成开学、江西余江韬奋祖居落成使用等公益事业，增加了社会影响力。此外，党的群众路线教育实践活动、人才队伍建设等都有新成果、新突破，各项工作都跃上一个新台阶。

这些丰硕成果是在三联几代领导人所奠定的坚实基础上获得的，是三联同仁用血汗浇灌出来的，是我们发展的基石和信心所在。值此迎新春之际，我们满怀丰收的喜悦，向全店员工暨离退休老同志致以节日的问候，祝大家马年吉祥，万事如意；祝我们三联乘势而上，再创辉煌。

马蹄得得，战鼓咚咚，2014，我们又开始了新的征程。

为了实现新的奋斗目标，我们启动了数字化、国际化、集团化新战略，在继续实施品牌战略、人才战略、企业文化战略的同时，充实和丰富我们的战略思路。所谓数字化，就是开辟数字化出版新领域，使之形成新的一翼，并与传统图书出版形成互动和呼应，这决定着我们的长度，关系到前途的远近。所谓国际化，就是加快走出去步伐，从版权输出转变向国际发展，把国内影响力向国际影响力转移，这决定着我们发展的宽度，关系到品牌的轻重。所谓集团化，就是把各分社、各下属单位做实做优，力争个个成为独立经营和虚拟独立经营的实体，变扁平管理为立体化管理，这决定着我们的高度，关系到三联实力的高低。这三大战略同时也是我们工作着力的重点。

我们要勇于克服困难。超越自我、行业竞争、环境变化，我们面临诸多困难。“从今以后更艰难，努力从头再试”，歌词中这样说：“艰难困苦，玉汝于成”，古书上这么讲。唯有困难才能成就我们。所谓成功就是克服一个又一个困难的过程，我们是这么一步一步走过来的，也将这样一步一步走下去。我们有信心、决心和勇气，未来的胜利属于我们，属于我们光荣的三联人。

是一年春光好，芳草萋萋绿马蹄。让我们扬鞭策马，去创造新的奇迹。

生活·读书·新知三联书店
2014年1月26日

案例评析

这封贺信条理清晰，语言优美，表达了三联书店对全体员工和离退休老同志的节日问候，同时总结了2013年的工作成果，提出了2014年的新战略和新目标。首先，贺信开头表达了对全体员工的节日问候，并总结了2013年的工作成果，突出了三联书店在出版、销售、品牌影响力等方面的显著成绩。这些成绩的取得是在几代领导人和全体员工的共同努力下取得的，是三联书店发展的基石和信心所在。其次，贺信中提出了2014年的新战略和新目标。新战略包括数字化、国际化和集团化，旨在实现新的发展目标和提升品牌影响力。新目标的实现需要全体员工的共同努力和奋斗。最后，贺信鼓励全体员工勇于克服困难，迎接新的挑战和机遇。只有克服困难才能成就更大的事业，未来的胜利属于我们三联人。总体来说，这封贺信内容充实、条理清晰，表达了三联书店对全体员工的关心和鼓励，同时也展现了三联书店的发展战略和目标。是一封优秀的贺信。

案例四

结婚贺信

亲爱的××：

喜闻1月1日是你和×××的新婚吉日，在此，公司全体同事为你们的喜结连理送上最衷心的祝福，祝你们幸福美满，百年好合。

作为公司的元老，你一直以勤勤恳恳、踏实工作为领导及同事所称赞。入职以来与公司命运相连、共同发展，取得了傲人的成绩。当然，在你取得的成绩背后离不开你的努力与聪慧，更离不开你家人与朋友的大力支持。在你取得成功的时候他们分享你的喜悦，在你遇到困难的时候他们分担你的忧虑。是他们的无私奉献与真诚关怀帮助你一步步走向成功，走向更美好的未来。借此机会，公司全体同事对你的家人及朋友致以深深的谢意。

美好的婚姻是一个归宿，也是一个新的起点，它意味着获得更多快乐的同时也带来了更多的责任。在今后共同的人生道路上要互相理解，相扶相助，工作与生活齐头并进，共同打造属于你们的幸福家园。

祝白头偕老永结同心！

××有限公司
××年×月×日

案例评析

这封结婚贺信表达了对新人最真挚的祝福，同时也展现了公司对员工的关心和支持。首先，贺信开头表达了公司对员工新婚的祝福，并强调了员工在工作中所取得的成绩和贡献。这既是对员工的肯定和赞赏，也是对员工家庭的感谢和尊重。其次，贺信中提到了婚姻是一个归宿也是一个新的起点，提醒员工在婚姻生活中要互相理解、相扶相助，共同打造幸福家园。这是对员工未来生活的美好祝愿和期许。最后，贺信以公司的名义祝福员工新婚快乐、永结同心，表达了公司对员工家庭生活的关心和祝福。总体来说，这封贺信内容充实、条理清晰，表达了公司对员工新婚的祝福和肯定，同时也体现了公司的人文关怀和对员工的尊重。是一封优秀的结婚贺信。

项目实训

1. 今年即将有一批优秀的学子从你们所在的大学毕业。作为学弟/学妹，你被邀请在毕业典礼上发表贺信，向他们表示祝贺。

请查找一篇毕业典礼贺信范文，分析其格式与结构，并归纳贺信中表达祝贺、肯定与鼓励的措辞。根据范文，撰写一封格式正确、结构完整的贺信草稿。

2. 假设你所在的公司即将迎来十周年庆典。在过去十年中，公司经历了许多挑战和变革，如今已经成为行业的佼佼者。作为员工，你深感自豪和感激，希望能够通过一封贺信表达对公司的祝福。

请撰写一封情感丰富、措辞恰当的贺信草稿，表达你对公司十周年庆典的祝福和感激。

3. 你的好友即将迎来××岁生日，他/她是一个热爱生活、追求卓越的人。你希望通过一封创意十足的贺信为他/她送上特别的祝福，回忆共度的美好时光，并对他/她的未来寄予美好的祝愿。

请撰写一封具有创意和个性化的贺信草稿，表达你对好友生日的祝福。

思考与练习

1. 贺信中应包含哪些基本要素？撰写贺信时需要注意哪些要点？
2. 贺信与感谢信有何不同？请举例说明。
3. 如何在贺信中恰当地表达情感？请结合实际案例进行说明。

参考文献

[1] 陈承欢 . 财经应用文写作（第 2 版）[M] . 北京：人民邮电出版社，2021.

[2] 方玲，万立群，等 . 财经应用文写作 [M] . 北京：人民邮电出版社，2020.

[3] 傅宏宇，尹夏楠，等 . 财经应用文写作（第四版）[M] . 北京：清华大学出版社，2023.

[4] 刘常宝 . 财经应用文写作（第 2 版）[M] . 北京：机械工业出版社，2020.

[5] 付家柏 . 财经应用文写作（第 3 版）[M] . 北京：清华大学出版社，2023.

[6] 夏晓鸣，张剑平 . 应用文写作（第 5 版）[M] . 北京：首都经济贸易大学出版社，2018.

[7] 郑屹立，袁鹏，王晓晶 . 财经应用文 [M] . 西安：西北工业大学出版社，2020.

[8] 胡晓蕾，高升，赵妍，等 . 应用文写作（第 2 版）[M] . 北京：清华大学出版社，2020.

[9] 耿云巧，马俊霞，宋志国 . 现代应用文写作（第 4 版）[M] . 北京：清华大学出版社，2018.

[10] 徐中玉 . 应用文写作（第 6 版）[M] . 北京：高等教育出版社，2023.

[11] 孙悦，冯昱 . 应用文写作 [M] . 北京：清华大学出版社，2018.

[12] 秦效宏，递春，等 . 财经应用文写作 [M] . 北京：清华大学出版社，2018.